Hanns Petillon

Das Sozialleben des Schulanfängers

W0057772

Hanns Petillon

Das Sozialleben des Schulanfängers

Die Schule aus der Sicht des Kindes

Anschrift des Autors
Prof. Dr. H. Petillon
Institut für Grundschulpädagogik
Universität Landau · Koblenz
Im Fort 7
6740 Landau

Wissenschaftlicher Beirat der Psychologie Verlags Union:
Prof. Dr. Dieter Frey, Institut für Psychologie der Universität Kiel,
Olshausenstr. 40/60, 2300 Kiel
Prof. Dr. Heiner Keupp, Institut für Psychologie, Sozialpsychologie,
Universität München, Leopoldstr. 13, 8000 München 40
Prof. Dr. Ernst-D. Lantermann, Universität Kassel, GH, FB 3,
Psychologie, Holländische Str. 36, 3500 Kassel
Prof. Dr. Rainer K. Silbereisen, Fachbereich Psychologie,
Justus-Liebig-Universität, Otto-Behaghel-Str. 10, 6300 Gießen
Prof. Dr. Bernd Weidenmann, Universität der Bundeswehr München,
Fakultät für Sozialwissenschaften, Werner-Heisenberg-Weg 39,
8014 Neubiberg

Lektorat: Ralf Horn

Die Deutsche Bibliothek – CIP-Einheitsaufnahme

Petillon, Hanns: Das Sozialleben des Schulanfängers : die Schule aus der Sicht
des Kindes / Hanns Petillon. – Weinheim : Psychologie-Verl.-Union, 1993
ISBN 3-621-27158-9

Alle Rechte, insbesondere das Recht der Vervielfältigung und Verbreitung sowie der
Übersetzung, vorbehalten. Kein Teil des Werkes darf in irgendeiner Form (durch
Photokopie, Mikrofilm oder ein anderes Verfahren) ohne schriftliche Genehmigung
des Verlages reproduziert oder unter Verwendung elektronischer Systeme verarbeitet,
vervielfältigt oder verbreitet werden. Soweit im Text Warennamen aufgeführt sind, so
ist dies ohne Hinweis auf bestehende Patente, Gebrauchsmuster oder Warenzeichen
geschehen. Das Fehlen eines solchen Vermerks bedeutet nicht, daß solche Namen
ohne weiteres von jedermann benutzt werden dürfen.

Umschlaggestaltung: Dieter Vollendorf, München
Herstellung: Goldener Schnitt, 7573 Sinzheim
Satz: Cicero Lasersatz, 8900 Augsburg
Druck und Bindung: Druckhaus Beltz, 6944 Hemsbach
Printed in Germany
© Psychologie Verlags Union 1993
ISBN 3-621-27158-9

Inhalt

Vorwort

Während an vielen Stellen, die Notwendigkeit einer kindorientierten schulischen Praxis besonders zum Schulbeginn betont wird, herrscht weitgehend Unklarheit darüber, wie das betroffene Kind die neue Situation aus seiner Perspektive wahrnimmt und in persönlich befriedigendes Handeln umzusetzen versucht. Die Ergebnisse unserer empirischen Studie zum Sozialleben des Schulanfängers machen deutlich, daß es sinnvoll ist, Erwachsenen- und Kindperspektiven als klar unterscheidbare Rekonstruktionsweisen zu betrachten. Ein vollständigeres und und zuverlässigeres Bild von der Schulwirklichkeit ist dementsprechend nur dann zu gewinnen, wenn die Betroffenen selbst zu Wort kommen können und ihre Sichtweisen als eine mögliche Betrachtungsweise ernst genommen werden. Besonders wenig wissen wir darüber, wie Schüler und insbesondere Schulanfänger miteinander umgehen. Nachdem das Thema Soziales Lernen zum Ende der siebziger Jahre mehr und mehr in den Hintergrund trat, verloren auch entsprechende Forschungsbemühungen an Interesse. Aus der Sicht des Kindes ist allerdings die Notwendigkeit geblieben, mit den vielfältigen sozialen Anforderungen innerhalb und außerhalb der Schule in einer Weise zurechtzukommen, die ihm sowohl eine befriedigende Entwicklung der eigenen Identität als auch das kompetente und einfühlsame Umgehen mit anderen ermöglicht.

Hinweise zur außerschulischen Lebenswelt sprechen dafür, daß die soziale Entwicklung vieler Kinder problematisch verläuft und sie im Primarbereich in besonderer Weise auf pädagogische Anregung und Unterstützung bei Sozialem Lernen angewiesen sind. Die von uns befragten Kinder beschreiben sehr eindringlich ihr Bedürfnis nach sozialer Nähe und einem befriedigenden Zusammenleben mit den Gleichaltrigen. Oft fühlen sie sich mit ihren Problemen allein gelassen. Auch viele Lehrer, die uns ihre Erfahrungen mit Sozialem Lernen geschildert haben, wünschten sich dringend Unterstützung und signalisierten dabei ihre Lernbereitschaft. Der schulischen und außerschulischen Beratung fallen hier wichtige Aufgaben zu.

Es gibt eine große Zahl von Personen, denen ich für Unterstützungen, Anregungen und Zusammenarbeit bei der Entstehung dieser Arbeit gerne danken möchte. Mein besonderer Dank gilt Herrn Prof. Dr. Ingenkamp für seine zahlreichen detaillierten und kritischen Hinweise sowie für die Zeit, die er sich für meine Anliegen genommen hat. Herrn Prof. Dr. Jäger danke ich für die Anregungen und kritischen Rückmeldungen sowie für die persönlichen Ermutigungen und stete Gesprächsbereitschaft. Mein Dank gilt weiterhin den Mitarbeitern des Zentrums für empirische pädagogische Forschung, die mir bei inhaltlichen, statistischen und computertechnischen Fragen geholfen haben. Besonders erwähnen möchte ich dabei meinen Kollegen Urban Lissmann. Frau Jutta Mohr hat das Manuskript mit Sorgfalt und Geduld geschrieben und mir dadurch die letzte Phase dieser Arbeit sehr erleichtert.

Weiterhin möchte ich den folgenden Personen für ihre Mitarbeit sehr herzlich danken: Den Lehrern aus ersten Schuljahren, die uns in der heiklen Phase des Schulanfanges Zutritt zu ihren Klassen erlaubt und darüber hinaus viel Zeit für Interwiews geopfert haben; den Untersuchungsleiterinnen für das hohe Engagement, das sie im Umgang mit den Kindern eingebracht haben; den Studenten für Auswertung und statistische Bearbeitung der Daten. Nicht zuletzt gilt mein Dank den Grundschulkindern, die mit großer Offenheit und viel Vertrauen auf unser Untersuchungsvorhaben eingegangen sind. Die Schilderung von freudigen Ereignissen aber auch von persönlichen Problemen vermittelt einen Einblick in die soziale Welt des Kindes und seine Bemühungen, innerhalb der divergierenden Anforderungen der Schule Identität zu entwikkeln. Vieles verweist auf die Notwendigkeit aber auch auf die Chance, in der Grundschule Soziales Lernen zu fördern und pädagogische Bemühungen auf den Bereich zwischenmenschlicher Beziehungen zu richten.

1. Vorbemerkungen zu Inhalt und Strukturierung

Die nachfolgenden Ausführungen sind Teil einer umfangreicheren Arbeit, in der *Ansprüche* an den Aufgabenbereich der Sozialerziehung mit der *Wirklichkeit* Sozialen Lernens der Kinder und erzieherischen Handelns der Lehrer in Beziehung gesetzt werden. Ein wesentliches Ziel einer solchen mehrperspektivischen Vorgehensweise ist die Entwicklung sachgerechter Förderkonzepte. Zur Verdeutlichung dieses Ansatzes wird zunächst das Gesamtprojekt skizziert und die empirische Studie, die im Mittelpunkt dieser Veröffentlichung steht, in den umfassenden Kontext verortet.

1.1 Ziele und Struktur des Gesamtprojektes

Trotz der zahlreichen Hinweise auf die Bedeutung Sozialen Lernens im Primarbereich (vgl. z. B. Deutscher Bildungsrat 1975; Portmann 1988) und trotz vieler Befunde aus der Praxis des Primarbereiches, daß Soziales Lernen immer notwendiger und gleichzeitig auch immer schwerer zu realisieren ist (vgl. Fölling-Albers 1989), ist über das Ausmaß und die Form der tatsächlichen Realisierung sowie über das Sozialleben der Schüler sehr wenig bekannt. In einigen Analysen wird der Widerspruch zwischen institutionellen Strukturen und Möglichkeiten des Sozialen Lernens beklagt (vgl. z. B. Tippelt 1985). Reformen der siebziger Jahre sollen den schulischen Alltag kaum erreicht haben, bedeutsame Veränderungen sollen kaum eingetreten sein (Fromm & Keim 1982, Hentig 1984). Das Sozialklima in der Grundschule wird nicht als besonders günstig eingeschätzt (Petermann 1987; Petillon 1978). Viele Lehrer scheinen weiterhin einen Erziehungsstil zu praktizieren, der sozialen Lernzielen entgegensteht (vgl. z. B. Seiffge-Krenke 1981; Thienel 1988). Darüber hinaus wird das Fehlen geeigneter Fort- und Weiterbildungsmaßnahmen (König 1982) sowie ein Mangel an Unterrichtsmaterialien konstatiert (vgl. z. B. Arbeitskreis Grundschule 1980).

Faßt man die vorliegenden Informationen zu dem „Komplex Soziales Lernen" in der entsprechenden Fachliteratur zusammen, so ist festzustellen, daß wichtige Bereiche nur unzureichend bearbeitet sind:

– Der Begriff des Sozialen Lernens ist trotz einer breiten Diskussion weiterhin eher unscharf; es werden häufig nur einzelne Facetten des komplexen Inhaltsbereiches herausgearbeitet.
– Es finden sich zwar zahlreiche Hinweise auf Zielsetzungen, aber es fehlt eine systematische Zusammenstellung etwa in Form eines Kataloges.
– Zielsetzungen in Lehrplänen als Hinweise auf Leitlinien für Soziales Lernen in der Praxis werden in der pädagogischen Diskussion weitgehend vernachlässigt.
– Unter dem Aspekt der Realisierung von sozialen Lernzielen bleiben zentrale Fragen offen:
Wie stellen sich institutionelle Rahmenbedingungen dar, unter denen spezifische Ziele verwirklicht werden sollen? Werden Zielsetzungen aus der Fachliteratur und aus Lehrplänen von Lehrern akzeptiert? Verfügen die Lehrer über entsprechende Kompetenzen? Entsprechen die Ziele dem Entwicklungsstand der Kinder? Wie gehen Schüler im Primarbereich miteinander um und wie kann Soziales Lernen als gezielte Intervention angemessen auf solche Ausgangsbedingungen eingehen?
– Zur Beantwortung der letzten Frage fehlt es weitgehend an empirischen Hinweisen zum Sozialleben im Primarbereich.
– Eine Systematik, die gleichzeitig alle o. g. Aspekte berücksichtigt und Querverbindungen zwischen normativen und empirischen Gesichtspunkten herstellt, existiert nicht.

In dem Gesamtprojekt wurden Ziele und Themenstellungen des Sozialen Lernens im Primarbereich unter verschiedenen Aspekten bearbeitet:
– Versuch einer *Begriffsklärung* für Soziales Lernen durch eine Systematisierung und Konkretisierung des Aufgabenfeldes.
– Erstellung eines *Kataloges übergreifender Zielsetzungen.*
– Analyse vorliegender *Lehrpläne* (1978–1988)
– Überprüfung des Lernzielkataloges durch eine *Expertenbefragung.*
– Überprüfung des Lernzielkataloges durch eine *Lehrerbefragung.*
– Überprüfung der *Realisierbarkeit der Zielsetzungen in Lehrplänen durch eine Lehrerbefragung.*
– *Empirische Untersuchungen* zu Sozialem Lernen von *Schülern* im Schulalltag des Primarbereiches.

An anderer Stelle (Petillon 1993) werden die unter 1–6 genannten Arbeitsbereiche näher beschrieben. Die weiteren Ausführungen in diesem Buch konzentrieren sich auf die Darstellung der empirischen Studie. Um diese Studie in ihrem Gesamtzusammenhang verständlich zu machen, werden einige für die empirische Untersuchung relevanten Teil-aspekte des Gesamtprogrammes in aller Kürze dargestellt.

In der nachfolgenden Abbildung soll die „Logik" dieses Programmes und unser Anliegen, die Beziehung zwischen „Anspruch und Wirk-lichkeit" Sozialen Lernens im Primarbereich näher zu bestimmen, darge-stellt werden. Es soll der Verlauf der Arbeit von der Klärung und Kon-kretisierung des zentralen Begriffes über den normativen Aspekt, wie er sich in Aussagen der Erziehungswissenschaft und in Lehrplänen äußert, bis zur empirischen Überprüfung von Realisierungsmöglichkeiten aus der Sicht von Lehrern und aus der Situation von Schülern dargestellt und als systematisches Konzept veranschaulicht werden.

Zunächst wurde ein *heuristisches Modell* entwickelt, das Soziales Ler-nen aus der Perspektive des einzelnen Kindes darstellt und dabei eine systematische ökologische Perspektive zugrundelegt. Die *Begriffsbestim-mung* Sozialen Lernens begann mit einer notwendigen Eingrenzung und Konkretisierung sozialer Lernprozesse auf die Ökologie „Schüler-gruppe"; von diesem Standort aus wurden dann weitere Bereiche des Gegenstandes erschlossen. Von der Beschreibung konkreter Lernpro-zesse und Lernbedingungen der Schüler wurde zum normativen Aspekt Sozialen Lernens übergegangen und die Zielperspektive der „Gegensei-tigkeit" (im Sinne eines gerechten Ausgleiches zwischen eigenen Ansprü-chen und Ansprüchen anderer) als übergreifendes normatives Kriterium erarbeitet.

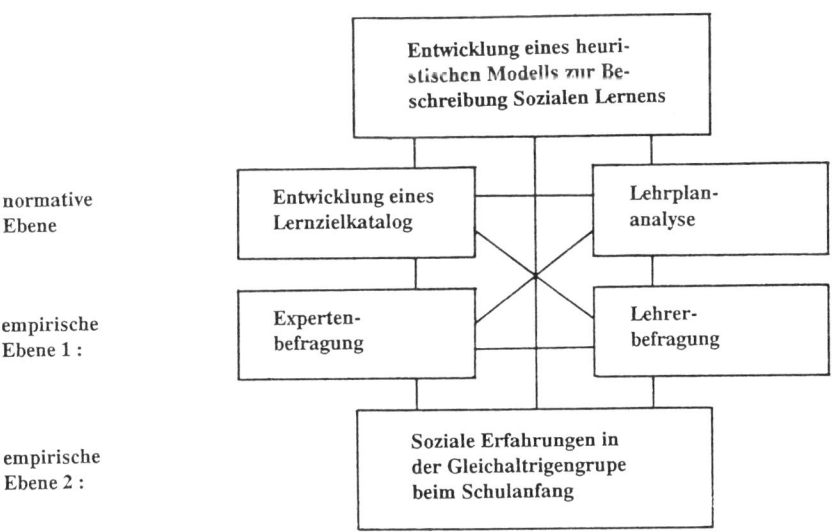

Abb. 1. Übersicht über die Hauptaspekte der Arbeit und deren Verknüpfungen

Aus den Überlegungen zu dem Modell und zur Zielperspektive resultierte ein *Katalog* von Lernzielen, der versucht, in prägnanter Weise die Zieldiskussion zu Sozialem Lernen im Primarbereich auf grundlegende Formulierungen zu verdichten. In einer *Lehrplananalyse* wurde dieser Katalog neben verschiedenen anderen Gesichtspunkten als „Suchraster" für die dort vorfindbaren Lernziele verwendet.

Danach wurde der Katalog *Experten* zur Begutachtung vorgelegt; gleichzeitig wurden Lernziele aus Lehrplänen, die dort zur Konkretisierung allgemeiner Zielbeschreibungen aufgeführt sind, der Bewertung von Experten unterzogen.

Weiterhin wurden *Grundschullehrer* nach der Bewertung des Zielkataloges unter den Gesichtspunkten Akzeptanz, Realisierbarkeit, Einschätzung eigener Kompetenz und Verfügbarkeit von Unterrichtsmaterialien befragt. Die Ergebnisse der Lehrer- und Expertenbefragung wurden der Revision unseres Zielkataloges zugrunde gelegt. Ein weiteres Element der Lehrerbefragung waren die *konkreten Ziele* des Lehrplanes, der für die Klassenstufe und das Bundesland, in dem der Lehrer zum Zeitpunkt der Befragung unterrichtet, verbindlich waren. Dabei wurde u. a. folgenden Fragestellungen nachgegangen: Welche Ziele konnten realisiert werden? Wo gab es Probleme? Sind Lehrer für spezifische Ziele ausgebildet? Akzeptieren sie die Lehrplanforderungen? Die Ergebnisse dieser Befragung dienen als wertvolle Ergänzung unserer Lehrplananalysen und konkretisieren unsere vorläufigen Annahmen über die Realisierungsmöglichkeiten Sozialen Lernens.

In der *Längsschnittstudie zum Schulanfang* wurde untersucht, wie Schulanfäger im Verlauf der ersten beiden Schuljahre das Sozialleben in ihrer Gleichaltrigengruppe aus der eigenen Perspektive wahrnehmen und bewerten. Die Darstellung dieser Untersuchung steht im Mittelpunkt dieser Abhandlung. Die Untersuchungsbefunde enthalten wiederum wichtige Hinweise zur Ergänzung und Modifikation der Ergebnisse aus den vorangegangenen Arbeitsschritten.

Im folgenden beginnen wir mit der Darstellung normativer Vorstellungen, wie sie sich in sozialen Lernzielen niederschlagen, um durch eine Gegenüberstellung von Erwartungen an Kinder, Lehrer und Schulen einerseits sowie empirischen Analysen von sozialen Lernprozessen und Lernbedingungen andererseit Diskrepanzen zwischen Anspruch und Wirklichkeit sichtbar zu machen.

1.2 Ziele Sozialen Lernens: Ansprüche an die pädagogische Praxis

1.2.1 Synopse der Zieldiskussion: ein Katalog übergreifender Lernziele

Der nachfolgende Zielkatalog basiert auf einer Synopse der Zieldiskussion zu Sozialem Lernen; er hat im Rahmen des Gesamtprojektes unterschiedliche Funktionen:
- Er versucht, in überschaubarer Weise die Komplexität der Zieldiskussion zu reduzieren und die vielfältigen Zielformulierungen auf zentrale Bereiche zu verdichten.
- Er wird als Instrument zur Überprüfung der Realisierung Sozialen Lernens benutzt, indem gefragt wird, inwieweit die institutionellen Bedingungen ausreichen, welche Rolle dem Lehrer zukommt und an welchen Voraussetzungen kindlicher Entwicklung angeknüpft werden kann.
- Er dient im weiteren als Suchraster für eine Lehrplananalyse und hat dabei die Aufgabe, auf Gewichtungen, Auslassungen und inhaltliche Konkretisierungen aufmerksam zu machen.
- Im Rahmen einer Lehrerbefragung kann überprüft werden, in welchen Zielbereichen in der Praxis Schwerpunkte gesetzt werden und welche Kompetenzen und schulischen Voraussetzungen vorhanden sind.

Durch eine Expertenbefragung wurde versucht, den Zielkatalog zu „validieren" und Informationen über die Funktion eines solchen Kataloges einzuholen.
  Die folgenden Zieldimensionen sind übergreifend formuliert und von einer großen inhaltlichen Breite, auf die an anderer Stelle (Petillon 1993) in Form von Konkretisierungen näher eingegangen wird. Es soll ein Zielkatalog entstehen, der gleichzeitig durch eine größtmögliche Konkretheit und Interpretationsfähigkeit im Interesse einer situationsgerechten Anwendung gekennzeichnet ist. Die Formulierung der Ziele erfordert dementsprechend sowohl die Benennung konkreten, das „Elementare" eines Zielbereiches betreffenden Handelns als auch eine ausreichende Offenheit für die individuelle und „sinngemäße" Ausgestaltung etwa im Sinne situations-, schul- und altersspezifischer Konkretisierungen.
  Bei den folgenden Zieldefinitionen wird jeweils nach *Fähigkeit* und *Bereitschaft* differenziert; diese Begriffe repräsentieren Kompetenzen und Handlungsorientierungen als Voraussetzungen für soziales Handeln. Weiterhin enthalten die Ziele explizit oder implizit Hinweise auf das

Kriterium der Gegenseitigkeit, indem jeweils die Perspektive des Gebens und Nehmens angesprochen ist. Es werden 11 Zielbereiche benannt. Nach einer kurzen inhaltlichen Skizzierung wird eine Definition dieser Bereiche gegeben.

Kommunikation: Gegenseitigkeit ist nur durch angemessene Formen der Kommunikation zu realisieren. Die partnerbezogene „Verwendung, Wahrnehmung und Interpretation von Zeichen, d. h. sowohl von Sprachsymbolen als auch von nicht-verbalen Zeichen der Körpersprache" (Stange 1977, S. 43) bilden eine Grundlage für symmetrische Interaktionen. Besondere Bedeutung kommt dabei aktivem Zuhören zu. Gegenseitigkeit äußert sich in Prozessen der Koordination zwischen „Sender" und „Empfänger" im Sinne partnergerechten Gebens und Nehmens von Informationen sowie in der Erarbeitung eines gemeinsamen kommunikativen Repertoires. Es kann folgende Zieldefinition bestimmt werden:

Kommunikation: *Fähigkeit und Bereitschaft, sich verständlich zu machen und andere zu verstehen.*

Kontakt: Im Mittelpunkt dieses Bereiches steht die Fähigkeit und Bereitschaft, Kontaktangebote zu machen und anzunehmen, sowie sich intensiv und ohne soziale Angst auf Beziehungen mit anderen einzulassen. Es gilt zu lernen, die Anzahl von Kontakten in der Schülergruppe zu vergrößern und Vorbehalte gegenüber Mitschülern in Interaktionen zu überprüfen. Zu diesem Zielbereich gehört weiterhin die Fähigkeit, sich in der Gruppe einen befriedigenden Status zu erwerben, der vielfältige Sozialkontakte und die Zugehörigkeit zu Arbeits- und Spielgruppen ermöglicht. Es soll die Erfahrung vermittelt werden, in neuen Beziehungen eine Bereicherung der eigenen Perspektive zu sehen. Wir definieren diesen Zielbereich wie folgt:

Kontakt: *Fähigkeit und Bereitschaft, mit anderen Kontakt aufzunehmen.*

Kooperation kann als komplexer, zwischenmenschlicher Prozeß verstanden werden, in dem die Beteiligten im Sinne von Gegenseitigkeit miteinander Handlungsziele und -mittel absprechen und diese in konkrete Handlungsschritte umsetzen In dieser Beschreibung zeigen sich die beiden Hauptakzente von Kooperation: Bewältigung der Gruppensituation und der gestellten Aufgabe, für die entsprechende Kompetenzen und Handlungsorientierungen erworben werden müssen. Es soll gelernt werden, daß Zusammenarbeit auch für den einzelnen nützlicher als Einzelarbeit und gemeinsames Arbeiten mit angenehmen emotionalen Erfahrungen verbunden sein kann. Daraus leitet sich folgende Zieldefinition ab:

> **Kooperation:** *Fähigkeit und Bereitschaft, mit anderen zusammenzuarbeiten.*

Solidarität beinhaltet über Kooperation hinaus „eine auf der Erkenntnis der gemeinsamen Lage aufbauende Handlungsbereitschaft emanzipatorischer Art" (Beck 1975, S. 94). Dieser Zielbereich ist besonders umstritten, da hier die propädeutische Funktion des Sozialen Lernens im Hinblick auf politisches Handeln besonders deutlich wird. Als wesentliches Moment unserer Zielvorstellungen sind folgende Gesichtspunkte zu sehen: Den Widerspruch zwischen Prinzipien der Gegenseitigkeit und Gegebenheiten des institutionellen und gesellschaftlichen Kontextes zu thematisieren, Bereiche zu benennen, in denen durch Solidarität Änderungen herbeigeführt werden können und tatsächliches solidarisches Handeln. Dabei sollten solche Themenbereiche aufgegriffen werden, die den Kindern erfahrbar sowie kognitiv und emotional zugänglich sind. Die in der pädagogischen Praxis vertrauten Begriffe „Wir-Gefühl" und „Gruppenbewußtsein" sind die „pädagogische Umformung des Solidaritätsbegriffs in seiner emotionalen und seiner kognitiven Dimension" (Prior 1974, S. 98). Es kann folgende Zieldefinition bestimmt werden:

> **Solidarität:** *Fähigkeit und Bereitschaft zu gemeinsamen Handlungen in kleineren und größeren Gruppen; Bewußtsein der Zusammengehörigkeit und Erkenntnis der gemeinsamen Lage.*

Konflikt: Dem Umgang mit Konflikten, als eine „Hauptgegebenheit menschlicher Erfahrung" (Imhof 1987, S. 19), kommt im Rahmen der Identitätsentwicklung besondere Bedeutung zu. „Das Erleben von Diskrepanz wird zur motivierenden Kraft der Entwicklung" (Keller 1982, S. 269). In Sozialkontakten bildet die erfolgreiche Bewältigung von Konflikten zwischen den Partnern eine wesentliche Grundlage für die Stabilität und Intensität der Beziehung. Zu einem befriedigenden Umgang mit Konflikten gehören verschiedene Aspekte „interpersoneller kognitiver Problemlösefähigkeiten" und -orientierungen: z. B. alternative Lösungen zu finden, Konsequenzen sozialen Handelns zu bedenken, eine Sequenz zu durchdenken im Sinne einer Folge von Schritten, die zu einem bestimmten Ziel führen können, Problemsensitivität (Petermann 1987).

Diese eher kognitiven Gesichtspunkte von Konfliktlöseverhalten sind durch motivationale und emotionale Aspekte (Umgang mit Wut, Ärger, Trauer, Enttäuschung) zu ergänzen: z. B. emotionale Sensibilität gegenüber Konfliktfolgen; über einen längeren Zeitraum Vertrauen und Motivation zu wechselseitigen Klärungsprozessen" (Voyat 1982, S. 227). Es kann folgende Zieldefinition bestimmt werden:

> **Konflikt:** *Fähigkeit und Bereitschaft, konstruktives Konfliktlöseverhalten zu praktizieren.*

Ich-Identität: Im Sinne des personalen Poles von Identität geht es dabei um Selbstbejahung, Angstfreiheit, Durchsetzungsvermögen, Urteils- und Entscheidungsfähigkeit. Eigene Bedürfnisse wahrzunehmen, zu akzeptieren und auf eigene Fähigkeiten zu vertrauen, diese selbstkritisch zu beurteilen und dabei ein hohes Selbstwertgefühl zu entwickeln, sind dabei wichtige Gesichtspunkte.

Der soziale Pol von Identität verweist auf die Notwendigkeit, die verschiedenartigen Ansprüche, Erwartungen und Forderungen, wie sie sich für das Kind subjektiv widerspiegeln, miteinander zu vergleichen, zu bewerten, zu einer sinnvollen Einheit zu integrieren und in „lebensdienliche" Handlungsstrukturen zu übersetzen. Es kann folgende Zieldefinition bestimmt werden:

> **Ich-Identität:** *Fähigkeit und Bereitschaft, Fremderwartungen und eigene Bedürfnisse so zu verarbeiten, daß ein eigenes selbstbestimmtes Rollenverhalten entwickelt und praktiziert werden kann.*

Soziale Sensibilität läßt sich allgemein als Empfänglichkeit für soziale Reize beschreiben. Sie zeigt sich innerhalb des sozialen Geschehens in den verschiedenen Phasen einer Interaktion: „Als vorausschauende soziale Phantasie, als Einfühlungsvermögen innerhalb der Interaktion und schließlich als nachfolgende Reflexion des Verhaltens" (Prior 1974, S. 100). Neben der Empathie kommt dem sozialen Verstehen und dabei der sozialen Perspektivenübernahme zentrale Bedeutung zu (vgl. Kap. 2.2.7.2). Auch in diesem Zielbereich ist die Bedeutung des übergreifenden Kriteriums der Gegenseitigkeit deutlich sichtbar. Soziale Sensibilität zu praktizieren und von anderen sensibel wahrgenommen zu werden, sind Prozesse, die zu intensiveren ausgewogenen Beziehungen führen können, indem sich das Repertoire an gemeinsam erarbeiteten Deutungen erweitert und das Vertrauen in die Verläßlichkeit anderer vor allem auch in Konfliktsituationen größer werden kann. Es kann folgende Zieldefinition bestimmt werden:

Soziale Sensibilität: *Fähigkeit und Bereitschaft, sich in die Rolle eines anderen zu versetzen, sich in seine Lage einzufühlen und das Ergebnis dieser Bemühung in das eigene Verhalten einzubeziehen.*

Toleranz bezieht sich auf die Fähigkeit und Bereitschaft, eigene Maßstäbe nicht zu verabsolutieren, andere Gruppen zu akzeptieren und Andersartigkeit in Verbindung mit den eigenen Auffassungen als eine Hilfe für die Bewältigung gemeinsamer Aufgaben zu sehen (vgl. Heuer 1974, S. 81). Der Abbau von Vorurteilen ist eine notwendige Voraussetzung für die Entwicklung einer Toleranzhaltung. Die Realisierung von Gegenseitigkeit erfordert aktive Toleranz gegenüber anderen, gleichzeitig eröffnet eine symmetrische Beziehung Nähe und Akzeptanz im Hinblick auf den Partner, so daß der Erwerb einer toleranten Haltung gefördert wird. Es kann folgende Zieldefinition bestimmt werden:

Toleranz: *Fähigkeit und Bereitschaft, die Andersartigkeit, Eigentümlichkeit, Hilfsbedürftigkeit usw. anderer zu erkennen und zu respektieren, Vorurteile zu hinterfragen.*

Kritik: Der Aspekt der Kritik ist in allen anderen Lernzielen als wichtiges Moment enthalten. Kritikfähigkeit betrifft kognitive Voraussetzungen, um kritische Punkte zu erkennen und zu benennen und Änderungsvorschläge machen zu können. Kritikbereitschaft bedeutet, sich betroffen zu fühlen von einer Sache und zur Kritik aufgerufen zu sein. Kritikbereitschaft ist ebenfalls Teil einer „Konfliktverarbeitungsstrategie" (Prior 1976, S. 94). Von außen herangetragene Standards, Meinungen und Normen sollen nicht einfach als geltend angesehen werden, sondern auf ihre Notwendigkeit und Legalität vor allem im Hinblick auf die Realisierung von Gegenseitigkeit hin kritisch überprüft werden. Besonders zu betonen ist die Bedeutung kritischen Engagements als Alternative zu Gehorsam, Resignation, Rückzug oder ausschließlich theoretischer Kritik (vgl. Fauser & Schweitzer 1985). Es kann folgende Zieldefinition bestimmt werden:

Kritik: *Fähigkeit und Bereitschaft, Informationen, Normen, Handlungen, feststehende Urteile kritisch zu hinterfragen und gegebenenfalls Alternativen zu entwickeln.*

Umgang mit Regeln: Als übergreifende Regel kann das Kriterium der Gegenseitigkeit genannt werden, das sich nach verschiedenen Interaktionsbereichen (Sprechen, Arbeit, Spiel, Auseinandersetzung) konkretisieren läßt und implizit als Norm in allen Zielsetzungen vertreten ist. In Prozessen der Regelbildung, als offenes und bewußtes Aushandeln von Übereinkünften, sollen alle Gruppenmitglieder die Chance haben, Einfluß zu nehmen. Teilregeln sind an der übergreifenden „Gegenseitigkeitsregel" zu überprüfen. Die Einsicht in die Notwendigkeit sinnvoller Regeln sowie in die prinzipielle Möglichkeit, Regeln zu ändern und neuen Entwicklungen und Situationen anzupassen, ist zu vermitteln. Es kann folgende Zieldefinition bestimmt werden:

Umgang mit Regeln: *Fähigkeit und Bereitschaft, wichtige Regeln des Zusammenlebens zu erarbeiten, zu beachten und gegebenenfalls zu revidieren.*

Gruppenkenntnisse: Dieser Zielbereich stellt die „Wissenskomponente". Wissen kann sich dabei u. a. auf die einzelnen Mitschüler, Interaktionsprozesse, Gruppenstrukturen, Normen und die Stellung der eigenen Person im Gruppengeschehen beziehen. Es erscheint sinnvoll, neben fächerübergreifenden, die Gestaltung des gesamten Schullebens betreffenden Aspekten auch Themenbereiche, die in einzelnen Lernzielbereichen enthalten sind, in den Unterricht aufzunehmen. Dabei könnten beispielsweise soziale Themen wie Kenntnisse über Konflikte, Gruppenstrukturen, die Außenseiterproblematik oder Vorurteile vermittelt werden. Es kann folgende Zieldefinition bestimmt werden:

Gruppenkenntnisse: *Fähigkeit und Bereitschaft, Kenntnisse über wesentliche Aspekte der sozialen Gruppe Schulklasse zu erwerben.*

Im folgenden werden die Definitionen für die einzelnen Zieldimensionen zu einem Katalog zusammengetragen.

Katalog übergreifender Zielbereiche für Soziales Lernen

Kommunikation: *Fähigkeit und Bereitschaft, sich verständlich zu machen und andere zu verstehen.*
Kontakt: *Fähigkeit und Bereitschaft, mit anderen Kontakt aufzunehmen.*
Kooperation: *Fähigkeit und Bereitschaft, mit anderen zusammenzuarbeiten.*

Solidarität: *Fähigkeit und Bereitschaft zu gemeinsamen Handlungen in kleineren und größeren Gruppen; Bewußtsein der Zusammengehörigkeit und Erkenntnis der gemeinsamen Lage.*
Konflikt: *Fähigkeit und Bereitschaft, konstruktives Konfliktlöseverhalten zu praktizieren.*
Ich-Identität: *Fähigkeit und Bereitschaft, Fremderwartungen und eigene Bedürfnisse so zu verarbeiten, daß ein eigenes selbstbestimmtes Rollenverhalten entwickelt und praktiziert werden kann.*
Soziale Sensibilität: *Fähigkeit und Bereitschaft, sich in die Rolle eines anderen zu versetzen, sich in seine Lage einzufühlen und das Ergebnis dieser Bemühung in das eigene Verhalten einzubeziehen.*
Toleranz: *Fähigkeit und Bereitschaft, die Andersartigkeit, Eigentümlichkeit, Hilfsbedürftigkeit usw. anderer zu erkennen und zu respektieren, Vorurteile zu hinterfragen.*
Kritik: *Fähigkeit und Bereitschaft, Informationen, Normen, Handlungen, feststehende Urteile kritisch zu hinterfragen und gegebenenfalls Alternativen zu entwickeln.*
Umgang mit Regeln: *Fähigkeit und Bereitschaft, wichtige Regeln des Zusammenlebens zu erarbeiten, zu beachten und gegebenenfalls zu revidieren.*
Gruppenkenntnisse: *Fähigkeit und Bereitschaft, Kenntnisse über wesentliche Aspekte der sozialen Gruppe Schulklasse zu erwerben.*

Die Betrachtung Sozialen Lernens in einem ganzheitlichen Konzept erlaubt die Definition von Lernzielen auf der Ebene der einzelnen Person, ohne daß damit der Bezug zu den damit verknüpften ökologischen Gegebenheiten ausgeklammert wird. Vielmehr liegt einem solchen Ansatz der Gedanke zugrunde, daß Person und Ökologie eine untrennbare Einheit bilden (vgl. hierzu Petillon 1992), die lediglich zum Zweck einer weniger komplexen, leichter nachvollziehbaren Darstellungsweise aufgelöst wird. Wenn die Zielbereiche auch für die Person des Schülers formuliert sind, so schließen sie doch implizit den Verlauf von Interaktionen, die Gruppensituation und den institutionellen Kontext als interdependente, aufeinander abgestimmte Größen mit ein. Beispielsweise meint das Ziel „Toleranz" neben persönlichen Qualifikationen und Einstellungen gleichzeitig auch Interaktionsverläufe, die durch gegenseitige Toleranz charakterisiert sind sowie Normen und sozialklimatische Aspekte, die die Schülergruppe und die gesamte schulische Ökologie als tolerant kennzeichnen.

Es ist weiterhin darauf zu verweisen, daß die genannten sozialen Kompetenzen und Handlungsorientierungen nicht separiert von der fachlichen Qualifizierung erworben werden. Vielmehr ist Soziales Lernen als Teilbereich des gesamten Bildungsvorganges zu sehen, der mit anderen Teilbe-

reichen unauflöslich verbunden ist. Praktisch-gegenständliche, theore-
tisch –intellektuelle und sozial-emotionale Lernprozesse sind dementsprechend Teilaspekte, die als untrennbare Einheit das Wechselspiel zwischen Person und Umwelt kennzeichnen.

Mit der Realisierung des Zielkataloges erscheinen uns weitere Gesichtspunkte wichtig, die wir im folgenden nur stichpunktartig benennen
können:

– Prinzip der *Selbsttätigkeit:* Die Kinder sollen verstehen, daß sie selbst
  Verantwortung dafür tragen, daß sie etwas lernen. Das Vertrauen in
  Möglichkeiten der Selbstregulation der Gruppe ist ebenso zu fördern
  wie individuelle Überzeugungen in den Wert selbständigen Handelns.
– Alle Ziele haben einen *Handlungsbezug.* Soziales Lernen muß über
  das Entwickeln theoretischer Lösungswege und das Verbalisieren
  sozialer Einsichten hinaus Aktivitäten der Kinder im Sinne einer
  „lebendigen Verwirklichung" beinhalten.
– Soziales Lernen sollte *erfahrungsorientiert sein.* Ein zentraler Gesichtspunkt ist dabei die Thematisierung und handelnde Bewältigung des
  sozialen Umgangs zwischen den Schülern. Beispielsweise werden Konflikte aufgegriffen, Lösungsmöglichkeiten gesucht, „Vergleiche zu
  eigenen Erfahrungen gezogen, Stellungnahmen herausgefordert,
  Handlungsweisen erarbeitet und erprobt" (Pfeuffer 1988, S. 84).
– Soziales Lernen beinhaltet neben dem Nachdenken über soziale
  Zusammenhänge vor allem auch das *Empfinden* in sozialen Situationen. Es kann nicht auf den kognitiven Bereich beschränkt bleiben,
  sondern es geht zentral auch um die Bereiche des Wollens und Füh-
  lens. Eine Reduktion auf kognitives Lernen würde zu einer „Spaltung"
  zwischen Denken und Handeln führen und im Hinblick auf die Entwicklung der Kinder weitgehend folgenlos bleiben.
– Um zu vermeiden, daß es zu einer Trennung zwischen schulischem
  Lernen und außerschulischen Erfahrungen kommt, muß die Lebenswelt des Kindes als zentrales Element schulischer Arbeit einbezogen
  werden.
– Der Zielkatalog stellt sehr hohe Anforderungen an die schulische Praxis. Im Bereich der Grundschule sind die „Richtziele" als Hinweise auf
  pädagogische Bemühungen im Sinne erster *Anbahnung* und konti-
  nuierlicher Bemühungen um die Förderung sozialer Entwicklung
  gedacht.

An anderer Stelle (Petillon 1993) werden die einzelnen Zielbereiche
inhaltlich weiter aufgeschlüsselt, so daß das in den übergreifenden Formulierungen Gemeinte weiter konkretisiert werden kann.

1.2.2 Was wird in Lehrplänen gefordert?

In einer Lehrplananalyse wurde der Frage nachgegangen, in welcher Form sich Soziales Lernen in Zielsetzungen, Inhalten und methodischen Hinweisen in den Lehrplänen der einzelnen Bundesländer als Anspruch an die Erziehungsarbeit des Lehrers niederschlägt. Für die Analyse wurden diejenigen Lehrpläne herausgegriffen, die im Jahre 1980 Gültigkeit besaßen. Es wird angenommen, daß bis zu diesem Jahr die intensive Diskussion um Soziales Lernen (von 1970–1978) Eingang in die Lehrpläne gefunden hat. Ein Vergleich mit den heute gültigen Lehrplanversionen soll zeigen, ob das nachlassende Interesse an Sozialem Lernen in der fachwissenschaftlichen und bildungspolitischen Diskussion auch an den neuen Lehrplaninhalten sichtbar wird.

Bei der Analyse wurde in zwei Schritten vorgegangen. Zunächst wurden die Lehrpläne der Bundesländer einer Einzelanalyse unterzogen, um Verknüpfungen zwischen Teilaspekten sowie die Logik von Beziehungen übergreifender Leitziele zu einzelnen Themenstellungen, Feinzielen und Lern- und Lehrformen rekonstruieren zu können. Nach dieser ganzheitlichen Betrachtung wurden in Synopsen zu einzelnen Analyseaspekten die vielfältigen Detailinformationen, die aus den Originalquellen gewonnen wurden, zu Übersichten gebündelt und zu vergleichenden Aussagen zusammengetragen (vgl. hierzu Petillon 1993). Die Ergebnisse zu einzelnen Analysegesichtspunkten lassen sich in verdichteter Form wie folgt zusammenfassen:

Übergreifende Zielsetzungen

Den Leitzielen in den Präambeln der Lehrpläne fehlt in den meisten Fällen eine eindeutige Richtungsbestimmung. Bezüglich Sozialem Lernen bleibt der Anspruch an die Grundschule weitgehend offen und unverbindlich. Die Aussagen gehen nur selten über „Festredenformulierungen" hinaus, d. h. sie klingen progressiv und bieten nahezu unbegrenzte Möglichkeiten für die verschiedenartigsten subjektiven Interpretationen. Es fehlt darüber hinaus eine erkennbare Systematik, die das gesamte Spektrum Sozialen Lernens umreißt. Zieldimensionen wie Kontakt, Solidarität, Konflikt, Toleranz, Kritik, wie sie in unserem „Suchraster" enthalten sind, werden in den Präambeln der meisten Lehrpläne ausgespart. Weiterhin ist ein Mangel an richtungsweisenden Aussagen zu handlungsbezogenem Lernen und zur Wichtigkeit emotionaler Aspekte festzustellen.

Konkrete Zielsetzungen im Rahmen des Sachunterrichts

Bei der Zuordnung von konkreten Zielsetzungen zu Zieldimensionen zeigt sich, daß die Dimensionen Kooperation, Konflikt und Umgang mit Regeln in allen Bundesländern zumindest in Teilbereichen genannt sind. Demgegenüber zeigen sich deutliche „Lücken" bei Kommunikation, Solidarität, Kritik, Ich-Identität und sozialer Sensibilität.

Deutliche Unterschiede finden sich zwischen den einzelnen Lehrplänen im Hinblick auf den Umfang und die Qualität der genannten konkreten Ziele. Insgesamt läßt sich feststellen, daß etwa in der Hälfte aller Zielformulierungen nur einzelne Teilbereiche einer Zieldimension angesprochen werden. In drei Viertel aller Fälle fehlt ein Handlungsbezug, emotionale Aspekte werden nur äußerst selten erwähnt.

Themen und Realisierungsvorschläge

In allen Lehrplänen findet sich das Thema „Schule", in dessen Rahmen das Sozialleben in der Schülergruppe – in den einzelnen Bundesländern nach Ausmaß und Qualität der Hinweise sehr unterschiedlich – erwähnt wird. In den einzelnen Lehrplänen erfolgen sehr verschiedene Themenvorschläge, die eher willkürlich gesetzt als aus übergreifenden Zielsetzungen abgeleitet, erscheinen. Die Realisierungsvorschläge reichen in vielen Fällen nicht aus, um den Lehrer bei seinen sozialerzieherischen Bemühungen hinreichend zu unterstützen. In Verbindung mit den überwiegend kognitiv-reflektierenden Zielsetzungen legt diese Form der Themendarstellung eher einen belehrenden Unterricht als den handelnden Umgang des Schülers mit seinem sozialen Umfeld nahe. Allerdings enthalten einige Lehrpläne Ansätze zu praxisnahen Anregungen, die als wichtige Hilfestellungen für handlungsorientiertes Soziales Lernen gewertet werden können.

Lehr- und Lernformen

In den Lehrplänen wird in den meisten Fällen auf die Bedeutung von Sozialformen (Partner- und Gruppenarbeit, Spiel, Rollenspiel, Kreisgespräch) verwiesen. In etwa der Hälfte aller Nennungen wird ein Bezug zu konkreten Zielen und Themen hergestellt, wobei nur in wenigen Fällen eine befriedigende praxisanleitende Strukturierung erfolgt. In 30 % der Fälle fehlen Hinweise auf einzelne Sozialformen völlig, in 25 % werden sie nur am Rande erwähnt. Am wenigsten werden Projekte und offener Unterricht empfohlen, bei denen selbstbestimmtes Soziales Lernen als Alternative zu einem verplanten Lernen am ehesten gewährleistet wäre.

Aufgaben des Lehrers

Dem Lehrer wird in den meisten Lehrplänen eine hohe Verantwortung für Soziales Lernen eingeräumt. Allerdings folgen danach in der Regel Tugendkataloge, welche den Lehrer in seiner Vorbildfunktion auf eine Weise idealisieren, die sich von der Realität schulischer Alltagsverhältnissen weit entfernt. Konkrete Handlungsanregungen für Soziales Lernen lassen sich aus solchen „Botschaften" nicht herauslesen. In Ansätzen finden sich auch konkrete Aussagen, die das Verhalten des Lehrers deutlich mit Sozialem Lernen auf Schülerseite in Beziehung setzen und dabei auf Möglichkeiten der Reversibilität und des gegenseitigen Zugestehens von Handlungsräumen aufmerksam machen.

Vergleich der Lehrpläne von 1980 mit den heute gültigen

Bei den übergreifenden Zielsetzungen, bei Lehr- und Lernformen haben sich keine grundlegenden Änderungen ergeben. Es zeigt sich lediglich ein gewisser Trend zu etwas konkreteren Formulierungen und zu einer eher konservativ-harmonisierenden Sichtweise. Dort wo die alten Lehrpläne besonders wenig über Soziales Lernen enthielten, wird ein Nachholbedarf ausgeglichen. Bei konkreten Zielen und Unterrichtsthemen werden etwa 70% der alten Formulierungen übernommen. Ansonsten ist eine Kürzung um wichtige Themen feststellbar, die in den Lehrplänen von 1980 zum Teil eine zentrale Bedeutung für Soziales Lernen hatten. Lediglich in einem Fall werden die Defizite des alten Lehrplanes durch wichtige neue Themen ausgeglichen.

Es ist festzustellen, daß sich der Anspruch, Soziales Lernen zu fördern, noch etwas mehr in eher offene, weniger verbindliche Präambelformulierungen verlagert hat. Dadurch ist dieser wichtige Lernbereich noch mehr auf das Engagement des Lehrers angewiesen, der neben seinen zahlreichen anderen Aufgaben auch hier noch einen Schwerpunkt setzt und diesen gegen Vorbehalte von Eltern und Kollegen rechtfertigt.

Bisher konnten nur Vermutungen darüber angestellt werden, wie Soziales Lernen in den Lehrplänen von Lehrern angenommen wird. Es bleibt unklar, was die dort gemachten Vorschläge tatsächlich in der Alltagspraxis Sozialen Lernens bewirken. In einer Befragung wurde überprüft, wie Lehrer mit Ansprüchen des Lehrplans umgehen.

1.2.3 Anspruch und Wirklichkeit Sozialen Lernens: Eine Lehrerbefragung

Als „Abnehmer" von *Ansprüchen* wurden Experten für die Praxis Sozialen Lernens (Grundschullehrer) zur Bewertung von Zielvorgaben unter besonderer Berücksichtigung von Realisierungsmöglichkeiten befragt. Dabei wurde eine schriftliche Befragung durchgeführt, in die Lehrer aller Bundesländer und Klassenstufen des Primarbereiches einbezogen wurden (N = 444). In einer kurzen Zusammenfassung wird auf entsprechende Befunde eingegangen (detaillierte Hinweise vgl. Petillon 1993).

Bewertung des übergreifenden Zielkataloges

Ein Großteil der Lehrer hält die Realisierung der Ziele, wie sie in unserem Katalog vorgegeben wurden, für sehr sinnvoll (58,3 %) oder zumindest für sinnvoll (27,6 %). Über die Hälfte der befragten Lehrer (55,9 %) beschreibt die vorgegebenen Ziele als sehr schwer oder schwer realisierbar. Ein Grund dafür scheint die mangelhafte Ausbildung der Lehrer zu sein. Nur 17 % der Lehrer halten sich für ausreichend ausgebildet, um Soziales Lernen nach den vorgegebenen Zieldimensionen zu realisieren. Darüber hinaus fühlen sich etwa 80 % aller Befragten unzureichend mit pädagogischen Hilfen zur Realisierung des Lernzielkataloges versorgt.

Eine gute Ausbildung scheint dazu beizutragen, daß die Realisierung des Zielkataloges als sinnvoll und leichter realisierbar eingeschätzt wird. Umgekehrt kann im Sinne von Wechselwirkungen auch angenommen werden, daß Lehrer, die diesen Lernbereich höher einstufen und größere Realisierungschancen sehen, entsprechende Ausbildungsangebote intensiver nutzen. Weiterhin deutet sich an, daß ein Mangel an verfügbaren Hilfen die Realisierung Sozialen Lernens als besonders schwierig erscheinen läßt. Lehrer, die die einzelnen Zieldimensionen als eher schwer realisierbar ansehen, halten in vielen Fällen gleichzeitig die eigenen Bemühungen um Soziales Lernen für weniger sinnvoll.

Um Soziales Lernen, wie es in dem Zielkatalog beschrieben ist, im Primarbereich zu etablieren, bedürfte es vor allem einer intensiven Ausbildung der Lehrer. Ein breiter Konsens über die Wichtigkeit dieses Lernbereiches scheint zumindest in der von uns befragten Lehrergruppe vorhanden. Auf dieser Grundlage könnten Kompetenzen vermittelt werden, die den Lehrer zu erfolgreichem Handeln führen. Dies wiederum könnte ihn motivieren, sich selbst weiterzubilden und den Wert dieses Lernbereiches höher einzustufen.

Bei der Einschätzung, wie sinnvoll die Realisierung des Zielkataloges ist, zeigen sich Unterschiede zwischen einzelnen *Klassenstufen.* Mit ansteigenden Schuljahren wird Soziales Lernen als weniger sinnvoll eingeschätzt. Dies liegt wohl vor allem auch daran, daß die Vorbereitung auf den Übergang in weiterführende Schulen mehr an Gewicht erhält und somit die zunehmende Stoffülle sowie Leistungsanforderungen den sozialen Lernbereich verdrängen. Aus Aussagen der Lehrer zu den offenen Fragen geht auch hervor, daß der Druck der Eltern und der Schulverwaltung, sich im Unterricht auf Leistungsaspekte zu konzentrieren, größer wird. Auch in Lehrplänen verliert Soziales Lernen in den oberen Klassen der Grundschule an Bedeutung.

In einem weiteren Auswertungsschritt wurden die Bewertungen der Lehrer nach einzelnen Zieldimensionen aufgeschlüsselt. Die Ergebnisse verweisen auf zwei deutlich unterscheidbare Gruppen von Zieldimensionen:

Kommunikation, Umgang mit Regeln, Kontakt und Kooperation werden gleichzeitig als sinnvoller und leichter realisierbar ausgewiesen; die Lehrer fühlen sich für die Realisierung besser ausgebildet und verfügen für diese Zielbereiche über mehr pädagogische Hilfen.
Ich-Identität, Kritik, Solidarität, Toleranz und soziale Sensibilität werden demgegenüber bei allen Bewertungskriterien entgegengesetzt eingestuft.

Die Lehrplananalyse konnte deutlich machen, daß gerade die Ziele der erstgenannten Gruppe häufiger und konkreter benannt werden. Es ist anzunehmen, daß es sich bei den positiv bewerteten Zieldimensionen eher um vertraute Bereiche handelt, die der Lehrer mit seiner Unterrichtsarbeit leichter in Einklang bringen kann. Auch wird deren Realisierung bei Schulbehörden und bei den Eltern auf weniger Widerstand stoßen. Diese Zieldimensionen lassen sich auch besser mit der didaktisch-methodischen Schwerpunktsetzung der meisten Ausbildungskonzepte in Einklang bringen als andere Zielsetzungen (vgl. die letztgenannte Gruppe), die eine deutliche Betonung des Erzieherischen und damit auch den Einbezug der Person des Lehrers verlangen würden. Durch entsprechende inhaltliche Reduzierungen lassen sich die Ziele der erstgenannten Gruppe durchaus auch auf unterrichtstechnische Gesichtspunkte begrenzen. Eine solche Integration der niedrig eingestuften Dimensionen in den Schulalltag erscheint dagegen ohne eine Änderung bestehender Strukturen und ohne konfliktreiche Auseinandersetzungen weniger leicht möglich. Darüber hinaus handelt es sich um Zielbereiche, die ein hohes Maß an erzieherischer Kompetenz erfordern, ohne daß die Wirkungen entsprechender pädagogischer Bemühungen so kurzfristig sichtbar werden können, daß sie für den Lehrer eine bestätigende Rückmeldung darstellen.

Die ungünstigen Einstufungen der Zieldimensionen Kritik und Solidarität mögen wohl auch aus bewußten oder unbewußten Befürchtungen resultieren, bewährte Erziehungs- und Unterrichtsstrategien könnten an Wirkung verlieren und die Person des Lehrers selbst könnte zum Zielpunkt kritischen und solidarischen Handelns der Schüler werden.

Realisierung der Lernziele im eigenen Lehrplan

Viele der befragten Lehrer (57,9 %) gaben an, daß sie die sozialen Lernziele, die im zurückliegenden Schuljahr für sie verbindlich waren, nicht oder nur teilweise realisieren konnten. Nur 12,8 % verfügen über ausreichende Materialien für die im Lehrplan geforderten sozialerzieherischen Aufgaben. Im wesentlichen wird auf Sachbücher und die dazugehörigen Lehrerhandbücher zurückgegriffen, während die Verwendung von Fachzeitschriften und Fachbüchern eine eher untergeordnete Rolle spielt. Eine Analyse der verwendeten Sachbücher macht deutlich, daß diese in den meisten Fällen den Schülern zu wenig Anregungen für eine kritische und selbständige Auseinandersetzung mit sozialen Themen bieten. Möglichkeiten der gemeinsamen Erarbeitung, die für Soziales Lernen von besonderer Bedeutung sein sollten, bleiben ungenutzt. Wichtige Bereiche aus unserem Zielkatalog (Kritik, Solidarität, Soziale Sensibilität) sind weitgehend ausgeklammert.

Lediglich 12,4 % der Lehrer halten sich im Hinblick auf die Ansprüche, die Soziales Lernen an sie stellt, für ausreichend ausgebildet. Demgegenüber bezeichnen fast 90 % der Befragten „ihre" Lernziele als wichtig oder sehr wichtig für die unterrichtliche Arbeit in ihrer Klasse. In den meisten Fällen (93,9 %) wird die geringe Konkretheit der Zielformulierungen beklagt. Wie schon bei der Bewertung des Zielkataloges ergeben sich auch bei der Einschätzung konkreter Lehrplanziele Zusammenhänge zwischen den einzelnen Bewertungskriterien. Es zeigt sich, daß Lehrer, die viele Lernziele realisieren konnten, sich gleichzeitig mit mehr Unterrichtsmaterialien versorgt und besser ausgebildet fühlen. Sie finden die Zielformulierungen, mit denen sie sich intensiver befaßt haben, für ihre Unterrichtsarbeit wichtiger und haben weniger Probleme mit der Interpretation der Zielformulierungen.

Deutliche Unterschiede bei den Realisierungsquoten ergeben sich zwischen den einzelnen Klassenstufen. Während in den ersten beiden Schuljahren noch viele soziale Lernziele realisiert werden, nimmt diese Quote bis zum 4. Schuljahr deutlich ab, wobei in den Lehrplänen in vielen Fällen für die höheren Klassen gleichzeitig weniger Soziales Lernen gefordert wird.

Eine Differenzierung der Lehrerangaben nach Lernzieldimensionen führt zu einer sehr ähnlichen Gruppenbildung wie bei der Bewertung des Kataloges übergreifender Lernziele.

Realisierung von unterschiedlichen Sozialformen

Die Ergebnisse deuten darauf hin, daß in vielen Fällen der Frontalunterricht eine überaus dominierende Rolle im Schulalltag einnimmt. Daneben wird Partnerarbeit am häufigsten praktiziert. Ein Kreisgespräch und Gruppenarbeit findet durchschnittlich einmal in der Woche statt. Das Rollenspiel hat im Alltag nur eine sehr untergeordnete Funktion. Trotz zahlreicher Veröffentlichungen zur Bedeutung der genannten Sozialformen für Soziales Lernen und zu praxisnahen Beispielen für deren Realisierung wird in sehr vielen Fällen an traditionellen Unterrichtsformen festgehalten, die Soziales Lernen auf Belehrungen und einen unzureichenden „Verbalismus" auf Schülerseite reduzieren.

Zwischen den einzelnen Klassenstufen ergeben sich bei den Häufigkeiten für Gruppenarbeit und Rollenspiel recht deutliche Unterschiede. Analog zu der Vernachlässigung sozialer Lernziele zeigt sich mit zunehmenden Schuljahren eine Reduzierung der für Soziales Lernen besonders bedeutsamen Sozialformen. Die Gründe hierfür scheinen auch hier vor allen Dingen in der stärkeren Gewichtung von Faktoren zu liegen, die die Vorbereitung auf weiterführende Schulen betreffen.

Erfahrungen und Einstellungen bezüglich Sozialem Lernen

Den Lehrern wurden Fragen vorgelegt, die Aspekte des persönlichen Umgangs mit der Realisierung Sozialen Lernens betreffen. Eine Analyse der einzelnen Antworten macht deutlich, daß die meisten Lehrer Soziales Lernen für notwendig halten und sich dabei selbst eine wichtige Funktion zuschreiben. Wie schon bei den Angaben zu den Lernzielen, fühlen sich viele Lehrer nicht ausreichend ausgebildet, auch in Schulkonferenzen wird dieser Themenbereich nur selten aufgegriffen. Bei der Einschätzung von institutionellen Rahmenbedingungen ergeben sich zwei unterscheidbare Gruppen. Die Stoffülle, hohe Klassenfrequenzen, Leistungsdruck und die Vorbereitung auf weiterführende Schulen werden dabei als unterschiedlich beengend und blockierend für die Realisierung Sozialen Lernens erfahren.

Mit höheren Klassen des Primarbereiches ist die Anzahl der Lehrer, die über positive Erfahrungen mit der Realisierung Sozialen Lernens berichten, geringer. Gleichzeitig werden in höheren Klassen häufiger

Widerstände gegenüber sozialerzieherischem Handeln erlebt. Auch die Einstellung zu Sozialem Lernen ist in den ersten beiden Schuljahren in vielen Fällen günstiger als in den Klassen 3 und 4. Diese Befunde decken sich wiederum mit unseren Annahmen, daß in den oberen Schuljahren Soziales Lernen einen niedrigeren Stellenwert besitzt, der sich auf Erfahrungen und Einstellungen der dort unterrichtenden Lehrer niederschlägt.

In einem weiteren Analyseschritt wurden die genannten Erfahrungen und Einstellungen bezüglich sozialerzieherischen Aufgaben mit den vorangegangenen Angaben der Lehrer in Beziehung gesetzt. Wie zu erwarten war, schätzen Lehrer, die bisher ungünstige *Erfahrungen* mit Sozialem Lernen gemacht haben, die Möglichkeiten der Realisierung eines so umfassenden Anspruches, wie er durch unseren Zielkatalog bestimmt wird, eher skeptisch ein. Dementsprechend fühlen sie sich auch für die Verwirklichung der Ziele weniger ausgebildet und schlechter mit Unterrichtsmaterialien versorgt als die Gruppe der Kollegen, die auf zufriedenstellendere Erfahrungen zurückblicken kann.

Lehrer, die allgemein positive *Einstellungen* zu Sozialem Lernen äußern, schätzen auch die Realisierung unseres Zielkataloges als besonders sinnvoll für ihre schulische Arbeit ein. Gleichzeitig sehen die Lehrer mit negativen Erfahrungen größere Realisierungsprobleme als andere. Eine solche Antizipation von Problemen kann sowohl als einstellungsgeleitet als auch als „einstellungsstützend" interpretiert werden. Ähnliche Ergebnisse wie für die Bewertung des Zielkataloges ergeben sich für die Angaben zu konkreten Lernzielen aus dem eigenen Lehrplan. Lehrer mit positiven Erfahrungen haben mehr soziale Lernziele realisiert, sie halten sich für besser ausgebildet und haben sich intensiver mit den vorgegebenen Zielen ihres Lehrplans beschäftigt. Lehrer mit positiven Einstellungen realisieren die entsprechenden Lehrplanvorgaben deutlich vollständiger als andere. Sie stufen die Ziele auch als wichtiger für ihre pädagogische Praxis ein und sind besser über diese informiert. In ihren Klassen werden auch häufiger Gruppenarbeit und Rollenspiele gemacht.

Die Ergebnisse zum Zusammenhang zwischen den Erfahrungen und Einstellungen der Lehrer einerseits und dem Umgang mit Ansprüchen und deren Realisierung an Soziales Lernen andererseits lassen auf einen „Regelkreis" schließen: Verunsichernde Erfahrungen mit Sozialem Lernen und ein Motivationsverlust durch persönlich als unlösbar erscheinende Realisierungsprobleme können unter ungünstigen Bedingungen zu einer völligen Verweigerung gegenüber sozialerzieherischen Ansprüchen führen.

Erst auf der Grundlage positiver Einstellungen zu Sozialem Lernen ist ein langfristiges Engagement für diesen Lernbereich auch bei auftretenden Widerständen zu erwarten. In einem angemessenen Ausbildungskonzept müßte eine Verhaltenssicherheit vermittelt werden, die den Lehrer selbstbewußter sein sozialerzieherisches Anliegen gegenüber Kritikern vertreten und ihn im Umgang mit den Kindern konsequenter handeln läßt.

Wie unsere Befunde zeigen, räumen Lehrer mit positiven Einstellungen zu Sozialem Lernen ihrem persönlichen Handeln eine größere Bedeutung für die soziale Entwicklung der Schüler ein. Eine Ausbildung, die auf die Stärkung der Lehrerpersönlichkeit abzielt, könnte auch dazu beitragen, die Bedeutung des eigenen sozialerzieherischen Handelns selbstbewußter anzunehmen.

Antworten auf offene Fragen zur Bewertung Sozialen Lernens

Während etwa 60 % der Lehrer die Zielsetzungen zu Sozialem Lernen in ihrem Lehrplan für ausreichend halten oder keine Ergänzungsvorschläge machen, vermissen die übrigen einzelne Zieldimensionen, die auch nach unserer Lehrplananalyse unterrepräsentiert sind: Solidarität, Toleranz und Kritik. Darüber hinaus werden konkretere Aussagen vor allem zum Bereich des Konfliktes gewünscht. Ich-Identität, Soziale Sensibilität, Kontakt scheinen Dimensionen zu sein, die in Lehrplänen in vielen Fällen vernachlässigt, von Lehrern aber auch nur selten vermißt werden. Hier erscheint eine Aufklärung über die Wichtigkeit dieser Zielsetzungen dringend notwendig.

In vielen Antworten spiegeln sich auch die Ergebnisse wieder, die bei der Bewertung vorgegebener Ziele ermittelt wurden. Die mangelnde Konkretheit der Ziele und die Enttäuschung über die „Richtungslosigkeit" der Formulierungen wird in vielen Fällen thematisiert. Der Mangel an Ausbildung wird beklagt, Wünsche nach Weiterbildung auch im Sinne von „Selbsterziehung" werden geäußert und eine hohe Teilnahmebereitschaft signalisiert. Vielen Lehrern fehlt es an praxisnaher Literatur und an geeigneten Medien.

Ein besonderes Problem stellt der Mangel an Zeit für Soziales Lernen und das Fehlen eines „echten" pädagogischen Freiraums dar. Die Stofffülle wird häufig als „erdrückend" erlebt, hohe Klassenfrequenzen werden als besonders ungünstig für Soziales Lernen eingestuft. Die starke Leistungsorientierung wird in vielen Fällen als Widerspruch zu Sozialem Lernen empfunden; die betroffenen Lehrer fühlen sich überfordert, diesen Widerspruch zu überbrücken.

Während von einem Teil der Lehrer Soziales Lernen vor allem unter dem Aspekt der Anpassung an schulische Normen gesehen wird, fordern andere die Betonung der Eigeninitiative des Kindes und die Schaffung entsprechender Freiräume für die kindliche Entwicklung. Für viele Lehrer stellt die Einflußnahme des Elternhauses auf die soziale Entwicklung des Kindes (Erziehung zu Ich-Bezogenheit) und auf das pädagogische Geschehen in der Schule (starke Gewichtung des Leistungsaspektes) ein besonderes Problem für die Realisierung Sozialen Lernens dar. Dementsprechend wird an vielen Stellen die Bedeutung von Elternarbeit betont, für die eine intensive Ausbildung erfolgen sollte.

Bei der Beschreibung der schulischen Praxis Sozialen Lernens wird vor allem das Auseinanderklaffen zwischen der Einsicht, die ein Lernziel von einem Kind verlangt, und der handelnden Anwendung im Umgang mit Mitschülern konstatiert. Bei sozialen Problemen bleibt es weitgehend bei theoretischen Lösungswegen. Ein Transfer auf tatsächlich auftretende Probleme findet nur äußerst selten statt. Diese Beobachtungen der Lehrer bestätigen unsere Annahme in Kap. 3, Soziales Lernen sei zu wenig handlungsorientiert. Auch die Lehrplananalyse macht deutlich, daß in vielen Fällen eine rein verbale Auseinandersetzung mit sozialen Phänomenen gefordert wird. In gleicher Weise zielen die meisten Sachbücher auf einen verkürzenden „Verbalismus" hin, der den eigentlichen sozialen Umgang zwischen den Kindern kaum berührt. Ein Lehrer bringt die daraus abzuleitende Forderung an Soziales Lernen weitgehend auf den Punkt:

„Der Begriff ‚sozial' ist nur richtig verstanden, wenn wir verstehen, daß er Aktivität beinhaltet: lebendige Verwirklichung."

Trotz aller Hinweise auf die Belastungen, denen Lehrer ausgesetzt sind, auf eigenes Unvermögen und ungenügende Lehrpläne und auf die Versuchung, zu resignieren, finden sich bei den „abschließenden Bemerkungen" zahlreiche Hinweise auf die Bereitschaft, sich Sozialem Lernen zu widmen und hier die notwendigen Akzente in der schulischen Arbeit zu setzen. Bemühungen von seiten der Pädagogik, praxisnahen Hilfen, Ausbildungskonzepte und geeignete Medien zu entwickeln, würden in vielen Fällen auf fruchtbaren Boden fallen.

2. Soziale Erfahrungen in der Gleichaltrigen- gruppe im Verlauf der ersten beiden Schuljahre

Nachdem Ansprüche an die Praxis Sozialen Lernens und Möglichkeiten der Realisierung durch die Lehrer in aller Kürze dargestellt wurden, soll im folgenden die empirischen Untersuchung zum Sozialleben der Schüler in den ersten beiden Klassen des Primarbereichs dargestellt werden. Dabei wurden besonders solche Teilaspekte herausgegriffen, die für die Ziel- und Realisierungsdiskussion Sozialen Lernens besonders bedeutsam erscheinen. Es wird der Frage nachgegangen, wie sich bestimmte soziale Phänomene in der Schülergruppe während der ersten beiden Schuljahre entwickeln. Die Ergebnisse dieser Längsschnittstudie können danach auch mit dem Katalog übergreifender Zielsetzungen in Beziehung gesetzt werden, und es kann überprüft werden, in welcher Weise die Vorstellungen von wünschenswertem Sozialverhalten und die Beobachtungen realer Verhaltensweisen miteinander korrespondieren. Gleichzeitig erwarten wir auch Hinweise auf kindgerechte und den Bedürfnissen der Schülergruppe angemessene Inhalte und Methoden Sozialen Lernens.

2.1 Inhaltliche Konzeption der Längsschnittstudie

2.1.1 Stellenwert der Untersuchung im Rahmen eines Gesamtprojektes

Die Studie zu sozialen Erfahrungen in der Gleichaltrigengruppe war Teil eines größeren Forschungsprojektes (vgl. Petillon u. a. 1987). Es handelt sich dabei um einen Modellversuch (der Bundländerkommission für Bildungsplanung und Forschungsförderung), der sich mit der Bewältigung von Problemsituationen durch Kinder in den ersten beiden Grundschulklassen beschäftigte. Es handelt sich um eine Längsschnittstudie mit drei Erhebungszeitpunkten (Beginn und Ende des 1. Schuljahres, Ende des 2. Schuljahres). Das Projekt wurde arbeitsteilig in Teilprojekte ausdifferenziert. In Abb. 2 werden die Teilprojekte in ihrer Verknüpfung dargestellt und die Bearbeiter sowie Hinweise auf deren Veröffentlichungen benannt.

Bei der Entwicklung des Projektes wurde besonderer Wert auf die Möglichkeiten einer mehrperspektivischen Analyse gelegt: Es wurde eine gemeinsame Stichprobe zugrundegelegt; die diagnostischen Instrumente waren aufeinander abgestimmt. Dadurch ergab sich die Möglichkeit, bei der Interpretation der Befunde eines Teilprojekts die Ergebnisse der anderen Projekte heranzuziehen, um damit zu einer mehrperspektivischen Sichtweise zu kommen. So können wir z. b. überprüfen, ob die Aspekte, die ein Kind bei den im folgenden dargestellten Teilprojekt A in der Schule beschreibt, auch in der Familie (Teilprojekt C) genannt werden: Es kann festgestellt werden, ob es Unterschiede in der kindlichen Darstellung gibt und ob Ratschläge der Eltern Problemlösestrategien der Kinder in der Schule (vgl. Teilprojekt A) beeinflussen.

Enge Verknüpfungen sind auch zwischen den Teilprojekten A und B zu erwarten, wenn z. B. der Lehrer bei sozialen Prozessen in der Gleichaltrigengruppe interveniert oder umgekehrt, wenn etwa ein Schüler eigene Probleme aus der Schülergruppe an den Lehrer heranträgt und dabei einen Mitschüler „verpetzt". In solchen Fällen kann überprüft werden, in welchem Ausmaß und in welcher Form sich das Lehrerverhalten auf Prozesse und Strukturen in der Schülergruppe auswirkt.

Analog zu den Fragestellungen der Teilprojekte wurden die Lehrer gebeten, einzelne Gesichtspunkte (aus A–C) aus ihrer Perspektive zu beschreiben. Dadurch kann u. a. festgestellt werden, in welchem Ausmaß Schüler- und Elternsichtweisen mit Wahrnehmungen und Deutungen des Lehrers übereinstimmen bzw. voneinander abweichen.

Auf eine weitere Beschreibung des Gesamtprojektes wird verzichtet (vgl. dazu Petillon u. a. 1987). Im folgenden wird das Teilprojekt A in den Mittelpunkt der Betrachtung gerückt und an verschiedenenen Stellen mit anderen Teilprojekten verknüpft.

2.1.2 Inhaltliche Schwerpunkte

2.1.2.1 Schülerperspektive

Wie aus Aussagen der Entwicklungspsychologie deutlich wird, kommt den Prozessen der individuellen Auseinandersetzung des Kindes mit Sozialereignissen zentrale Bedeutung für die soziale Entwicklung zu. Allerdings wird nur sehr selten versucht, die Perspektive des Kindes zu rekonstruieren. Dies gilt bis auf wenige Ausnahmen (vgl. z. B. Zinnecker 1982; Fromm 1987) für die gesamte Schulforschung (vgl. auch Petillon 1987).

Im Rahmen unserer Studie definieren wir mit *Perspektive des Kindes* die Art und Weise, wie der Schulanfänger die Schülergruppe wahrnimmt, entsprechende Sozialereignisse subjektiv (kognitiv, emotional und

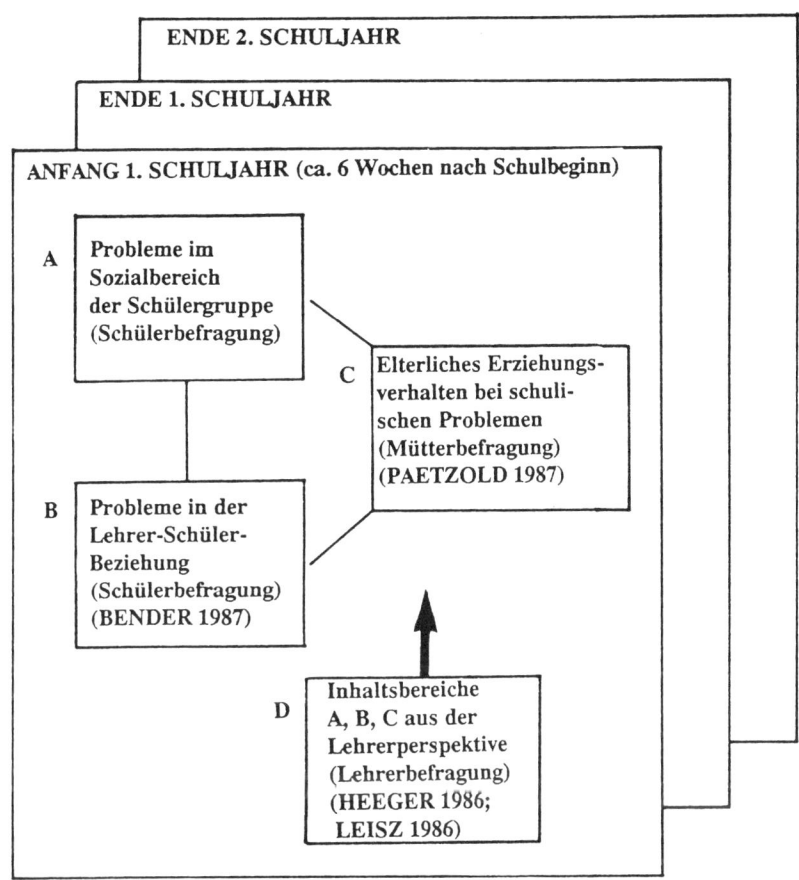

ENDE 2. SCHULJAHR

ENDE 1. SCHULJAHR

ANFANG 1. SCHULJAHR (ca. 6 Wochen nach Schulbeginn)

A Probleme im
Sozialbereich
der Schülergruppe
(Schülerbefragung)

C Elterliches Erziehungsverhalten bei schuli-
schen Problemen
(Mütterbefragung)
(PAETZOLD 1987)

B Probleme in der
Lehrer-Schüler-
Beziehung
(Schülerbefragung)
(BENDER 1987)

D Inhaltsbereiche
A, B, C aus der
Lehrerperspektive
(Lehrerbefragung)
(HEEGER 1986;
LEISZ 1986)

Abb. 2. Überblick über die Inhaltsbereiche des Gesamtprojektes

psychomotorisch) verarbeitet und in persönlich befriedigendes Handeln
umzusetzen versucht.

Während in der Pädagogik besonders für den Schulanfang die Notwendigkeit einer kindorientierten Praxis Sozialen Lernens betont und Kindgemäßheit in Lehrplänen (vgl. Kap. 1.2.2) an vielen Stellen gefordert
wird, herrscht weitgehend Unklarheit darüber, wie der betroffene
Schüler selbst die neue Situation einschließlich der Interaktionen mit
Gleichaltrigen wahrnimmt und erlebt.

Warum ist es so wichtig, die Perspektive des Schülers in pädagogische Überlegungen einzubeziehen? Das Bild, das Schüler von der Schule haben, weicht in vielen Fällen von dem Bild der Schule ab, das Erwachsene entwickeln. Erste Anhaltspunkte, die bisher zur Schülerperspektive vorliegen, deuten auf solche Diskrepanzen hin (vgl. Petillon 1987). Es scheint sinnvoll, Erwachsenen- und Kinderperspektiven eher als deutlich unterscheidbare Rekonstruktionsweisen zu sehen. Wenn wir wissen wollen, was wirklich in der Schule vorgeht und was Schüler dort wirklich erfahren, muß die Deutung der Schulwirklichkeit, die aus der Sicht des Lehrers oder Forschers plausibel erscheint, durch Sichtweisen der betroffenen Kinder ergänzt und modifiziert werden. Ein vollständigeres und zuverlässigeres Bild der Schulwirklichkeit wird dementsprechend nur dann zu gewinnen sein, wenn nicht nur – wie verständnisvoll auch immer – über die eigentlich Betroffenen geredet wird, sondern diese auch selbst zu Wort kommen können und ihre Sicht der Schule als eine mögliche Betrachtungsweise ernst genommen wird.

2.1.2.2 Die Situation des Schulanfanges

In zahlreichen Erörterungen wird weitgehend ohne eine ausreichende empirische Grundlage und dementsprechend eher pauschal konstatiert, daß der Übergang vom Kindergarten in die Schule für die Kinder in vielen Fällen einen gravierenden Einschnitt in ihr Leben bedeutet. Die neue Situation stelle hohe Anforderungen an die Fähigkeit, sich zurechtzufinden und dabei Gefühle der Unsicherheit emotional zu verarbeiten (vgl. z. B. Hüttenmoser 1981; Hebenstreit 1979). Gleichzeitig wird den Erfahrungen am Schulanfang eine zentrale Bedeutung für die gesamte Schullaufbahn des Kindes zugeschrieben. Es wird davon ausgegangen, daß ein solcher Übergang für die Entwicklung des Kindes von vitaler Bedeutung ist, denn ob ein Kind die neuen Aufgaben „mit Selbstvertrauen und in Erwartung neuartiger Herausforderung annimmt oder ihnen mutlos und mit Angst begegnet, das entscheidet für längere Zeit über seine Einstellung zur neuen Umgebung" (Palmer 1971, S. 37).
Die Unterschiedlichkeit von Erfahrungsfeldern und damit verbundene Orientierungsprobleme werden unter den Begriffen Kontinuität vs. Diskontinuität diskutiert. Dabei wird zwischen einer vertikalen (lebensgeschichtlich – biographischen) Komponente, d. h. dem Wechsel vom Kindergarten in die Grundschule, und einer horizontalen (das Moment der Gleichzeitigkeit beschreibenden) Komponente, d. h. schulbegleitenden Interaktionen in der Familie unterschieden.
In der erziehungswissenschaftlichen Literatur zum Schulanfang spielt der Aspekt der *Kontinuität* bei der Diskussion um einen kindgerechten

Schulanfang eine zentrale Rolle: Modelle zu einem gleitenden Übergang resultieren aus Überlegungen zu vertikalen Gesichtspunkten, während die Entwicklung von Kooperationsmodellen in der Elternarbeit auf der Annahme horizontaler Diskontinuität beruht. Empirische Befunde zur Präzisierung von Auswirkungen diskrepanter Mikrosysteme beim Schulanfang stehen nach wie vor aus. Ein erster Ansatz findet sich bei Braun (1987).

Eine Analyse der Perspektive des Schulanfängers könnte differenziert auf Veränderungen und Umstellungen zum Schulanfang aus der Sicht des Kindes eingehen und dabei subjektive Bewältigungsformen näher betrachten. Die Bereiche, die es zu bewältigen gilt, können vorläufig in Anlehnung an Macholdt & Thiel (1984) wie folgt beschrieben werden:

- Das Kind muß sich auf neue Bezugspersonen einstellen, deren Verhaltensweisen sich aufgrund der strukturellen und inhaltlichen Unterschiede zwischen Kindergarten und Schule von denen aus dem Kindergarten bekannten unterscheiden;
- es muß sich an neue schulische Verhaltensregeln anpassen, die es als Einschränkung seiner Handlungsfreiheit und Aktionsmöglichkeiten empfinden kann;
- es erfährt die Ablösung von überwiegend spielerischen Lernformen durch schulische Arbeitsformen in Lernsituationen, in denen es zunehmend auf das Ergebnis der Tätigkeiten ankommt;
- es hat sich auf neue Bewertungsmodalitäten einzustellen;
- es muß sich einem Zeitrhythmus unterordnen, der auch Anfang und Ende des Schultags regelt; Rückzugsmöglichkeiten sind dabei kaum gegeben;
- es muß sich in einer meist schwer zu überschauenden Institution zurechtfinden;
- es muß sich auf eine neue Familiensituation einstellen (z. B. Hausaufgaben, Reaktion der Eltern auf schulische Leistungen);
- es muß sich auf neue Klassenkameraden und eine größere Lerngruppe einstellen.

In unserer Studie beschäftigen wir uns vor allem mit dem letztgenannten Gesichtspunkt. Allerdings ist dabei zu berücksichtigen, daß alle anderen Aspekte eng mit den Erfahrungen in der Schülergruppe verbunden sind. Die neue Bezugsperson, schulische Normen, spezifische Arbeitsformen, neue Bewertungsmuster, ein neuer Zeitrhythmus und der Mangel an Rückzugsmöglichkeiten prägen als wesentliche Teilaspekte schulischer Ökologie das soziale Geschehen in der Gruppe und sind bei der Interpretation der Befunde unserer Untersuchung zu berücksichtigen.

Dementsprechend wird bei der Interpretation unserer Ergebnisse eine solche Verknüpfung des Soziallebens in der Schülergruppe mit der spezifischen Ökologie des Schulanfanges vorgenommen. In ersten Ansätzen wird auch empirisch eine Beziehung zum formellen Bereich der Schule (Leistung des Kindes, Beziehung zum Lehrer) und zu Prozessen in der Familie hergestellt.

2.1.2.3 Schulanfang und Schülergruppe

Wie oben dargestellt, hat sich der Schulanfänger in vielen Bereichen auf neue Situationen einzustellen. Dies gilt in besonderer Weise auch für das Zurechtfinden in der Schülergruppe. In den meisten Fällen begegnet er neuen Mitschülern aus anderen Kindergärten. In Interaktionen, die vor allem dem gegenseitigen Kennenlernen und „Abtasten" dienen, steht er vor der Aufgabe, sich rechtzeitig einen befriedigenden Platz in der Gruppe zu sichern. Neue Freundschaften sind ebenso möglich wie der Verlust des Freundes, der sich einem anderen Kind zuwendet. Einflußverteilungen sind neu zu regeln.

Diese und andere Gegebenheiten führen zu Konflikten, die ausgetragen werden müssen. Neue Formen des Zusammenseins, geprägt durch schulische Vorgaben, fordern zur Revision gewohnter Beziehungsmuster. Das Zurechtkommen mit schulischen Forderungen tritt als neues Kriterium sozialer Attraktivität neben bisherige, die von Formen spielerischen Umgangs geprägt waren. Der Lehrer greift in vielen Fällen intervenierend ein, indem er im Sinne didaktischer oder erzieherischer Intentionen soziale Interaktionen anregt, unterbindet oder auch thematisiert. Ohne Zweifel sind diese ersten Erfahrungen im Umgang mit Mitschülern für den Schulanfänger im Hinblick auf seine weitere soziale Entwicklung von großer Bedeutung.

Die Bedeutung der Schülergruppe als Entwicklungskontext wird an dem breiten Spektrum sozialer Erfahrungsmöglichkeiten sichtbar. Skizzenhaft läßt sich dieses Spektrum, das auch in Verbindung mit einer Neuorientierung zum Schulanfang auf eine hohe Entwicklungsrelevanz verweist, wie folgt beschreiben:
Die Gruppe bietet die Möglichkeit,
- sich mit anderen zu vergleichen (Aspekt: Bezugsgruppe);
- sich einen Status im Hinblick auf Einfluß, Beliebtheit u. a. zu erwerben (Aspekt: Gruppenstruktur);
- Normen mitzubestimmen und zu befolgen lernen (Aspekt: Gruppennormen);
- Zugehörigkeit zu erleben (Aspekt: Sozialklima);
- Gedanken auszutauschen, sich selbst darzustellen (Aspekt: Kommunikation);
- Freundschaft zu schließen (Aspekt: Beziehung)

– sich in Publikumssituationen zu bewähren (Aspekt: soziales Selbstbewußtsein);
– Selbsterfahrungen zu machen (Aspekt: Identität);
– Auseinandersetzungen zu bestehen (Aspekt: Konflikt);
– intensive Bindungen einzugehen (Aspekt: Freundschaft);
– gemeinsam zu arbeiten und zu spielen (Aspekt: Kooperation);
– Andersartigkeit zu erfahren (Aspekt: Toleranz);
– sich für Gruppeninteressen zusammenzuschließen (Aspekt: Solidarität).

Die genannten Gesichtspunkte dienen lediglich der Kennzeichnung größerer inhaltlicher Bereiche. In vielen Fällen ist die Konkretisierung und Ausdifferenzierung dieser Bereiche nur ansatzweise geleistet. Empirische Untersuchungen zu Prozessen in der Schülergruppe mit Hinweisen auf die Perspektive einzelner Schüler finden sich nur sehr verstreut. Dabei wurden aus den o. g. Bereichen der Schülergruppe nur einige herausgegriffen und eher auf Jugendliche angewendet: Bezugsgruppe (vgl. z. B. Jerusalem 1984), Sozialklima (vgl. z. B. Saldern 1987), Gruppenstruktur (vgl. z. B. Petillon 1982), Konflikt (vgl. z. B. Schmidt-Denter 1977) und Freundschaft (vgl. z. B. Wagner 1991). Die anderen bedeutsamen Gruppengesichtspunkte wurden bisher weitgehend vernachlässigt.

Besonders wenig ist darüber bekannt, wie Gleichaltrige zum Schulanfang miteinander umgehen. Informationen über Freundschaft, Kooperation, Einfluß, Ausschluß, Spielkontakte u. a. fehlen ebenso wie Hinweise auf die Art und Weise, wie Schulanfänger soziale Konflikte erleben und wie sie damit umgehen.

Lediglich in einer älteren Untersuchung von Horstmann (1967) wurden einmal Schulanfänger nach erwünschten Sitznachbarn befragt. Es konnte dort festgestellt werden, daß bereits zu Beginn der Schulzeit die schulische Leistungsfähigkeit des Kindes deutlich mit dem soziometrischen Status korrelierte.

Krappmann & Oswald (1984, 1987, 1988, 1989) haben über mehrere Jahre hinweg die Interaktionen gleichaltriger Kinder aus fünf Grundschulklassen mit Hilfe von Beobachtungen und Befragungen untersucht. Dabei wurden Strategien des Aushandelns, Probleme des Helfens und Freundschaftsbeziehungen einer subtilen Betrachtung unterzogen. Die Zeit des Schulanfanges spielt auch bei diesen Untersuchungen nur eine untergeordnete Rolle. So ist für den Sozialbereich des Schulanfanges geradezu ein „empirisches Vakuum" festzustellen.

Aus Untersuchungen zur sozialen Entwicklung lassen sich einige Hinweise auf den sozialen Umgang des Schulanfängers mit Mitschülern finden. Allerdings handelt es sich dabei fast ausschließlich um Befunde aus dem englischsprachigen Raum. Auf Probleme der Übertragung von

Ergebnissen unter den dort gegebenen ökologischen Bedingungen auf die Situation des Schulanfangs in der BRD wurde bereits verwiesen. Die Befunde legen nahe, daß sich im Verlauf der ersten Grundschuljahre die sozialen Beziehungen qualitativ und quantitativ verändern. Der Kreis der Interaktionspartner erweitert sich (Lewis & Rosenblum 1975), die Dauer von Interaktionen nimmt zu (Emmerich u. a. 1971). Interaktionen werden komplexer und subtiler (Guralnick 1986), u. a. auch dadurch bedingt, daß sich die kommunikativen Fähigkeiten erweitern (Greca & Stark 1986), soziale Strategien sich verfeinern (Wiley 1983) und sich die Fähigkeit weiterentwickelt, Prognosen über das eigene und fremde Verhalten zu stellen (Scarlett u. a. 1971).

Eine Bestätigung dieser Befunde steht im deutschsprachigen Raum weitgehend aus. Mit unserer Untersuchung wird auch der Versuch unternommen, einen ersten Beitrag zur Schließung dieser Forschungslücke zu leisten.

Im Bereich des sozialen Verstehens lassen sich für die Zeit des Schulanfanges folgende Entwicklungen vermuten:

– Viele Schüler gelangen von einer undifferenzierten und egozentrischen zu einer selbstreflexiven und reziproken Perspektivenübernahme. Es entwickelt sich zunehmend die Fähigkeit, „im Geiste" aus sich herauszutreten und eine „Zweite-Person-Perspektive" einzunehmen (Selman 1974).

– Bei der Bewertung von Freundschaft werden unilaterale Konzepte allmählich durch Vorstellungen vom Wert sozialer Beziehungen und von der Bedeutung gegenseitigen Vertrauens abgelöst (ebda.).

– Bei der Wahrnehmung der Schülergruppe entwickeln sich Auffassungen über Normen eines gerechten Austausches (ebda.), und die Erwartungen anderer gewinnen zunehmend an Bedeutung (Colby & Kohlberg 1978). Konzepte von Handlungsreziprozität prägen Vorstellungen vom Umgang zwischen Gleichaltrigen: „Gleiches ist mit Gleichem zu vergelten" (Damon 1981).

Diese Aussagen zu einer möglichen sozial-kognitiven Entwicklung im Verlauf der ersten Grundschuljahre enthalten nur indirekte Hinweise auf das tatsächliche Sozialverhalten. Entsprechende Studien deuten auf eher mäßige Zusammenhänge zwischen dem sozial-kognitiven Entwicklungsstand und sozialem Handeln (vgl. Halisch 1988). Im Hinblick auf unsere empirischen Zielsetzungen, das Sozialleben in der Schülergruppe zu analysieren, können die Befunde zur sozial-kognitiven Entwicklung als ein „Baustein" zur Interpretation von Schüleraussagen herangezogen werden.

Im Vergleich zum Primarbereich findet sich im Elementarbereich ein etwas größeres Forschungsinteresse am Sozialleben der Kinder. Einige

Befunde aus dem Ende der Kindergartenzeit können auch als erste Anhaltspunkte für den Schulanfang gelten. Schmidt-Denter (1977) beobachtete Kinder in Kindergärten und Kinderläden. Er stellte fest, daß Konflikte in beiden Einrichtungsformen nach dem Prinzip von Sieg und Niederlage ausgetragen werden. Kompromißlösungen kamen äußerst selten vor. Nach der Bildung einer „Dominanzhierarchie" nahm der Anteil an Konflikten ab. In einer anderen Untersuchung konnte beobachtet werden, daß die ältesten Kinder, d. h. die zukünftigen Schulanfänger vor allem den Kontakt untereinander suchen; Jungen grenzen sich von den Mädchen ab (Schmidt-Denter 1985). Für die zahlreichen Untersuchungen aus dem englischsprachigem Raum (vgl. Schmidt-Denter 1988) stellt sich häufig die Frage nach der Übertragbarkeit, zumal sich die vorschulischen Einrichtungen mit denen in der Bundesrepublik Deutschland in vielen Fällen kaum vergleichen lassen (vgl. etwa das Prinzip der „Altersmischung" in der BRD).

Bei allen bisher genannten Untersuchungen handelt es sich um Beobachtungsstudien. Strätz & Schmidt (1982) haben eine andere Vorgehensweise gewählt: Um einen „Zugangsweg zur Erlebniswelt der Kinder" zu finden, wurden diese selbst befragt (S. 1). Diese Methode und das dabei entwickelte Verfahren kamen unseren Vorstellungen, die Perspektive des Kindes zu rekonstruieren, sehr nahe und wurden der Entwicklung eines diagnostischen Instrumentes zugrundegelegt.

Einige Befunde seien hier skizzenhaft dargestellt:
– Kinder im Primarbereich tendieren dazu, Sympathie, die ihnen entgegengebracht wird, zu erwidern, bzw. Sympathie solchen Kindern entgegenzubringen, von denen sie erwidert wird. Die Nennungen der Kinder bleiben über einen relativ großen Zeitraum (vier Monate) zu einem hohen Prozentsatz stabil (S. 159).
– Aus der Sicht der Kinder nimmt aggressives Verhalten der Gruppenmitglieder gegen Ende der Kindergartenzeit ab. Es sind einige wenige Kinder, die auch über einen größeren Zeitraum von sehr vielen anderen als aggressiv erlebt werden (S. 163).
– „Die Rolle des Anführers bzw. der Anführerin ist im Vorschulalter noch nicht stark verfestigt" (S. 166). Bei Jungen wird „männlicher Chauvinismus" konstatiert: „Für sie ist ein Mädchen schon wegen seines Geschlechts als Anführer kaum akzeptabel. Jungen wählen als Anführer fast ausschließlich Jungen" (S. 290), während Mädchen dem Geschlecht in diesem Bereich keinerlei Bedeutung zumessen.
– Insgesamt zeigt sich eine Bevorzugung des eigenen Geschlechts bei der Vergabe von Sympathie, bei Spiel- und Freundschaftskontakten. Geschlechtstypische Rollenvorstellungen und Wahrnehmungsweisen haben sich während der Kindergartenzeit „bereits deutlich eingeschliffen" (S. 282).

– Jungen werden als deutlich aggressiver wahrgenommen als Mädchen. Im Verlauf der Vorschulzeit lehnen Mädchen dieses Verhalten deutlich häufiger ab als Jungen.

Für unser Forschungsanliegen sind die Ergebnisse hinsichtlich der zukünftigen Schulanfänger besonders interessant: „Die Beziehung der 5jährigen Kinder untereinander zeichnen sich, verglichen mit den Beziehungen der jüngeren Gruppenmitglieder, durch eine etwas größere Stabilität aus. Weiter ergaben sich Hinweise darauf, daß zwischen älteren Kindern schon recht dichte Netze gegenseitiger Sympathie bestehen" (S. 537).

In einer weiteren Studie wurde überprüft, inwieweit die soziale Stellung einzelner Kinder im Elementarbereich im ersten Schuljahr erhalten bleibt. Es zeigte sich, daß Kinder, die in Vorschulgruppen beliebt waren, zumeist auch im ersten Schuljahr zu den beliebten Kindern ihrer Klasse zählen. Das heißt auch umgekehrt: „Kinder, die in Kindergarten oder Vorklasse auf wenig Sympathie stießen, zählen auch im ersten Schuljahr selten zu den beliebten Kindern ihrer Klasse. Kinder, die in ihrer Vorschulgruppe mit keinem anderen Kind durch gegenseitige Freundschaft verbunden waren, schließen nur relativ selten im ersten Schuljahr enge Freundschaften mit Klassenkameraden" (S. 603).

Ähnliche Befunde ergaben sich für das Ausmaß an erhaltenen Ablehnungen. Weiterhin wurde festgestellt, daß Kinder, die im Kindergarten als aggressiv galten, zumeist auch im ersten Schuljahr durch aggressives Verhalten auffallen. Kinder, die vor der Schulzeit als bevorzugtes Ziel von Aggressionen wahrgenommen wurden, werden auch zum Schulanfang häufig das Opfer von Angriffen der Mitschüler. Die Tatsache, daß offensichtlich negative soziale Erfahrungen in Kindergärten noch in der Schulzeit nachwirken und verhindern, daß sich ein Kind aus einer eingeschliffenen Rolle lösen kann, läßt Soziales Lernen in zweifacher Hinsicht als bedeutsam erscheinen. Im Kindergarten muß den Kindern in ungünstigen Gruppenpositionen geholfen werden, ihre aktuelle Situation besser zu bewältigen, um auch „später in einer neuen Umgebung bereichernde soziale Beziehungen aufzubauen und zu erhalten" (S. 614). In der Schule müssen besonders diejenigen Kinder unterstützt werden, die aufgrund ihrer Vorerfahrungen nicht aus eigener Kraft in der Lage sind, die Gruppensituation befriedigend zu meistern.

Keine Konstanz konnte demgegenüber in den Bereichen Kooperation und Dominanz festgestellt werden. Ob ein Kind im ersten Schuljahr als kooperativ gilt, hängt nur wenig damit zusammen, wie häufig es im Elementarbereich im Zusammenspiel mit anderen erlebt wurde. Auch die Positionen als Anführer werden nur in wenigen Fällen in die Schule übernommen.

2.1.3 Themenstellungen der Längsschnittstudie

Wie in Kap. 2.1.2 dargestellt, ist über das Sozialleben von Schulanfängern äußerst wenig bekannt. Es erschien uns sinnvoll, zunächst nach den *Sozialereignissen* zu fragen, die Kinder im Verlauf der ersten beiden Schuljahre besonders bewegen. Da zu diesem Thema keine Vorinformationen vorliegen, bietet es sich an, mit einer eher offenen Befragungsweise an diesen Inhaltsbereich heranzugehen.

Ein zweiter inhaltlicher Schwerpunkt bezieht sich auf die *Rekonstruktion von Gruppenphänomenen aus der Perspektive der Kinder* im Verlauf der ersten beiden Grundschuljahre. Folgende Bereiche erschienen für eine möglichst umfassende Darstellung wichtiger sozialer Situationen zur Kennzeichnung des Gruppenalltags besonders bedeutsam:

– Freundschaft
– Spielkontakte
– Arbeitskontakte
– Mitschüler als Bezugsperson
– Konflikte
– Einfluß (Führungspositionen)
– Ausschluß
– Diskriminierung (Hänseln)
– Lehrereinbezug (Petzen)

Danach soll die Beziehung zwischen den informellen Gruppenstrukturen und formell-institutionellen Aspekten (Schulleistung, Kontakte zum Lehrer) einer Analyse unterzogen werden.

Als Ergänzung zu den strukturellen Aspekten von *Freundschaft* sollen detaillierte Informationen über die kindlichen Vorstellungen von Freundschaft und Erfahrungen mit einem Freund ermittelt werden. Wir hoffen, hier Hinweise auf praktikable altersgemäße Formen von Gegenseitigkeit zu finden. Es ist zu erwarten, daß in Freundschaften am ehesten Formen des kooperativen, sozial sensiblen und solidarischen Umgangs realisiert werden.

In zwei Exkursen sollen, entsprechend der mehrperspektivischen Analysemöglichkeiten des Gesamtprojekts, das Lehrerwissen über soziale Phänomene in der Schülergruppe (Heeger 1986) und die Kenntnisse der Mütter über Sozialerfahrungen ihrer Kinder (Paetzold 1987) zusammenfassend dargestellt werden.

Aus ökonomischen Gründen und im Interesse einer besseren Lesbarkeit verzichten wir auf die Wiedergabe einer umfangreichen Liste von Fragestellungen. Es erscheint günstiger, die Nennung der jeweiligen Fragestellung direkt mit Darstellung der Ergebnisse zu verknüpfen und sich in diesem Kapitel mit der Beschreibung der Inhaltsbereiche zu begnügen.

Folgende übergreifende Fragen, die für alle Themenbereiche gelten, können bereits hier genannt werden:
- Wie entwickeln sich einzelne soziale Phänomene im Verlauf der ersten beiden Schuljahre?
- Gibt es Unterschiede zwischen Mädchen und Jungen?
- Wie sind einzelne soziale Aspekte miteinander verknüpft?

2.2 Vorgehensweise

Wie oben ausgeführt, liegen zur Thematik und Zielsetzung unserer Studie keine vergleichbaren Untersuchungen vor. Dementsprechend konnte auch nicht auf erprobte Untersuchungsverfahren zurückgegriffen werden. Auch aus englischsprachigen Studien ließen sich keine Verfahren finden, die für uns geeignet erschienen. Lediglich einzelne Fragestellungen an die Kinder wurden für die Entwicklung von Instrumenten übernommen. Da wir die Kinder selbst befragten und deren Perspektive aus den o. g. Gründen in den Mittelpunkt der Betrachtung rücken wollten, war es auch nicht möglich, auf diagnostische Instrumente des Elementarbereiches zurückzugreifen, wo weitgehend mit Beobachtungsverfahren gearbeitet wurde. Lediglich ein Bildwahlverfahren von Strätz & Schmidt (1982) enthielt wertvolle Anregungen für die Entwicklung eines der diagnostischen Instrumente.

Alle im weiteren beschriebenen Instrumente können als untersuchungsspezifische Verfahren gewertet werden, für die lediglich Voruntersuchungen zur Kindgemäßheit vorgenommen wurden. Fragen der Reliabilität und Validität sind noch offen, wenn auch einige der nachfolgenden Befunde Hinweise auf die Retestreliabilität und Konstruktvalidität enthalten. Unter diesem Vorbehalt müssen alle weiteren Befunde betrachtet werden.

Es erschien uns besonders wichtig, Erfahrungen der Kinder in der Schülergruppe zu einem sehr frühen Zeitpunkt zu erfassen, um dadurch die Entstehung erster Orientierungen und Sichtweisen rekonstruieren zu können. Darüber hinaus ist es wichtig, Entwicklungsverläufe zu beobachten, um so die kindlichen Versuche, Anforderungen in der Gruppe zu bewältigen, in ihrer „Entwicklungslogik" verstehen zu lernen. Die Untersuchung ist dementsprechend als Längsschnittstudie konzipiert. Folgende Erhebungszeitpunkte erschienen uns wichtig:
- Beginn der Schulzeit (ca. 6 Wochen nach Schulbeginn)
- Ende des ersten Schuljahres (ca. 8 Wochen vor dem Schuljahresende)
- Ende des zweiten Schuljahres (ca. 8 Wochen vor dem Schuljahresende).

2.2.1 Untersuchungsverfahren

Im weiteren werden Hinweise zu einzelnen Verfahren gegeben, wobei die verwendeten Bilder und entsprechende Instruktionen konkret dargestellt werden, um einen anschaulichen Einblick in unsere Vorgehensweise zu vermitteln.

2.2.1.1 Verfahren zur Erfassung relevanter Sozialereignisse

Da es sich bei unserer Untersuchung um einen ersten Versuch handelt, relevante Sozialereignisse aus der Perspektive des Kindes zu ermitteln, sollten sich die Kinder relativ frei zu diesem Themenbereich äußern. Neben den Inhalten wollten wir herausfinden, mit welchen Emotionen und mit welcher Intensität die Kinder einzelne Sozialereignisse erleben. Aus Voruntersuchungen wurde deutlich, daß Kinder im Zusammenhang mit der Darstellung von wichtigen Ereignissen vor allem über Gefühle, wie Freude, Trauer, Angst („da bin ich sehr erschrocken", „da hab' ich mich gefürchtet") und Ärger („da war ich sauer") sprechen. Diese Emotionsbereiche legten wir auch unserem Verfahren zugrunde.

Das Verfahren selbst, das als Einzelinterview durchgeführt wurde, kann am besten dadurch erläutert werden, daß wir den Verlauf einer Befragung konkret darstellen:

Folgende Materialien sind erforderlich: 4 Emotionskarten, 4 Kärtchen mit Punkten, Spielplan und Kassetenrekorder.

Versuchsleiter: „Ich habe dir Bilder von einem Kind mitgebracht. Man kann an seinem Gesicht merken, was es gerade erlebt hat (wie es sich gerade fühlt)."

(Bilder in der unten angegebenen Reihenfolge vorlegen.)

1      Vl.: „da freut sich das Kind; es ist *fröhlich*"

2      Vl: „da ist das Kind *traurig*"

3      Vl: „da hat das Kind einen Schreck gekriegt; es hat *Angst*"

4      Vl: „da ist das Kind *wütend*; es ist sauer"

„Ich habe dir noch was mitgebracht. Das sind Kärtchen mit Punkten drauf. Leg' die mal der Größe nach untereinander in eine Reihe, fang mit dem größten an (senkrechte Reihe)." „Ich erklär dir jetzt, was die Punkte bedeuten sollen *(Emotionskarte 1 über die senkrechte Reihe legen)*."

„Wenn sich das Kind ganz, ganz arg freut, dann nehmen wir diesen Punkt. Der Punkt *(zeigen!)* sagt, das Kind *(zeigen!)* freut sich ganz, ganz stark, seine Freude ist ganz groß.

„Wenn sich das Kind arg freut, aber nicht ganz so sehr wie hier *(großen Punkt zeigen!)*, dann nehmen wir diesen Punkt.

„Wenn sich das Kind noch ein bißchen freut, aber nicht mehr so sehr wie hier *(zeigen!)*, dann nehmen wir diesen Punkt."

„Wenn sich das Kind noch ein ganz kleines bißchen freut, aber nicht ...."

„Jetzt legen wir die Kärtchen weg und machen ein Erzählspiel. Hier haben wir alles auf einem Spielplan zusammen *(Spielplan vorlegen)*."

Auf dem Spielplan sind in der obersten Zeile die vier Emotionen abgebildet. Darunter finden sich unter jedem Emotionsbild spaltenweise die Punkte zur Bestimmung der Intensität.

Versuchsleiter: „Das ist das Schulkind, das war mal fröhlich, traurig, erschrocken, wütend *(zeigen!)* und darunter sind immer die Punkte, die sagen, wie arg das war. Da war das Kind ganz, ganz traurig *(zeigen!)*, da ist es noch ein ganz kleines bißchen erschrocken *(zeigen!)* und da war es mal arg wütend (zeigen!)."

(Nun wird mit der ersten Spalte mit *Freude* begonnen.)

„Kannst du mal 'ne Geschichte erzählen, wo du in der Schule fröhlich warst *(Kassettenrekorder einschalten!)*. Nach der Geschichte: „Wie froh warst'n da, kannst du mir den Punkt zeigen?"

Danach: „Weißt du noch 'ne Geschichte, wo du in der Schule fröhlich warst?" usf.

In gleicher Weise wird mit den anderen Bildern verfahren.

2.2.1.2 Bildwahlverfahren zur Erfassung sozialer Beziehungen in der Schülergruppe

Für die Entwicklung dieses Instrumentes boten die Arbeiten von Strätz & Schmidt (1982), die drei- bis sechsjährige Kinder befragten, wichtige Anregungen. Weitere Hinweise fanden sich auch bei Biehler (1954) und McCanndless & Marshall (1957), deren Bildtechniken für die Erfassung sozialer Beziehungen zwischen jüngeren Kindern gut geeignet erschienen. Die dort in die Entwicklung des Verfahrens eingegangenen Überlegungen ließen sich mit unseren Untersuchungszielen weitgehend in Einklang bringen. Der Bereich sozialer Beziehungswahrnehmungen soll möglichst vollständig erfaßt werden: „In der Anzahl, der inhaltlichen Differenzierung und im Aufeinanderbezug der Fragekategorien sind belangvolle soziale Situationen im Gruppenalltag weitgehend abzudekken" (Strätz & Schmidt 1982, S. 7).

Zur Erfassung der Perspektive des Kindes kann nur mit Einzelinterviews gearbeitet werden. Dabei mußte das Problem einer anschaulichen, realitätsnahen, kindgemäßen und standardisierten Verständigung eines Interviewers mit Schulanfängern gelöst werden. Dies wurde durch das Prinzip realisiert,

– sowohl die Fragen an das Kind in Form von Bildern zu stellen, hier mit Hilfe zeichnerischer Darstellungen sozialer Situationen,

– als auch das Kind mit Bildern antworten zu lassen, in diesem Fall mit Fotos von Mitgliedern seiner Gruppe „ (Strätz & Schmidt 1982, S. 7).

Die Verwendung von Photos aller Kinder einer Klasse bringt für die Befragung vor allem den Vorteil, daß beim befragten Kind *alle* Mitschüler im Blickfeld sind und die Befragung auf die Schulklasse eingegrenzt ist. Weiterhin wird dem Kind eine besonders einfache Antwortmöglichkeit eingeräumt, indem es Fotos zeigt oder diese einer Bildvorlage zuordnet.

Für unsere Untersuchung wurde das Verfahren von Strätz & Schmidt in dreifacher Hinsicht modifiziert: Das Verfahren wurde in eine kindgemäße, spielerische Form eingekleidet, es wurden neue soziale Kategorien entwickelt und die Form der Instruktion auf die Situation des Schulanfängers übertragen. Für ein solch langes Interview mit einem Kind wurde eine Vorgehensweise gewählt, die den „trockenen" Befragungsablauf durch verschiedene spielerische Aktivitäten unterbricht. Dadurch ist eher gewährleistet, daß die Bereitschaft des Kindes, die vielfältigen Fragen konzentriert zu beantworten, über das gesamte Interview erhalten bleibt. Das Verfahren wird dementsprechend als Spiel durchgeführt. Die Kinder führen auf einem eigens erstellten Spielfeld Häuser und Plätze an und beantworten dort einzelne Fragen.

Versuchsleiter: „Wir wollen zusammen ein Rate- und Erzählspiel machen, das dir sicherlich viel Spaß machen wird. Ich erkläre dir erst einmal das Spielfeld. Eine große Straße führt über Brücken, durch den Wald und an vielen interessanten Plätzen vorbei."
Das Kind sucht sich ein Fahrzeug aus.
„Mit diesem Auto fahren wir jetzt auf der Straße. Immer wenn wir abbiegen können, fahren wir von der großen Straße herunter und machen dort ein kleines Spiel. Hier geht es los."

An verschiedenen Stationen wird die Fragesituation aufgelockert. Das Kind erhält kleine Geschenke, es darf den Versuchsleiter selbst intervie-wen, sportliche Übungen machen u. ä. Diese kindgemäße Vorgehens-weise ergab sich aus Voruntersuchungen, in denen erkennbar wurde, daß sich sechsjährige Kinder sehr schwer damit taten, bei einem sehr langen Interview konzentriert zu bleiben. Im Verlauf der Untersuchung wurde deutlich, daß die Kinder mit großer Freude an dem Spiel teilnahmen und bis zum Ende des Interviews interessiert und aufmerksam blieben.

Bei der Auswahl von Kategorien zur Beschreibung von Gruppenphä-nomenen ließen wir uns von den Überlegungen leiten, die im theoreti-schen Teil als bedeutsam herausgearbeitet wurden (vgl. Kap. 2.2.4) und auch der Entwicklung des Zielkataloges zugrundelagen.

Es ergaben sich elf Kategorien, die in drei Inhaltsbereiche aufgeteilt werden können:
Kontakte des befragten Kindes
Freundschaft
Spielkontakte
Sitznachbarschaft
Bezugsperson

Konflikte des befragten Kindes
körperliche Aggression
Streit um Gegenstände
Bedrohung
Petzen (Einbezug des Lehrers)

Wahrnehmung des Gruppengeschehens
Ausschluß
Diskriminierung (Hänseln)
Führung

In den ersten beiden Bereichen nennt das Kind jeweils Mitschüler, mit denen es eine kategorienspezifische Beziehung teilt oder wünscht. In den ersten Bereich sind die zentralen *positiven Kontaktdimensionen* aufge-nommen. Aus der Perspektive des befragten Kindes können die einzelnen Dimensionen jeweils auf verschiedene oder aber gemeinsam auf einen einzelnen Mitschüler zutreffen, mit dem es eine freundschaftliche Beziehung verbindet, mit dem es Spiel- und Unterrichtskontakte realisiert und bei dem es Rückmeldungen über die eigene Person einholt. Der zweite Bereich ist den *Problemkontakten* des Kindes gewidmet, in denen es sowohl Verursacher als auch der Adressat von Konflikten sein kann. Bei Fragen des dritten Bereiches nennt das Kind Mitschüler, die es in der bezeichneten Gruppensituation oder spezifischen Rolle wahrnimmt. Sofern es sie so erlebt, kann es sich auch selbst der jeweiligen Kategorie zuordnen.

Zum Verlauf des Verfahrens wurden bereits oben Hinweise auf die spielerische Einkleidung gegeben. Am Beispiel der Station 1 zu Freundschaftsbeziehungen soll unsere weitere Vorgehensweise erläutert werden. Das Kind gelangt an diese Station und erhält folgende Instruktion:

Station 1

„Was siehst du auf diesem Bild?" (Es muß vom Kind erkannt werden, daß es sich um zwei Freunde handelt, um Personen, die sich mögen). „Wenn wir dein Bild auf dieses Kind legen" *(Kind soll das tun),* wer ist dann das andere Kind *(auf dem Bild zeigen)*? „Nimm das Bild deines Freundes (deiner Freundin) und lege es auf das andere Kind *(Nr. des Kindes eintragen).* „Hast du noch andere Freunde oder Freundinnen?" *(Nrn. in das Auswertungsschema einsetzen).*

Der Versuchsleiter trägt die Nummern auf der Rückseite der ausgewählten Photos in einen Auswertungsbogen ein. In ähnlicher Weise wird an den übrigen 11 Stationen verfahren. Die jeweiligen Bilder und Instruktionen werden im Sinne einer besseren Lesbarkeit jeweils bei der Ergebnisdarstellung erläutert.

2.2.1.3 Interview zu Freundschaftsbeziehungen

In Ergänzung zu den soziometrischen Fragen nach Freundschaftsbeziehungen wurde ein Interview entwickelt, das Informationen darüber erbringen soll, wie sich Freundschaft aus der Perspektive des Kindes darstellt. Im deutschsprachigen Raum konnte lediglich ein Verfahren von Bender & Wagner (1985) für das 3. Schuljahr als Anregung für die Entwicklung eines Freundschaftsinterviews verwendet werden. Ansonsten greifen wir auf Forschungen im englischsprachigen Raum zurück

und arbeiten mit Fragestellungen, die uns für unser Forschungsanliegen als relevant erscheinen.
Das Interview enthält zwei unterscheidbare Bereiche:

1. Das Kind wird *allgemein* nach seinen Vorstellungen von Freundschaft gefragt.
2. Danach soll es die *konkreten* Beziehungen zu dem besten Freund beschreiben, mit dem es zum Zeitpunkt der Befragung zusammen ist.

1. In den letzten Jahren hat sich die Aufmerksamkeit der Freundschaftsforschung vor allem dem kindlichen Verständnis von Freundschaft zugewandt (Wagner 1991). In unserem Interview wurde dem Kind die folgende Frage nach seinem *Freundschaftsverständnis* gestellt: „Was ist für dich ein Freund?" (vgl. z. B. Furman & Bierman 1983). Nach *Erwartungen,* die an einen Freund gestellt werden („Freundschaftspflichten"), wurde wie folgt gefragt: „Wie muß ein Freund sein?" (vgl. auch Smollar & Youniss 1982). Ein dritter Gesichtspunkt des Freundschaftsverständnisses bezog sich auf die *Relevanz von Freundschaft* für das Kind: „Wozu braucht man überhaupt einen Freund? (vgl.z.B. Bigelow 1977). Es ist anzunehmen, daß bereits bei Schulanfängern *Präferenzen für das eigene Geschlecht* bestehen. Als Teilaspekt eines allgemeinen Freundschaftskonzeptes fragten wir explizit nach dem Grund für die Bevorzugung eines Geschlechts: „Soll dein Freund ein Junge oder ein Mädchen sein? – Warum?" Zu dieser Fragestellung liegen u. W. bisher keine Forschungsbefunde vor.

2. Bei der Beschreibung der zum Zeitpunkt der Befragung existierenden Beziehung mit dem besten Freund wurden folgende Gesichtspunkte berücksichtigt:

– *Dauer* der Freundschaft: „Wie lange kennst du die (den) ... schon?
– *Beginn* der Freundschaft: „Wo habt ihr euch kennengelernt?"
– *Beschreibung* des Freundes: „Wie ist die (der) so?" – „Was gefällt dir an der (dem)?" (vgl. Honess 1980).
– *Kontakte außerhalb der Schule:* „Seid ihr auch nach der Schule zusammen?" – „Wie oft?"
– *Gemeinsame Aktivitäten:* „Was macht ihr zusammen?"
– *Konflikte:* „Habt ihr euch schon mal gestritten?" „Wie war das?" (vgl. Bender & Wagner 1985; Youniss & Volpe 1978).

Für das Interview wurde eine Handpuppe eingesetzt. Eigene Erfahrungen (Vortests) wiesen darauf hin, daß die Interviewsituation für die Kinder aufgelockert wird und so spracherleichternd wirkt. Die Handpuppe hat einen neutralen Namen („Friedel"), der sowohl männlich als auch weiblich sein kann. Friedel wird bei den Kindern mit der Information eingeführt, daß er/sie im nächsten Jahr in die Schule kommt und vom befragten Kind wissen möchte, „wie das so ist". Das Kind wird damit zum Experten gemacht. Um einen besseren Zugang zu den Kindern zu finden, sind die Fragen entsprechend der Erfahrungen in Voruntersuchungen zum Teil umgangssprachlich formuliert.

2.2.1.4 Lehrerbefragung

Mit den Lehrern wurde ein Interview durchgeführt, das sich auf alle Bereiche bezieht, die das Gesamtprojekt betreffen (vgl. Kap. 7.1.1). Dabei wurden die beteiligten Lehrer in Form offener Fragen auch um Informationen über das Sozialleben der Schüler aus ihrer Sicht gebeten. Hinweise zu entsprechenden Ergebnissen finden sich bei Heeger (1986). Neben diesem Interview wurde eine schriftliche Befragung durchgeführt. Den Lehrern wurde eine Schülerliste ihrer Klasse vorgelegt, und sie sollten jeden einzelnen Schüler nach vorgegebenen Items (mit jeweils vier Antwortalternativen) zu sozialen Merkmalen im Umgang mit den Mitschülern und dem Lehrer sowie zum Schulerfolg einstufen. Die einzelnen Items lauten wie folgt:
1. Wie gut ist der Schüler in die Schülergruppe integriert (integriert heißt, sich in der Gruppe wohlfühlen und von den meisten Mitschülern akzeptiert werden)?
2. Wie häufig fängt das Kind Streit mit seinen Mitschülern an?
3. Ist das Kind sozial ängstlich (schüchtern, zurückhaltend in Sozialkontakten) im Umgang mit Mitschülern?
4. Wie beurteilen Sie das Sozialverhalten des Kindes im Umgang mit Mitschülern: (Sehr günstig würde bedeuten, daß das Kind wenig aggressiv reagiert, auf seine Mitschüler angemessen eingeht, verständnisvoll sein kann).
5. Wie häufig sucht das Kind direkten Kontakt mit Ihnen?
6. Wie häufig erzählt Ihnen das Kind persönliche Dinge?
7. Wie sehr trifft die Aussage ‚Das Kind läßt sich von mir etwas sagen‘ (im Sinne von läßt sich von mir beeinflussen, reagiert auf meine Aussagen) zu?
8. Wie sehr trifft die Aussage ‚das Kind hängt an mir‘ zu?
9. Wie ist der Schulerfolg des Kindes?

In der Auswertung sollen die genannten Items mit Ergebnissen aus der Schülerbefragung in Beziehung gesetzt werden. Es kann dabei überprüft werden, inwieweit Schüler- und Lehrerperspektiven übereinstimmen. Darüber hinaus soll festgestellt werden, welche Zusammenhänge zwischen dem formellen Bereich (schulische Leistungsfähigkeit, Unterordnung unter schulische Normen und Kontakte zum Lehrer) mit Phänomenen in der Schülergruppe (z. B. Status eines Kindes) bestehen.

2.2.2 Beschreibung der Untersuchungsstichprobe

Die für die vorliegende Untersuchung rekrutierte Stichprobe ist eng verbunden mit Zielsetzungen des Gesamtprojektes. Entsprechend der Fragestellungen dieses Gesamtprojektes und den Zielen eines schulpraktischen Modellversuches sollten Schulanfangsklassen ausgewählt werden, in denen neben deutschen Kindern auch türkische und italienische Schüler unterrichtet werden. Aus dem rheinland-pfälzischen Grundschulverzeichnis wurden alle Schulen mit einer entsprechenden Schülerpopulation herausgesucht und angeschrieben. Daraus resultierten sechs Schulorte, in denen Klassen mit der geforderten Schülerpopulation gebildet wurden, und deren Lehrkräfte und Schulleiter nach persönlichen Gesprächen mit den Projektmitarbeitern zur Teilnahme am Modellversuch bereit waren. Es wurden nur Klassen mit Lehrerinnen berücksichtigt, um nicht durch das Geschlecht der Lehrkraft einen unkontrollierten Einfluß einzubeziehen. Die 13 Klassen verteilten sich so auf die Schulen, daß sich zwei Schulen in Großstädten (Mainz, Ludwigshafen), zwei Schulen in Städten von mittlerer Größe (Worms, Frankenthal) und zwei Schulen in Kleinstädten (Germersheim, Schifferstadt) befanden.

Zu den drei Erhebungszeitpunkten ergab sich in 13 beteiligten Klassen folgende zahlenmäßige Verteilung für die Kinder, die aufgrund der schriftlichen Elterngenehmigung an der Untersuchung teilnahmen (Tabelle 2.2.2):

Tabelle 2.2.2. Untersuchungsstichprobe

	Mädchen	Jungen	Gesamt
Anfang 1. Schuljahr	104	129	233
Ende 1. Schuljahr	117	139	256
Ende 2. Schuljahr	119	143	262

Über alle drei Untersuchungszeitpunkte konnten von maximal 262 lediglich 171 Kinder befragt werden. Dies weist auch auf eine große Fluktuation in den von uns untersuchten Klassen im Verlauf der ersten beiden Schuljahre hin. So konnten wir feststellen, daß etwa jedes vierte Kind während dieser Zeit die Klasse wechselte (z. B. wegen Wohnortwechsel, Zurückstellung etc.) und sich auf eine neue Schülergruppe, auf einen neuen Lehrer und andere neue Gegebenheiten einstellen mußte. Es ist davon auszugehen, daß es für die betroffenen Kinder problematisch sein kann, sich in einem veränderten Umfeld zurechtzufinden und neuen Anforderungen gerecht zu werden. So stellt sich für das Kind z. B. die Aufgabe, selbst einen befriedigenden Platz in der Gruppe der Mitschüler zu finden, d. h. freundschaftliche Beziehungen aufzubauen und ein anerkanntes Mitglied der Gleichaltrigengruppe zu werden. Dabei sind neben dem Verlust vertrauter Kontakte in vielen Fällen auch Widerstände zu überwinden und Mißerfolge zu verarbeiten, die das betroffene Kind in eine krisenhafte Situation bringen können. Auch im Umgang mit dem Lehrer und mit möglicherweise neuen Leistungsanforderungen muß es versuchen, seine Situation so zu gestalten, daß es einen befriedigenden Weg zwischen den neuen Anforderungen anderer und seinen eigenen Vorstellungen findet. Bisher ist diesem Aspekt der Umorientierung durch einen Klassenwechsel wenig Beachtung geschenkt worden.

2.2.3 Verlauf der Untersuchung

Für die Befragung der Schüler wurden sieben wissenschaftliche Hilfskräfte (in der Regel arbeitslose Grundschullehrerinnen) eingesetzt. Bei der Befragung der Kinder wurde besonderer Wert darauf gelegt, daß die Versuchsleiter einen positiven Kontakt aufbauen konnten. Wir führten dementsprechend eine gründliche Ausbildung durch, d. h. die einzelnen diagnostischen Verfahren wurden vor jedem Befragungstermin eingehend besprochen und z. T. anhand von Videoaufzeichnungen verdeutlicht. Insgesamt fanden 12 halbtätige Sitzungen statt. In jeder Klasse waren die Versuchsleiter zu jedem Zeitpunkt vier Wochen tätig und hatten dabei ausreichende Möglichkeiten, die Kinder kennenzulernen und in Einzelgesprächen zu bestimmten Themenbereichen zu befragen. Die Kinderantworten wurden mit Kassettenrekordern aufgezeichnet und waren so auch jederzeit überprüfbar. Aus allen Reaktionen wurde deutlich, daß die Kinder sehr gerne an der Befragung teilnahmen und ein vertrauensvolles Verhältnis zu den Versuchsleitern aufbauen konnten. Es bestätigte sich, daß die großen Zeiträume, die wir für die Arbeit in den einzelnen Klassen geplant hatten, notwendig und wichtig für eine angemessene Befragung der Kinder waren.

Während der Befragungsphase bestanden intensive Kontakte zwischen den Versuchsleiterinnen und der Projektleitung, so daß auftretende Probleme direkt und für alle gültig geklärt werden konnten. Außerdem fanden regelmäßige Treffen mit allen Mitarbeiterinnen statt, bei denen über Einzelheiten der Befragung berichtet wurde.

2.2.4 Auswertung

Im folgenden sollen die einzelnen Schritte zur Auswertung der Interview-
daten näher erläutert werden. Dabei wird die Entwicklung und Verwendung von Kategoriensystemen für die Antworten der Kinder auf die
offenen Fragen näher erläutert.

Für die Auswertung der soziometrischen Daten aus dem Bildwahlverfahren konnte auf die Auswertungsmodelle von Schmidt (1973) und
Strätz (1979) zurückgegriffen werden. Das daraus entwickelte Computer-
programm FSM (Feldsoziomatrix) von Strätz & Hoff (1978) wurde uns
für unsere Arbeit zur Verfügung gestellt. Nach einigen Modifikationen
konnten mit dem FSM-Programm die für unsere soziometrischen Daten
notwendigen, zum Teil sehr komplexen Verrechnungsprozeduren realisiert werden. Auf Einzelheiten der Indexbildung u. ä. wird bei der Ergebnisdarstellung eingegangen.

2.2.4.1 Erstellung von Kategoriensystemen für die offenen
Interviewfragen

Für die offenen Fragen in den einzelnen Interviews zur Erfassung rele-
vanter Sozialereignisse, zu Freundschaft und zu Konflikten mußten nach
der Transkription in einem ersten Schritt Kategoriensysteme entwickelt
werden. Dazu wurde aus allen Interviews eine ausreichend große Zufalls-
stichprobe gezogen. Jeder der vier Mitarbeiter des Modellversuchs entwickelte aufgrund dieses Materials für jede Frage ein vorläufiges Kategoriensystem. Vom Material ausgehend wurde versucht, inhaltlich klar
umschriebene Kategorien auszumachen. In Teamsitzungen wurden diese
Systeme dann besprochen und aufeinander abgestimmt. In gemeinsamer
Arbeit mit den Vorentwürfen wurde für jede Frage ein endgültiges Kategoriensystem entwickelt, wobei teilweise auch Strukturierungshinweise
aus anderen Untersuchungen einflossen.

In Tabelle 2.2.4.1 ist als Beispiel das Kategoriensystem für „Sozialereignisse im Zusammenhang mit Freude" (vgl. 2.2.1.1) dargestellt.

Aufgrund der Schülerantworten kristallisierten sich die drei Großberei-
che „Lehrer", „Mitschüler" und „Schule" heraus, die danach in weitere
Unterkategorien aufdifferenziert wurden.

2.2.4.2 Kodierung der Antworten auf offene Fragen

Nach der Fertigstellung des Codebooks, in dem die Auswertungsschemata für alle offenen Fragen eines Interviews zusammengestellt sind,

Tabelle 2.2.4.1 Kategoriensystem für „Sozialereignisse im Zusammenhang mit Freude"

---

1 Lehrer

---

1. Drankommen
2. Belohnung (z. B. Lob, Sternchen o. ä.)
3. auf die Person der Lehrerin bezogen (z. B. daß das Kind gerade die Frau X bekommen hat)

---

2 Mitschüler

---

1. gemeinsame Aktivitäten (spielen, fangen, sprechen)
2. zusammensitzen
3. kennenlernen (z. B. einen Mitschüler haben, finden)
4. Auslöser: Aktivität des Mitschülers (z. B. er sagt etwas Gutes über mich)
5. Schadenfreude
6. helfen

---

3 Schule

---

1. Schulanfang
2. Leistung
3. besondere Ereignisse
4. unterrichtsspezifische Aktivitäten (z. B. Fächer, Lesen u. ä.)
5. Fähigkeiten erwerben
6. Material (z. B. neues Mäppchen)
7. keine oder wenig Hausaufgaben
8. Pause(n)
9. Ferien

---

wurden drei Kodierer ausgewählt und einer entsprechenden Schulung unterzogen. Dabei wurden die einzelnen Auswertungsschemata vorgestellt und an einigen Beispielen deren Anwendung demonstriert. Danach wurden einzelne Interviews selbständig bearbeitet und die Ergebnisse gemeinsam besprochen. Am Ende der Kodiererschulung stand die Überprüfung der Intercoder-Reliabilität. Mit einem Verfahren von Früh (1981) wurde ein Koeffizient für die Übereinstimmung zwischen den Auswertern ermittelt. Für die offenen Fragen wurden gute bis sehr gute Übereinstimmungen (über 80%) erzielt.

2.3 Ergebnisse 1: Sozialereignisse beim Schulanfang

In Anlehnung an unsere theoretischen Ausführungen zu Sozialem Lernen (vgl. Kap. 2), in denen der Umgang mit Sozialereignissen als zentraler Aspekt herausgearbeitet wurde, soll hier ein erster Versuch unternommen werden, solche Ereignisse zusammenzutragen, die Kinder zum Schulbeginn emotional besonders bewegen. Bei diesem Verfahren baten wir die Kinder, uns Geschichten zu erzählen, bei denen sie in der Schule fröhlich, traurig, ängstlich oder wütend waren. Dabei war es uns besonders wichtig, daß die Kinder ganz spontan erzählen konnten, ohne daß eine Intervention des Versuchsleiters erfolgte. Wir wollten nur das erfahren, was den Kindern tatsächlich in den Kopf kam und uns damit zufrieden geben, was das Kind für berichtenswert hielt. Dadurch erhielten wir in der überwiegenden Mehrzahl der Fälle lediglich Hinweise zur Thematik des Sozialereignisses. Die meisten Kinder begnügten sich in vielen Fällen mit einer Kurzdarstellung, von der sie (nach Aussagen der Versuchsleiter) den Eindruck hatten, sie sei in ihrem Informationsgehalt ausreichend.

Dementsprechend stehen in der Ergebnisdarstellung die genannten Themen im Mittelpunkt der Betrachtung. In Feinanalysen wird auch auf Detailinformationen eingegangen.

In die Auswertung gingen insgesamt 3675 „Geschichten" ein, die zum Teil auch nur aus einem einzigen Satz bestanden. Diese Gesamtzahl wurde in Tabelle 2.3 nach den einzelnen Emotionen und den drei Erhebungszeitpunkten aufgeschlüsselt. In Klammern findet sich die durchschnittliche Anzahl von Geschichten, die ein Kind erzählt.

Tabelle 2.3. Häufigkeit der einzelnen Emotionsbereiche in den geschilderten Sozialereignissen

	Freude	Trauer	Angst	Wut	Gesamt
T1	343 (1,47)	214 (0,92)	173 (0,74)	371 (1,59)	1100 (4,72)
T2	421 (1,64)	212 (0,83)	171 (0,67)	434 (1,70)	1238 (4,84)
T3	438 (1,67)	248 (0,95)	152 (0,58)	498 (1,90)	1336 (5,01)
	1202 (1,60)	674 (0,90)	496 (0,66)	1303 (1,74)	3675 (4,89)
	32,7%	18,3%	13,5%	35,5%	100%

T1 = Erhebungszeitpunkt 1, Beginn des ersten Schuljahres; T2 = Ende des ersten Schuljahres; T3 = Ende des zweiten Schuljahres

Bei der Auswertung wurde nach der oben beschriebenen Vorgehensweise (vgl. Kap. 7.2.4) ein Kategoriensystem entwickelt. Es wurden drei Großkategorien ermittelt:
– Sozialereignisse, bei denen die Interaktion mit dem Lehrer im Mittelpunkt steht.
– Sozialereignisse, die die Institution Schule und die Bewältigung der dort gestellten Anforderungen betreffen.
– Sozialereignisse, die sich auf den Umgang mit Mitschülern in der Schülergruppe beziehen.

Diese übergreifenden Kategorien wurden weiter aufdifferenziert. Wir werden uns im folgenden auf die Kategorie Schülergruppe konzentrieren (N = 1510 Ereignisse; 41 % von allen genannten Ereignissen) und zu den anderen Bereichen lediglich einige Hinweise geben.
Die nachfolgende Analyse geht folgenden übergreifenden Fragen nach:
– Welchen Stellenwert besitzen Sozialereignisse in der Schülergruppe im Vergleich zu Ereignissen in anderen Bereichen?
– Welche Art von Sozialereignissen in der Schülergruppe werden bei den einzelnen Emotionen genannt?
– Wie werden diese gewichtet (vgl. Vergabe von Punkten)?
– Ergeben sich Unterschiede im Verlauf des Erhebungszeitraumes?
– Gibt es Unterschiede zwischen Jungen und Mädchen?
– Ergeben sich in den Schüleraussagen Hinweise, die über eine bloße Thematisierung eines Sozialereignisses hinausgehen?

2.3.1 Sozialereignisse im Zusammenhang mit Freude

Der Versuchsleiter zeigte dem Kind die Karte für Freude mit folgender Instruktion: „Kannst du mal 'ne Geschichte erzählen, wo du in der Schule fröhlich warst?" Nach der Beendigung der Geschichte sollte das Kind mit Hilfe von Punkten die Geschichte bewerten: „Wie froh warst'n da, kannst du mir den Punkt zeigen?" Die jeweilige Geschichte wurde entsprechend der Größe des genannten Punktes mit Werten zwischen 1 und 4 gewichtet.
Wie verteilen sich nun die genannten Geschichten auf die drei Großkategorien? In Tabelle 2.3.1a sind die prozentualen Häufigkeiten angegeben.
Es fällt auf, daß die Person des Lehrers im Zusammenhang mit erlebter Freude sehr selten genannt wird. In den wenigen Fällen wird vor allem von Belohnungen für gute Leistungen gesprochen: z. B. „Ich hab' mich gefreut, wie mir die Frau X ein Sternchen für meine schönen

Tabelle 2.3.1a. Prozentuale Verteilung der genannten Sozialereignisse in Verbindung mit Freude

	Lehrer	Mitschüler	Schule	
T1	6,6 %	35,6 %	57,8 %	(100 %)
T2	6,4 %	31,2 %	62,4 %	(100 %)
T3	5,9 %	20,3 %	73,8 %	(100 %)

Hausaufgaben gegeben hat." In manchen Fällen sagen Kinder zu T1 aus, sie hätten sich besonders darüber gefreut, daß sie die Lehrerin X „bekommen" haben.

Die meisten Erzählungen der Kinder betreffen die Schule. Im Verlauf der ersten beiden Schuljahre nimmt die Häufigkeit dieser Kategorie noch deutlich zu.

Zum Schulanfang ist es überwiegend der Beginn der Schulzeit, der den Kindern Freude bereitet, z. B.: „Wie ich zum ersten Mal in die Schule gegangen bin, da war ich ganz froh, daß ich endlich etwas lernen kann." Erstaunlich oft nennen Kinder auch zu T 2 und T 3 den ersten Schultag als das herausragende freudige Ereignis und nicht selten fügen sie auf Nachfragen nach weiteren freudigen Begebenheiten hinzu, daß ihnen sonst keine entsprechende Episode einfällt. Einen hohen Anteil nehmen zu T 1 auch solche Ereignisse ein, bei denen die Kinder stolz auf neu erworbene Fähigkeiten waren: „Ich kann jetzt schon ein bißchen richtig lesen." – „Ich hab' mal eine richtige Windmühle malen können."

Zum Ende des zweiten Schuljahres werden solche Ereignisse neu bewertet. Es werden vor allem Aspekte genannt, die die Schulleistung betreffen. Etwa die Hälfte aller Kinder sprechen dann in dieser Kategorie von Erfolgen im Leistungsbereich, z. B. : „Wir haben ein Diktat geschrieben. Da habe ich viel geübt. Da habe ich eine Note 1 gekriegt. Da habe ich mich mal ganz doll gefreut." – „Bei Mathe. Da haben wir was aufgekriegt, und das war babyleicht." Oft wird die Schulleistung auch unter dem Aspekt des Vergleichens mit anderen gesehen. Besser zu sein, sich überlegen fühlen, löst bei den Kindern freudige Emotionen aus. Lehrer scheinen dieses Vergleichen noch zu begünstigen. Die Kinder erzählen davon, daß sie „Rechenkönig" und „Lesekönig" waren und von „Zeremonien", die die Leistungsrückmeldung begleiten:

„Die Frau X. hat einmal gesagt, daß es nur einen Einser im Diktat gibt und dann ist die so rumgegangen. Erst zu der Claudia. Und dann auf die Petra zu und jeder hat gemeint, die wär's. Aber dann ist sie bei mir stehen geblieben und da war ich's. Da war ich so froh, weil's nämlich der einzige Einser war."

Die Anzahl der freudigen Sozialereignisse, die den Umgang mit Mitschülern betreffen, wird mit zunehmender Schulzeit geringer. Während zum Schulbeginn noch etwa jedes dritte Ereignis Erfahrungen in der Schülergruppe betraf, reduziert sich dieser Anteil auf 20 %. Die Schülergruppe scheint zunehmend weniger Anlaß zur Freude zu geben.

Die Schülerangaben ließen sich zum überwiegenden Teil (94 %) sechs Kategorien zuordnen, die im folgenden kurz charakterisiert werden sollen:

Gemeinsame Aktivitäten: Hier werden vor allem gemeinsame Spiele in kleinen Gruppen auf dem Schulhof genannt; z. B. „Wie wir auf dem Hof so schön gespielt haben." Die Jungen nennen hier oft die Teilnahme an Aktivitäten einer „Bande".

Sitznachbarschaft: Es wird die Freude darüber zum Ausdruck gebracht, mit einem besonders erwünschten Mitschüler zusammenzusitzen; es werden kleine Episoden gegenseitigen Unterstützens und erfahrener Zuneigung geschildert; z. B. „Ich hab mich so gefreut, daß ich neben der Elke sitzen darf und die hat mir einmal ein Bild geschenkt, das sie selber so gern gehabt hat."

Mitschüler kennenlernen: Es wird berichtet, wie man auf dem Schulhof oder auf dem Nachhauseweg Kontakte geknüpft hat, die dem befragten Kind wichtig sind; z. B. „Wie der Torsten und ich uns kennengelernt haben, da war ich froh, daß ich endlich jemand hab'."

Sozialerfolge: Die Kinder erzählen von Erfolgen, die sie in Auseinandersetzung mit anderen erringen, z. B. „Daß ich stärker bin als der Herbert." Mitmachen können, als attraktiver Spielpartner gelten, Einfluß erringen sind weitere Aspekte dieser Kategorie.

Erfahrene Hilfeleistungen: Hier schildern die Kinder, wie angenehm es ihnen war, geholfen zu bekommen, z. B. wenn ein Kind einen Stift oder ein Blatt Papier braucht, wenn es etwas noch nicht kann, wenn es von anderen angegriffen oder beleidigt wird.

Schadenfreude: Diese Kategorie betrifft vor allem Äußerungen zu Ereignissen, in denen Mitschüler in einer ungünstigen Situation sind (z. B. sie stellen sich ungeschickt an, werden vom Lehrer ausgeschimpft).

Zunächst wird eine quantitative Analyse vorgenommen. In einem zweiten Schritt werden die Aussagen der Kinder innerhalb der Kategorien einer näheren, eher qualitativen Betrachtung unterzogen. In Tabelle 2.3.1b sind die Häufigkeiten für die Nennungen in den einzelnen Kategorien getrennt nach den Erhebungszeitpunkten dargestellt. In Klammern finden sich die Prozentsätze für die Jungen (links) und die Mädchen.

Tabelle 2.3.1b. Prozentuale Häufigkeiten der Freude auslösenden Sozialereignisse getrennt nach Erhebungszeitpunkten und Geschlecht (in Klammern)

	T 1	T 2	T 3
1. Gemeinsame Aktivitäten	11,2 %	32,8 %	31,9 %
	(12,7/ 9,6)	(25,8/40,0)	(23,8/38,5)
2. Sitznachbarschaft	25,2 %	7,4 %	8,5 %
	(21,8/28,8)	(8,1/ 6,7)	(9,5/ 7,7)
3. Mitschüler kennenlernen	22,4 %	9,8 %	4,3 %
	(23,6/21,2)	(9,7/10,0)	(4,8/ 3,8)
4. Sozialerfolge	7,5 %	14,8 %	21,3 %
	(7,3/ 7,7)	(24,2/ 5,0)	(38,1/ 7,7)
5. Erfahrene Hilfeleistungen	19,6 %	9,8 %	6,4 %
	(20,0/19,2)	(9,7/10,0)	(4,8/ 7,7)
6. Schadenfreude	14,0 %	25,4 %	27,7 %
	(14,5/13,5)	(22,6/28,3)	(19,0/34,6)

Aus Tabelle 2.3.1b sind folgende Gesichtspunkte besonders hervorzuheben:

– Gemeinsame Aktivitäten bereiten den Kindern mit zunehmender Zeit besondere Freude. Vor allem für die Mädchen scheint das Zusammenspielen in einer Gruppe besonders angenehme Erfahrungen zu bieten.
– Der Sozialkontakt zu dem Sitznachbarn und auch das Kennenlernen erscheinen für die Anfangssituation besonders bedeutsam und verlieren danach an Stellenwert. Zwischen Mädchen und Jungen zeigen sich dabei keine wesentlichen Unterschiede.
– Soziale Erfolge werden in größerer Zahl erst zu T2 und mit noch größerer Häufigkeit zu T3 genannt. Dabei scheint es sich eher um ein jungenspezifisches Phänomen zu handeln. Wie in der Feinanalyse noch zu zeigen sein wird, beziehen sich die genannten Erfolge im wesentlichen auf das Durchsetzungsvermögen in körperlichen Auseinandersetzungen und auf die Erlangung von Führungspositionen speziell in „Banden".
– Die Anzahl erfahrener Hilfeleistungen reduziert sich im Verlauf der ersten beiden Schuljahre auf ein Drittel der anfänglichen Häufigkeit. Dies gilt in ähnlicher Weise für Mädchen und Jungen.
– Die Anzahl der Ereignisse, in denen Schadenfreude genannt wird, verdoppelt sich nahezu von T1 zu T3. Dieser Anstieg ist bei den Mädchen wesentlich steiler als bei den Jungen.

Wie werden nun die genannten Sozialereignisse innerhalb der einzelnen Kategorien gewichtet? Zunächst ist festzustellen, daß bei der Vergabe der Punkte eine schiefe Verteilung entsteht:

größter Punkt	(Punktwert 4):	64,3 %
zweitgrößter Punkt	(Punktwert 3):	25,8 %
drittgrößter Punkt	(Punktwert 2):	7,8 %
kleinster Punkt	(Punktwert 1):	2,1 %

Daraus ergibt sich ein mittlerer Punktwert von 3,52. Die Verteilung macht deutlich, daß überwiegend die großen Punkte gewählt werden. Vermutlich erzählen die Kinder auch nur solche Geschichten, die für sie selbst ein großes Gewicht haben.

Sieht man sich die gemittelten Punktwerte für die einzelnen Kategorien an (Tabelle 2.3.1c), so ergeben sich relativ geringe Unterschiede zwischen den einzelnen Kategorien.

Tabelle 2.3.1c. Gewichtung der Geschichten der Kinder getrennt nach Kategorien und Erhebungszeitpunkten

	T 1	T 2	T 3
1. Gemeinsame Aktivitäten	3,4	3,6	3,9
2. Sitznachbarschaft	3,9	3,5	3,2
3. Mitschüler kennenlernen	3,8	3,5	3,1
4. Sozialerfolge	3,2	3,6	3,9
5. Erfahrene Hilfeleistungen	3,8	3,6	3,3
6. Schadenfreude	3,5	3,3	3,0

Es zeigt sich ein leichter Trend zur höheren Gewichtung von Freude, die bei gemeinsamen Aktivitäten und bei Sozialerfolgen empfunden wird. In umgekehrte Richtung weisen die Gewichtungen bei Sitznachbarschaft und Kennenlernen von Mitschülern. Bei Schadenfreude kommt möglicherweise eine strategische Komponente gegenüber dem Versuchsleiter ins Spiel, indem Schadenfreude als wenig sozial erwünscht erkannt und dementsprechend auch geringer gewichtet wird.

Bei einer genaueren Betrachtung der einzelnen Geschichten stellte sich heraus, daß bei allen freudigen Sozialereignissen, an denen ein Freund oder eine Freundin beteiligt ist, das Erleben als besonders intensiv charakterisiert wird. In 92,8 % aller Fälle wurde dabei der größte Punkt für das Ausmaß empfundener Freude genannt.

Im folgenden sollen die geschilderten Sozialereignisse näher betrachtet werden. Alle im weiteren zitierten Geschichten werden aus der Dialektform ins Hochdeutsche übersetzt. Sie verlieren dabei etwas an Authentizität, aber es erschien uns notwendig, diese Form der Übersetzung zu leisten, da sonst zahlreiche Stellen kaum verständlich gewesen wären. Die Namen der genannten Kinder sind in den Geschichten geändert.

Zu Beginn der Schulzeit finden sich viele Aussagen, die die Bedeutung eines Freundes in dieser Zeit unterstreichen. Der Beginn von Freundschaft wird sehr anschaulich dargestellt; es werden Ansätze von Gegenseitigkeit erkennbar:

> „Wie ich den Michael einmal so richtig gesehen habe und auf einmal der auch mich, da konnten wir bloß Freunde werden. Da waren wir alle zwei ja so froh."

> *Original: „Wie ich de Michael so richtig mol g'sähne hab un uf ämol der ach mich, do konnte mer jo bloß Freunde wärre. Do ware mer alle zwä jo so froh."*

> „Wie der Torsten und ich uns kennengelernt haben, haben wir ja so viel noch zusammen gemacht und als der gemerkt hat, daß ich auch sein Freund bin."
> „Die Karin ist gekommen und hat gesagt: ‚Wollen wir Freundinnen sein?'. Ich hab ja gesagt und wir war'n so froh."
> „Die Heike hat mir einen Ring geschenkt, so als Freundschaft."

Bei den Mädchen finden sich zu allen Zeitpunkten Hinweise auf die Bedeutung von Beziehungen, in denen man „sich gut ist". Zahlreiche Mädchen berichten davon, wie froh sie waren, daß ihnen einzelne Mitschüler „gut" waren. Offensichtlich verbirgt sich bei den Schülerinnen hinter dieser Formulierung eine für diese Altersgruppe typische Kennzeichnung einer wichtigen Sozialbeziehung. In Verbindung mit den soziometrischen Befunden (vgl. Kap. 2.4) konnten wir feststellen, daß es sich in den meisten Fällen um Freundschaftsbeziehungen handelt, in denen man sich signalisiert, daß man sich gut ist. Einige Aussagen differenzieren dieses „gut sein":

> „Die Anja ist mir immer gut. Sie nimmt mich überall hin mit, auch wenn die anderen bös mit mir sind. Kaum bin ich in der Pause, winkt die und lacht zu mir. Ja, daß die mir gut ist, das ist halt, was mich so froh macht."
> „Ich hab' zu der Petra gesagt, daß ich ihr wieder gut bin, und dann haben wir alles zusammen gemacht."

Umgekehrt wird besonders in Geschichten bei Trauer immer wieder über Erfahrungen mit Kindern berichtet, die einem nicht mehr gut sind. Es hat den Anschein, daß hier eine Art „Liebesentzug" auch als strategisches Mittel zur Regulierung von Beziehungen eingesetzt wird, oft nach dem Motto: „Bist du mir nicht mehr gut, bin ich dir auch nicht mehr gut." Häufig findet sich auch die Variante: „Mir ist aber die X gut, die dir nicht gut ist." Eifersucht, Versöhnung und Trauer über verlorene Beziehungen sind wichtige Gesichtspunkte in den Schilderungen der Mädchen im Verlauf der ersten beiden Schuljahre.

Bei den Jungen scheint diese Form, sich Zuneigung und Freundschaft zu signalisieren, keine Bedeutung zu haben. Es wird lediglich über gemeinsame, für beide Teile befriedigende, Aktivitäten gesprochen, die man mit einem Freund teilt:

> „Als ich den Peter als Freund gefunden hab', da hat der mich in der Pause immer getragen und ich ihn."

> „Da kommt auf einmal der Jens und packt mich am Arm und sagt: ‚Komm mein Freund'. Und dann bin ich ihm nachgerannt, und der war ja schneller als ich, und da hat der immer langsam gemacht, daß ich ihn einholen kann, und dann haben wir immer zusammen gespielt, später auch, bis heute eigentlich."

Bei den Jungen fällt auf, daß sie oft Freude darüber empfinden, mit ganz bestimmten Mitschülern zusammen zu sein:

> „Als sogar der Jens und der Angelo mit mir Fangen spielen wollten."

> „Der Marko hat auf einmal zu mir gesagt, spiel' doch auch mit."

Bei einer näheren Betrachtung dieser und ähnlicher Äußerungen stellte sich heraus, daß es sich bei den hier genannten Kindern um Gruppenmitglieder handelt, die wir nach unserer soziometrischen Befragung häufig als Stars kennzeichnen konnten. Hier scheint die Gunst, die die Statushohen den anderen Kindern erweisen, auch einen hohen emotionalen Stellenwert zu besitzen.

Nur in seltenen Fällen werden bei den Ereignissen Kontakte zwischen den Geschlechtern genannt. Allerdings werden zum Ende des zweiten Schuljahres schon einige „Liebesbeziehungen" beschrieben :

> „Die haben gesagt, daß der Thomas in mich verknallt ist. Da hab' ich mich gefreut, weil ich den ja wirklich liebe."

> „Gestern war ich auch glücklich in der großen Pause. Da habe ich mit Imo gespielt, das war ein Kußspiel. Und dann hat Imo dem André gesagt, er würde mich lieben. Dann hat die Michi es mir gesagt, und da war ich froh. Dann ist die Pamela zu mir gekommen und hat gefragt: ‚Liebst du den Imo?' Da habe ich gesagt: ‚Sympathisch ist er mir, aber lieben tu ich ihn nicht'."

Auch bei Sitznachbarschaft ist es den Kindern besonders wichtig, einen Freund in der Nähe zu haben:

> „Ich war in der Mitte und mein einer Freund war auf der einen Seite und mein anderer Freund auf der anderen Seite. Da habe ich mich

immer so gefreut, daß die so nah sind, so zum Reden und Zusammensein."

Ereignisse, in denen Jungen über Sozialerfolge berichten, deuten auf eine Vielzahl von Episoden hin, bei denen es um Einfluß und körperliche Überlegenheit geht. Bei den Namensnennungen fällt auf, daß oft statushohe Kinder genannt werden, die man einmal besiegt hat oder denen man ebenbürtig war. Einige Beispiele mögen einen Einblick in diese soziale Sphäre geben:

> „Als ich den Frank gepackt hab' und der hat sich ergeben, das hat mich gefreut."
> „Daß ich der Bandenchef bin von fünf Leuten."
> „Daß der Marco so lang gebraucht hat, bis er mich besiegt hatte, und alle haben's gesehen, wie schwer das für den war."
> „Wie ich gesagt habe, wir spielen jetzt Fangen (‚Fangerles') und der Peter hat gesagt: ‚Das ist gut, das machen mir jetzt mal'."
> „Wie der Markus gesagt hat: ‚Du bist doch auch in unserer Bande'. Und dem Markus seine Bande, die sind stark."

Den Sozialereignissen, die im Zusammenhang mit Schadenfreude geschildert werden, gehen häufig „Vorgeschichten" voraus, in denen ein Kind gekränkt wurde.

> „Als die Lehrerin dem sein falsches Bild gezeigt hat, da habe ich so gelacht. Die lacht auch immer so, wenn ich mal was falsch mache."
> „Wie die Sabine die Karin weggestoßen hat, weil sie der nicht mehr gut war und vorher hat die Karin auch gesagt, daß sie mir nicht mehr gut ist."
> „Wie der Marko über den Frank gestolpert ist und ist voll auf den Kopf gefallen, da hat der mal gesehen, wie es ist."
> „Die Nadine hat gesagt, ich bin immer noch der Tanja gut, dir nicht. Da ist sie zu der Tanja gegangen, aber die spielt ja nur mit anderen. Das geschieht der recht. Da habe ich so für mich gelacht."

Wenn man Schilderungen verschiedener Kinder zu unterschiedlichen Emotionen zueinander in Beziehung setzt, finden sich vor allem zum dritten Erhebungszeitpunkt besonders bei den Mädchen Schilderungen, die auf „Ereignisketten" hinweisen: erfahrene Zurückweisung durch X → empfundene Kränkung → Schadenfreude über eine Zurückweisung, die X erhält → Kontaktangebote von X werden von dem befragten Kind zurückgewiesen ... Möglicherweise dient die Beobachtung, daß Kind X von anderen zurückgewiesen wird, der besseren Bewältigung der erfahrenen eigenen Kränkung durch X. Dabei kann es dem gekränkten Kind

auch helfen, daß es die soziale Attraktivität von X als geringer wahrnehmen kann.

2.3.2 Sozialereignisse im Zusammenhang mit Trauer

Auf die Frage, wann die Kinder in der Schule einmal traurig waren,
ergab sich für die Antworten folgende Häufigkeitsverteilung für die
Großkategorien:

Tabelle 2.3.2a. Prozentuale Verteilung der genannten Sozialereignisse in Verbindung
mit Trauer

	Lehrer	Mitschüler	Schule
T 1	8,6 %	74,3 %	17,1 %
T 2	7,8 %	68,8 %	23,4 %
T 3	9,4 %	67,0 %	23,6 %

Auch bei traurigen Ereignissen wird der Lehrer relativ selten erwähnt. In den meisten Fällen erzählen die Kinder dabei über Situationen,
in denen sie vom Lehrer ausgeschimpft werden und mit Weinen reagieren.

Traurige Erlebnisse im Bereich „Schule" nehmen in ihrer Häufigkeit
etwas zu. Während zu T 1 noch häufig die Trennung von der Mutter
thematisiert wird ("Ich hatte so ein Heimweh nach meiner Mama."),
wird später vor allem über Leistungsprobleme (über 50 % zu T 3) berichtet: z. B. Probleme mit Hausaufgaben, schlechte Zensuren, Überforde-
rung.

Insgesamt erzählen in 26 % aller Fälle Jungen keine traurigen Ereignisse, bei Mädchen liegt diese Quote nur bei 12,5 %.

Die Anzahl der traurigen Ereignisse, die den Umgang mit Mitschülern
betrifft, nimmt im Verlauf der ersten beiden Schuljahre geringfügig ab.
Die einzelnen Schülerangaben ließen sich bis auf wenige Ausnahmen
(3,6 %) den folgenden Kategorien zuordnen:

– *Körperliche Aggression:* Hier berichten die Kinder vor allem über
  Situationen, in denen ihnen körperlicher Schmerz zugefügt wurde.
– *Verbale Aggression:* Die Kinder erzählen, wie sie von wütenden Mit-
  schülern beschimpft oder bedroht wurden.
– *Ausschluß:* Die Kinder schildern Ereignisse, bei denen sie vom Spielen
  und anderen Aktivitäten ausgeschlossen werden.

– *Ärgern/ Hänseln:* Hier handelt es sich um Situationen, in denen die Kinder provoziert werden. In den meisten Fällen erfolgen dabei Versuche, den anderen aus der „Reserve" zu locken. Nicht selten werden auch Animositäten sichtbar, die sich gegen ein bestimmtes Kind richten.

– *Material wegnehmen, beschädigen:* Die Kinder berichten über Auseinandersetzungen um Schulsachen und „private" Gegenstände.

– *Verlust einer Beziehung:* Die Kinder erzählen hier, wie sie einen Freund oder einen ihnen wichtigen Mitschüler verloren haben, der sich einer anderen Beziehung zuwendet oder die Gruppe verläßt (z. B. wegen Ortswechsel der Eltern, Zurückstellung, Sitzenbleiben).

– *Empathie:* Die Kinder bringen ihre Trauer darüber zum Ausdruck, daß sich Mitschüler in einer schwierigen Situation befinden: z. B. „Ich war so traurig, als die Petra vom Lehrer so arg ausgeschimpft wurde."

Analog zur Vorgehensweise bei „Freude" finden sich in Tabelle 2.3.2b die Häufigkeiten einzelner Nennungen.

Aus Tabelle 2.3.2b sind folgende Aspekte hervorzuheben:

– Bei den Trauer auslösenden Sozialereignissen nimmt insgesamt der Anteil der Geschichten ab, in denen über körperliche Verletzungen und Niederlagen in Zweierkämpfen berichtet wird. Allerdings resultiert diese Abnahme vor allem aus der reduzierten Quote der Mädchen, für die körperliche Aggressionen zu T3 nur noch eine untergeordnete Rolle (5,4 %) spielen. Bei den Jungen dagegen nimmt der

Tabelle 2.3.2b. Prozentuale Häufigkeiten der Zuordnung von Trauer auslösenden Sozialereignissen getrennt nach Erhebungszeitpunkten und nach Geschlecht (in Klammern)

	T 1	T 2	T 3
1 körperliche Aggression	26,7 %	16,5 %	16,9 %
	(38,0/16,1)	(28,2/ 8,6)	(45,3/ 4,4)
2 verbale Aggression	23,8 %	20,8 %	15,8 %
	(20,0/27,3)	(19,1/24,3)	(13,1/16,9)
3 Ausschluß	13,3 %	19,6 %	22,6 %
	(8,0/18,2)	(12,8/24,1)	(14,6/26,1)
4 ärgern/hänseln	13,0 %	18,4 %	18,3 %
	(12,0/14,5)	(15,4/23,6)	(7,8/26,3)
5 Material wegnehmen, beschädigen	8,5 %	4,1 %	3,8 %
	(11,0/ 5,5)	(10,3/0)	(9,8/ 1,1)
6 Verlust einer Beziehung	7,1 %	12,3 %	12,1 %
	(3,0/11,1)	(3,9/12,5)	(7,1/10,9)
7 Empathie	7,6 %	8,2 %	10,5 %
	(8,0/ 7,3)	(10,3/ 6,9)	(2,3/14,3)

Anteil von T 1 zu T 3 derart zu, daß etwa jedes zweite geschilderte Ereignis mit körperlichen Aggressionen zu tun hat.

– Etwa ein Viertel aller Ereignisse handelt zu T1 davon, daß das Kind beschimpft oder bedroht wird und darüber traurig ist. Zu T3 reduziert sich dieser Anteil auf ein Sechstel. Bei den Mädchen liegt der Anteil zu allen Zeitpunkten etwas höher als bei den Jungen.

– Von anderen ausgeschlossen zu werden nimmt in den Kinderberichten mit zunehmender Zeit einen breiteren Raum ein. Bei den Mädchen finden sich deutlich mehr Hinweise auf dieses Phänomen; zu T3 ist etwa jede vierte Geschichte, die Kinder traurig macht, eine Geschichte vom Ausschluß und in vielen Fällen von Gefühlen, isoliert zu sein.

– Auch das Ärgern und Hänseln spielt bei den Mädchen über alle Erhebungszeitpunkte eine wichtigere Rolle als bei den Jungen.

– Während zu T 1 noch etwa jede zehnte Geschichte vom Streit um Material handelt, verliert dieser Aspekt zu T3 an Bedeutung. Dies kommt allerdings vor allem bei den Mädchen zum Tragen, während die Jungen hier noch häufig „traurige" Erfahrungen machen.

– Die Trauer über den Verlust einer Beziehung wird zu T2 und T3 häufiger thematisiert. Bei Mädchen liegt der Anteil der Geschichten etwas höher.

– Die Notlage eines anderen empathisch nachzuempfinden, „mitzuleiden", und dabei selbst traurig zu werden, fließt bis zu T3 in etwa jede zehnte Geschichte ein. Bei den Mädchen ist eine deutliche Zunahme dieser Form von Empathie festzustellen, während bei den Jungen dieser Aspekt zunehmend an Bedeutung verliert. Möglicherweise sind es die ständigen körperlichen Auseinandersetzungen und die Notwendigkeit, sich auch zu Lasten anderer durchsetzen zu müssen, die bei den Jungen zu einer Reduzierung von Empathie und Mitleid führen.

Bei der Vergabe von Punkten für die Intensität von Trauer in einzelnen Geschichten ergibt sich wie bei Freude eine ungleiche Verteilung:

größter Punkt	(Punktwert 4):	58,6%
zweitgrößter Punkt	(Punktwert 3):	34,7%
drittgrößter Punkt	(Punktwert 2):	6,0%
kleinster Punkt	(Punktwert 1):	0,7%

Der gemittelte Punktwert beträgt 3,57. Auch diese Verteilung macht, ähnlich wie bei Freude, deutlich, daß überwiegend die großen Punkte gewählt werden, um das Ausmaß an Trauer darzustellen.

Bei den durchschnittlichen Punktwerten für die einzelnen Kategorien (Tabelle 2.3.2c) ergeben sich nur geringe Unterschiede zwischen den einzelnen Kategorien.

Tabelle 2.3.2c. Gewichtung der Geschichten zu Trauer, getrennt nach Kategorien und Erhebungszeitpunkten

	T 1	T 2	T 3
1 körperliche Aggression	3,6	3,7	3,7
2 verbale Aggression	3,4	3,1	3,1
3 Ausschluß	3,4	3,8	3,9
4 ärgern/hänseln	3,7	3,5	3,4
5 Material wegnehmen, beschädigen	3,5	3,2	3,1
6 Verlust einer Beziehung	3,6	3,7	3,7
7 Empathie	3,4	3,4	3,6

Die Aussagen für empfundene Trauer bei körperlichen Aggressionen sind eher hoch gewichtet. Die Erfahrung, ausgeschlossen zu werden, wird mit zunehmender Zeit als schmerzlicher erlebt. Dagegen verlieren verbale Aggressionen und Auseinandersetzungen um Materialien etwas an Bedeutung. Wie schon bei Freude zeigt eine nähere Betrachtung der Geschichten, daß die Beteiligung eines Freundes einen besonders hohen Stellenwert besitzt. Von einem Freund geschlagen, beschimpft, ausgeschlossen oder gehänselt zu werden, wird als besonders trauriges Ereignis erlebt. In über 85 % aller Fälle wird dabei der höchste Punkt als Hinweis auf besonders intensive Trauer gewählt.

Eine nähere Betrachtung der einzelnen kindlichen Schilderungen führt uns zu interessanten Informationen über Teilaspekte kindlichen Trauerempfindens in sozialen Situationen.

In vielen Fällen klingt in den Schilderungen die *Ohnmacht* gegenüber sozialen Tatsachen an:

– „Die hauen mich immer. Aber die sind meistens zu dritt. Da kann ich als überhaupt nichts machen."

– „Der Frank ist viel stärker als ich, und der legt mich als so fest auf den Boden, und die anderen lachen dann noch."

– „Immer wenn ich in die Bande will. Die anderen würden mich ja nehmen, aber dann kommt immer der Klaus und sagt: ‚Hau ab' und ich frage den ‚Warum?'. Da lacht der bloß. Und da bin ich schon ganz schön traurig."

– „Niemand will mit mir spielen. Ich war schon bei der Eva. Und dann bei der Heike. Und ich kann ja auch gut und schön spielen. Aber niemand will mich."

Häufig ist es die *permanente Belastung* und das Gefühl, daß sich die Mitschüler mit ihren aggressiven Handlungen auf das befragte Kind konzentrieren, die Kinder sehr traurig macht:

„Die gehen immer auf mich. Immer auf denselben. Das hört gar nicht mehr auf."

„Daß das immer nicht aufhört, immer das Schlagen."

„Und lachen tun die alle meistens nur über mich."

„Die ganzen Mädchen, die lachen dann, wenn ich irgend was sage. Dann tue ich oft weinen, dann lachen die als noch weiter."

„Ich war traurig, weil mich der Bert dauernd und dauernd geschlagen hat."

Große Enttäuschung und Trauer lösen negative Verhaltensweisen besonders von denjenigen Mitschülern aus, die das Kind *sehr schätzt.*

„Weil es gerade der Frank war, der mich so fest getreten hat."

„Weil die Anke, meine Anke, so böse Wörter über mich gesagt hat."

„Auf dem Schulhof habe ich ganz lange die Jasmin gesucht, als ich die gefunden hatte, war die mir auf einmal nicht mehr gut."

„Die Heike hat auf einmal gesagt: ‚Ich bin dir nicht mehr gut' und da bin ich lang in Trauer gegangen."

Bei vielen dieser Namensnennungen konnten wir feststellen, daß es sich um Mitschüler handelt, die in der soziometrischen Befragung als Freunde genannt wurden.

Die *Motive* für unsoziales Verhalten gewinnen an Bedeutung. Daß die anderen absichtlich verletzen wollen, wird zunehmend als besonders schmerzlich erlebt. In der Sprache der Kinder wird diese Absicht häufig mit „extra" umschrieben, als Hinweis darauf, daß ein anderes Kind mit Absicht gehandelt hat:

„Weil mir der Klaus für extra weh gemacht hat."

„Weil die Jutta so ein paar böse Wörter gesagt hat über mich. Und die hat das extra gemacht, weil sie weiß, daß ich dann auch weinen muß, wenn die anderen dann lachen."

„Die Anke, die hat meine Mütze versteckt und ich habe die so lange gesucht, weil meine Mama so schimpft und ich habe die erst später gefunden. Da hat die Anke so gelacht, da habe ich gemerkt, die hat das ganz extra gemacht, wegen meiner Mutter auch."

Oft macht es die Kinder traurig (vor allem zu T 3), daß sie ohne ersichtlichen Grund angegriffen, beschimpft oder gehänselt werden. Es schmerzt sie, weil sie eine solche Behandlung aus ihrer Sicht nicht verdient haben, so daß ihnen der aggressive Akt als reine Willkür erscheint:

„Der Thomas, der hat mir gerade so das Bein gestellt."
„Dem Oliver habe ich nie was gemacht, da boxt der mir im Vorbeirennen auf einmal in den Bauch."
„Die Lilo, die hat mich einfach nicht mehr mitspielen lassen, einfach so."
„Die Elke geht herum und erzählt böse Sachen über mich, einfach so, ohne daß ich der etwas gemacht habe, noch nie."

Es hat den Anschein, daß bei dem Empfinden von Trauer eine psychologische Komponente bedeutsam wird, die man als Vorsatz im Handeln des anderen umschreiben könnte. Wahrzunehmen, daß der andere einen selbst bewußt als Opfer aggressiver Handlungen auswählt und gezielt verletzt, wird in vielen Fällen als besonders bedrohlich und kränkend erlebt.

Besonders bei Ausschluß finden sich auch Hinweise auf Gefühle der Einsamkeit und Isolation:

„Wenn ich im Hof keine gefunden habe, die mit mir spielen will, dann stelle ich mich in eine Ecke und bin, hm, hm, ja, da bin ich schon ganz traurig und das Brot so alleine essen, da schmeckt es halt nicht so, hm, hm, so alleine zu essen, halt so gucke, wie die anderen als so froh sind."
„Wenn so alle mir nicht gut sind und so. Für was braucht man da noch in die Pause gehen."
„Da sind jetzt alle so 'ne Bande, bloß ich nicht und allein so eine Bande machen, das ist auch nichts."

In einigen Fällen wird bei den Mädchen auch als Zeichen von Solidarität gemeinsam getrauert:

„Als die Linda geweint hat, weil sie die so geärgert haben, da haben wir zusammen ein bißchen geweint."
„Wie der Volker so an seinem Knie geblutet hat, da bin ich gleich hin und wir waren zusammen eine Weile traurig, aber nicht geweint."

Insgesamt ist festzustellen, daß die Mädchen bedeutend häufiger darüber sprechen, daß sie weinen mußten. Bei Jungen nehmen solche Aussagen zu T3 deutlich ab. Es wird auch noch von Trauer berichtet, aber es scheint doch mehr und mehr als „unmännlich" zu gelten, Tränen zu zeigen. In manchen Fällen berichten Jungen, daß sie so „für sich" oder „in einem Eck" ein „ganz klein bissel" geweint haben.

2.3.3 Sozialereignisse im Zusammenhang mit Angst

Auf die Frage, wann die Kinder in der Schule einmal sehr erschrocken waren und Angst empfunden haben, führten die entsprechenden Antworten zu folgender Verteilung:

Tabelle 2.3.3a. Prozentuale Verteilung der genannten Sozialereignisse in Verbindung mit Angst

	Lehrer	Mitschüler	Schule
T 1	11,7 %	59,6 %	28,7 %
T 2	9,3 %	64,3 %	26,4 %
T 3	15,2 %	57,1 %	27,7 %

Auch in diesem Emotionsbereich nehmen die Erfahrungen mit den Mitschülern eine dominierende Stellung ein. Die Angst im Umgang mit dem Lehrer bezieht sich in den meisten Fällen auf Situationen, in denen das Kind geschimpft wird. Zum Ende des zweiten Schuljahres haben die Kinder oft auch Angst davor, aufgerufen zu werden, wenn sie keine Antwort wissen.

Angst im Bereich Schule betrifft zu T1 noch häufig die Schulanfangssituation: die Angst vor der Trennung von der Mutter und vor dem unbekannten Neuen, das es zu bewältigen gilt. Später handelt es sich in den meisten Fällen um Befürchtungen, im Leistungsbereich zu versagen. Dabei werden Prüfungssituationen in ihren verschiedenen Phasen thematisiert: Vorbereitung auf eine Arbeit mit Antizipationen von Bewältigungsproblemen, Umgang mit den Anforderungen und Rückgabe der Arbeit.

Die geschilderten Ereignisse in der Schülergruppe ließen sich zu einem sehr hohen Prozentsatz (93 %) sechs Kategorien zuordnen. Das Kategoriensystem entspricht zu einem großen Teil demjenigen für den Emotionsbereich Trauer.

Statt auf verschiedene Aspekte von verbaler Aggression beziehen sich die angstauslösenden Ereignisse lediglich auf Drohungen der Mitschüler (Kat. 2). Anstelle der Kategorie „ärgern/ hänseln" tritt die Angst vor Bloßstellungen, d. h. konkret, von anderen ausgelacht zu werden (Kat. 4). Ein Teil der Erzählungen handelt von Situationen, in denen dem Kind ein „Schreck eingejagt" wird: „Da hat sich der Georg ganz leise hinter mich geschlichen und 'hu' ganz laut gesagt" (Kat. 5). Angstauslösend scheint auch die Beobachtung zu sein, wie andere Kinder aggressiv behandelt werden (Kat. 6).

Tabelle 2.3.3b. Prozentuale Häufigkeiten der Angst auslösenden Sozialereignisse getrennt nach Erhebungszeitpunkten sowie nach Geschlecht (in Klammern)

	T 1	T 2	T 3
1 körperliche Aggression	21,8 %	11,9 %	9,5 %
	(32,0/13,3)	(30,4/ 4,9)	(29,4/ 2,2)
2 Drohungen	16,4 %	16,7 %	14,3 %
	(16,0/16,7)	(21,7/14,8)	(17,6/13,0)
3 Ausschluß	16,4 %	25,0 %	28,6 %
	(12,0/20,0)	(17,4/27,9)	(11,8/34,8)
4 Auslachen	23,6 %	34,5 %	31,7 %
	(12,0/33,3)	(21,7/39,3)	(23,5/34,8)
5 Erschrecken	10,9 %	3,6 %	3,2 %
	(20,0/ 3,3)	(8,7/ 1,6)	(11,8/ 0)
6 Aggression gegen andere	10,9 %	8,3 %	12,7 %
	(8,0/13,3)	(0/11,5)	(5,9/15,2)

Aus Tabelle 2.3.3.b lassen sich folgende Tendenzen ablesen:

– Die Angst vor körperlichen Aggressionen nimmt insgesamt deutlich ab; allerdings resultiert diese Abnahme weitgehend aus der Tatsache, daß die Mädchen bis zu T 3 kaum mehr über solche Phänomene berichten. Bei Jungen handelt nach wie vor etwa jede dritte Geschichte von erfahrenen körperlichen Verletzungen.

– Drohungen der Mitschüler stellen in etwa einem Sechstel aller Fälle angstauslösende Sozialereignisse dar. Diese Quote verändert sich nur unwesentlich über die Zeit. Zwischen Jungen und Mädchen gibt es nur geringfügige Unterschiede.

– Die Angst, ausgeschlossen zu werden, findet sich zunehmend häufiger in den Berichten der Kinder. Etwa jede vierte Geschichte handelt von dieser Angst vor Zurückweisung. Bei den Mädchen liegt diese Quote deutlich höher als bei den Jungen.

– In vielen Geschichten wird über die Angst erzählt, ausgelacht zu werden. Die Häufigkeiten nehmen von T1 zu T2 unabhängig vom Geschlecht der Schüler deutlich zu. Bei den Mädchen liegt der entsprechende Prozentsatz in allen Fällen wesentlich höher als bei den Jungen.

– Nur zum Schulanfang wird das Erschrecken bei etwa 10 % der Geschichten genannt. Bei den Mädchen spielt dieser Aspekt insgesamt eine sehr geringe Rolle; bei Jungen reduziert sich der Anteil auf etwa die Hälfte.

– Die Beobachtung von aggressiven Handlungen scheint besonders die Mädchen zu erschrecken. Allerdings kommt es im Verlauf des zweiten Schuljahres offensichtlich zu Prozessen, die auch mehr Jungen dazu bringen, entsprechende Ängste zu empfinden.

Bei der Vergabe von Punkten für die Intensität der empfundenen Angst werden im Vergleich zu anderen Emotionen auch die kleineren Punkte etwas häufiger verwendet:

größter Punkt	(Punktwert 4):	43,8 %
zweitgrößter Punkt	(Punktwert 3):	38,4 %
drittgrößter Punkt	(Punktwert 2):	10,7 %
kleinster Punkt	(Punktwert 1):	7,1 %

Der gemittelte Punktwert beträgt 3,19. Zwischen Jungen und Mädchen zeigen sich bei der Verwendung der Punkte deutliche Unterschiede. Der Mittelwert bei den Jungen beträgt 2,69, bei den Mädchen 3,47. Offensichtlich fällt es den Jungen schwerer, besonders intensive Angstgefühle einzugestehen. Möglicherweise erfolgt auch im Verlauf einer „jungenspezifischen" Sozialisation bei vielen Jungen eine „Abhärtung" gegenüber sozialen Auseinandersetzungen. Bei den durchschnittlichen Punktwerten für die einzelnen Kategorien (Tabelle 2.3.3.c) ergeben sich größtenteils nur geringfügige Unterschiede.

Tabelle 2.3.3c. Mittlere Gewichte der Geschichten zu Angst, getrennt nach Kategorien und Erhebungszeitpunkten

	T 1	T 2	T 3
1 körperliche Aggression	3,2	3,3	3,2
2 Drohungen	3,0	3,1	2,9
3 Ausschluß	3,4	3,6	3,7
4 Auslachen	3,5	3,7	3,6
5 Erschrecken	2,6	2,4	2,2
6 Aggression gegen anderen	3,1	3,2	3,7

Die höchsten Werte finden sich bei Ausschluß und Auslachen. Hier scheint die empfundene Angst besonders groß. Dieses Ergebnis wird wohl auch dadurch begünstigt, daß die meisten Nennungen von Mädchen stammen, die dazu tendieren, ihre Angst höher zu gewichten. Die Angst bei der Beobachtung von aggressiven Handlungen gegenüber anderen wird zunehmend als intensiver empfunden. Erschreckt zu werden, wird in vielen Fällen im Hinblick auf Angst niedrig gewichtet.

Weitere Aufschlüsse erhalten wir durch eine differenzierte Betrachtung der einzelnen Sozialereignisse.

Zunächst fällt auf, daß etwa jede dritte Jungengeschichte von körperlichen Aggressionen handelt, die gleichzeitig bei den betroffenen Schülern

Angstgefühle auslösen. Bei Durchsicht aller Geschichten stellt man fest, daß es sich zum Großteil nicht um einfache jungenhafte Rangeleien und um ein spielerisches Ausprobieren der eigenen Kräfte handelt. Vielmehr sind es in vielen Fällen Schilderungen von Gewalt, Rohheit und ernsten körperlichen Verletzungen, die bei den Kindern Angst auslösen. Einige extreme Fälle mögen dies veranschaulichen:

„Die Kinder schlagen mich laufend. Die Kinder haben mich im Hof verkloppt. Und dann haben sie mich in der Klasse unter die Tafel gelegt und wollten die so runtermachen, daß sie mir den Kopf zerquetschen. Da hab' ich so Angst gehabt, bis endlich die Frau X. gekommen ist."

„Zu viert haben die mich einmal festgehalten, und der Mark hat mir voll da unten in den Bauch reingeboxt, und da hatte ich so Angst, daß die mir was ganz kaputt machen."

„Wenn ich das 'mal der Lehrerin sage, daß mich der Herbert geschlagen hat, dann trau' ich mich nicht mehr in den Hof. Manchmal hab' ich dem schon Geld gegeben, daß der mich nicht haut."

Im folgenden soll eine einfache Auflistung von genannten aggressiven Handlungen verdeutlichen, daß in den körperlichen Auseinandersetzungen tatsächlich massive Gewalt im Spiel ist:

Die Nase blutig schlagen,
in den Rücken boxen,
den Stuhl wegziehen, daß man auf
den Kopf fällt,
ins Gesicht boxen,
ein Bein stellen,
die Treppe hinunterstoßen,
mit Gegenständen (Steinen, Stühlen) auf andere werfen,
umstoßen und dann auf den Bauch springen,
mit Anlauf in den anderen hineinrennen,

in den Bauch boxen,
auf das Auge boxen,
die Hand verdrehen,
das Gesicht aufkratzen,
in die Eier treten,
den anderen umschlagen,
von der Treppe den anderen „umspringen",
ins Bein beißen,
auf den Kopf schlagen,
Haare rausreißen,
einen Zahn ausschlagen,
u. a.

Es fällt auf, daß eine Vielzahl dieser Gewalttaten außerhalb des Blickfeldes der Lehrer stattfindet. Der Pausenhof, Gänge und Treppen sind bevorzugte Orte für körperliche Auseinandersetzungen. Besonders häufig wird in den Berichten von den Toiletten gesprochen, wo Kinder oft gewaltsam ein- oder ausgesperrt werden und dabei große Ängste ausstehen. Weiterhin kann festgestellt werden, daß im Verlauf der ersten beiden Schuljahre der Gewaltpegel deutlich zunimmt. Bei der Betrachtung einzelner Klassen wird sichtbar, daß Gewalthandlungen nicht als Einzel-fall auftreten, sondern daß dort, wo ein bestimmtes „Gewaltniveau" erreicht ist, sich sehr viele Jungen diesem Niveau anpassen. Wir nehmen an, daß durch Prozesse von Handlung und Gegenhandlung die Bereit-schaft, gewalttätig zu handeln, zunimmt. Dabei sollte sich das pädagogi-sche Interesse sowohl auf das Phänomen der „Gewaltbereitschaft" als auch auf die Situation der Opfer richten, die sich nicht mit Gegengewalt wehren wollen oder können. Auch bei den Ereignissen, die Erfahrungen mit Drohungen enthalten, ist die Angst vor Gewalttätigkeit das zentrale Thema. Oft werden Schläge auf dem Nachhauseweg angedroht. Haupt-thema für die Mädchen ist die Angst, ausgeschlossen oder ausgelacht zu werden. Viele Kinder berichten, daß sie sich davor fürchten, ein negati-ves Sozialereignis könnte sich wiederholen. Sie haben Angst, sie könnten „wieder", „noch einmal", „so wie vor ein paar Tagen", „wie schon einmal", „genauso" ausgeschlossen oder ausgelacht werden:

„Ich hatte so Angst, daß das wieder los geht mit dem über mich so schlechte Sachen sagen und mich auslachen."
„Als ich mal zu denen hingegangen bin, da haben die schon wieder so geguckt, daß die mich nicht mitmachen lassen."

Die Verunsicherung über zurückliegende negative Erfahrungen fördert die kindlichen Ängste vor einer Wiederholung und sensibilisiert sie für angstauslösende Signale im Hinblick auf Ausschluß und Diskriminierung.
    Bei Geschichten um das „Erschrecken" geht es in den meisten Fällen um sehr ähnliche Situationen: Mitschüler schleichen sich von hinten an oder verstecken sich, um dann plötzlich mit lautem Geschrei oder einer Körperberührung an das Kind heranzutreten. Offensichtlich gewöhnen sich die Kinder an solche Situationen oder das aktive Erschrecken ver-liert seinen sozialen Reiz, so daß zu T3 nur noch sehr wenige Geschich-ten von diesem Thema handeln.
    Bei vielen Kindern entstehen Angstgefühle, wenn sie beobachten, daß ein anderes Kind eine körperliche Verletzung erleidet. Oft klingt in der Schilderung die Sorge mit, dem blutenden, oft heftig weinenden Mit-schüler „geht es so arg schlecht". Besonders die Mädchen berichten, daß sie sich zurückziehen, weil sie so etwas „kaum aushalten". Es wird auch über die Angst gesprochen, daß „mir so etwas Schlimmes auch einmal passiert". Bei einigen Schilderungen wird von der Angst berichtet, der Freundin oder dem Freund könnte es sehr schlecht gehen.

2.3.4 Sozialereignisse im Zusammenhang mit Wut

Bei den Schülerberichten zu Sozialereignissen, die sie wütend, „sauer"
gemacht haben, ergab sich folgende Verteilung auf die einzelnen Inhaltskategorien:

Tabelle 2.3.4a. Prozentuale Verteilung der genannten Sozialereignisse in Verbindung
mit Wut

	Lehrer	Mitschüler	Schule
T 1	3,9 %	93,0 %	3,1 %
T 2	4,4 %	92,5 %	3,1 %
T 3	2,4 %	89,7 %	7,9 %

Wut äußern Kinder fast ausschließlich bei Sozialereignissen im
Umgang mit Mitschülern. Die wenigen Schilderungen, die den Lehrer
betreffen, thematisieren vor allem Situationen, in denen sich die Kinder
ungerecht behandelt fühlen. Wut im Bereich Schule richtet sich in den
meisten Fällen gegen die eigene Person. Die Kinder sind wütend, weil sie
„unnötige" Fehler gemacht haben, weil sie sich z. B. ungeschickt „angestellt" haben, etwas vergessen haben.
Die zahlreichen Ereignisse in der Schülergruppe ließen sich Kategorien
zuordnen, die auch schon bei den anderen Emotionsbereichen verwendet
wurden. In Tabelle 2.3.4b sind die Häufigkeiten für die einzelnen Kategorien angegeben.

Aus Tabelle 2.3.4b sind folgende Gesichtspunkte hervorzuheben:
– Etwa jedes dritte Sozialereignis im Zusammenhang mit Wut handelt
  von körperlichen Aggressionen. Während bei den Mädchen die
  Anteile im Verlauf des Erhebungszeitraumes deutlich geringer werden,
  erhöht sich die Anzahl der geschilderten Ereignisse bei den Jungen auf
  57,4 % aller Nennungen.
– Verbale Aggressionen in Form von Schimpfen und Drohen finden sich
  über alle Zeitpunkte in etwa jeder vierten Geschichte. Bei Mädchen
  erhöht sich der Anteil auf über 30 %, während die Jungen zunehmend
  weniger über verbale Aggressionen berichten.
– Über Erfahrungen mit sozialem Ausschluß wird zum Ende des zweiten
  Schuljahres deutlich häufiger erzählt als zum Schulanfang. Mädchen
  scheinen davon zunehmend häufiger betroffen als Jungen.
– Geärgert oder gehänselt zu werden, scheint im Verlauf der ersten
  beiden Schuljahre einen etwas geringeren Stellenwert einzunehmen.

Zu allen Zeitpunkten liegen die Häufigkeiten bei Mädchen höher als bei Jungen.
– Im Zusammenhang mit erlebter Wut spielen Auseinandersetzungen um Materialien nur eine untergeordnete Rolle.

Tabelle 2.3.4b. Prozentuale Häufigkeiten der Wut auslösenden Sozialereignisse getrennt nach Erhebungszeitpunkten sowie nach Geschlecht (in Klammern)

	T 1	T 2	T 3
1 körperliche Aggression	33,2 %	30,9 %	34,4 %
	(43,7/22,3)	(50,1/10,5)	(57,4/ 9,4)
2 verbale Aggression	26,4 %	26,7 %	23,2 %
	(23,7/29,2)	(19,9/34,0)	(14,9/32,2)
3 Ausschluß	10,6 %	18,3 %	22,7 %
	(8,1/13,1)	(11,1/25,9)	(12,8/33,3)
4 ärgern/hänseln	23,4 %	16,2 %	17,3 %
	(16,3/30,8)	(8,8/24,1)	(10,8/24,4)
5 Material wegnehmen,	6,4 %	7,8 %	2,4 %
beschädigen	(8,1/ 4,6)	9,9/ 5,6)	(4,1/ 0,6)

Bei der Vergabe von Punkten für die Intensität der empfundenen Wut wird fast ausschließlich der größte Punkt gewählt:

größter Punkt	(Punktwert 4):	94,3 %
zweitgrößter Punkt	(Punktwert 3):	5,7 %

Damit ergibt sich ein durchschnittlicher Punktwert von 3,94. Aufgrund der geringen Varianz bei den Gewichtungen der Sozialereignisse erscheint es nicht sinnvoll, die Gewichtung einzelner Inhaltskategorien zu analysieren.

Bei einer differenzierteren Betrachtung der einzelnen Schilderung stoßen wir auf Aspekte, die das Auslösen von Wut als sehr spezifischen Bereich kennzeichnen.

Bei den Geschichten zu körperlichen Aggressionen kommen zwei zentrale Gesichtspunkte ins Spiel. Zum einen werden Hinweise gegeben, daß sich – im Gegensatz zu den Geschichten bei Trauer und Angst – das Kind revanchiert:

„Der Markus, der hat mich mal so geschlagen, aber da schlage ich voll zurück."
„Wie mir der Oliver das Bein gestellt hat, da habe ich dem eine ‚gebatscht'."

„Der Frank, der hat mir einen Stein hinten an den Kopf geworfen, aber das habe ich mir nicht gefallen lassen."

Wut entsteht auch aus der erlebten Ohnmacht gegenüber den stärkeren Mitschülern:

„Der Marko, der ist ja zu stark. Der haut mich doch immer, daß ich weine und nachher, wenn er fortgerannt ist, dann bin ich stinkwütend auf den."

„Der haut mich, und haut mich und man kann einfach gegen den nichts machen, das macht mich ja so sauer."

„Der Johannes, der mich so haut, auf den bin ich so böse, weil er viel stärker ist. Da hat der Sven zu mir gesagt: ‚Du muß jetzt kämpfen lernen'. Aber beim nächsten Mal habe ich mich wieder nicht getraut."

In manchen Berichten finden sich Ketten von Handlungen und Gegenhandlungen, die in vielen Fällen zu einer Eskalation führen:

„Da war ich sehr wütend, weil der Joachim wollte mich verhauen. Da war ich zu dem ganz gemein. Da bin ich wegen dem hingefallen. Da bin ich mittags mit meinem Freund zu dem hin, und da hat es wieder gekracht. Und in der Schule hat der mit drei anderen mich gekriegt, oh, war ich da sauer, warte nur, der wird schon sehen."

Bei vielen Erzählungen gewinnt man den Eindruck, daß die Erinnerung an zurückliegende Ereignisse erneut Gefühle der Wut hervorruft. Nicht selten werden auch Freunde als Konfliktpartner genannt. Dabei ist allerdings festzustellen, daß bei der Auseinandersetzung aggressive Mittel vorsichtiger gehandhabt werden und letztlich eine „dosierte" Wut die freundschaftliche Beziehung nicht gefährdet:

„Erst war ich sauer auf den Gerd, aber nach ein bißchen Krach haben wir uns wieder vereint."

„Ich war sauer auf den Ernst, aber nicht so richtig, weil der meint es auch nicht so, und dann sind wir immer wieder Freunde."

Wir konnten weiterhin feststellen, daß es bei Namensnennungen besonders die ranghohen Jungen waren, die über aggressive „Belästigungen" rangniedriger Mitschüler „sauer" sind und dies teilweise auch zum Ausdruck bringen:

„Daß gerade dieser ‚dappige' Frank mir ein Bein gestellt hat, daß ich mir wegen so einem weh machen lassen muß; oh, oh, das macht mich stinksauer, das macht der nicht noch einmal."

Mit zunehmender Zeit rückt das hinter den Handlungen stehende Motiv immer mehr in den Vordergrund. Daß einem Kind eine Verletzung mit Absicht zugefügt wurde, wird zu T 3 besonders häufig thematisiert. Auch daß ein Mitschüler nicht aufgepaßt oder aus reiner Willkür gehandelt hat, erfüllt die Kinder mit Wut und „Rachegefühlen". Oft sind sie auch besonders sauer darüber, daß sich die Mitschüler für ihre Taten nicht entschuldigen oder signalisieren, daß es ihnen leid tut.

Weiterhin fällt auf, daß die Mädchen berichten, von den Jungen angegriffen zu werden. Dabei werden nur in äußerst seltenen Fällen einzelne Mitschüler genannt. Vielmehr sind es die Jungen als ganze Gruppe, die als aggressiv geschildert werden. Diese Wahrnehmungsweise findet sich auch bei den anderen Kategorien. Fast immer sind es „die" Jungen, die drohen, ausschließen, provozieren. Man gewinnt den Eindruck, daß das andere Geschlecht in diesem Alter in vielen Fällen noch sehr pauschal wahrgenommen wird und geschlechtsspezifische Zuschreibungen einen hohen Stellenwert besitzen.

Bei Geschichten zu verbalen Aggressionen wird bei einer genaueren Analyse sichtbar, daß die Jungen in den meisten Fällen von Drohungen sprechen, von denen sie sich provoziert fühlen. Dabei sind wiederum zwei Aspekte zu unterscheiden. Häufig fühlen sich die Kinder durch dauerndes Drohen belästigt; es „nervt" sie, geht ihnen „auf den Wekker", sie wollen „endlich ihre Ruhe haben". Andererseits scheint es häufig auch um die Rangordnung zu gehen. Bei Namensnennungen fällt auf, daß sich die Ranghöheren oft von Rangniedrigeren provoziert fühlen und dann in vielen Fällen eine Klärung herbeiführen:

> „Der Andi, daß der meint, der würde mich ‚packen'. Da muß ich's dem dann mal zeigen."
> „Wie der Christian da vor allen anderen so ein freches Maul hat gegen mich, da bin ich sauer, daß der es immer wieder probiert, dann gibt's halt Kampf."

Bei den Mädchen finden sich in dieser Kategorie vor allem Beschimpfungen. Viele sprechen von „bösen Wörtern", die andere sagen, manche sprechen diese Wörter auch aus.

Im folgenden werden die genannten Schimpfwörter von Jungen und Mädchen aufgelistet, um zu dokumentieren, daß es sich dabei auch um „massive" Diskriminierungen handelt, in denen sich deutlich Animositäten zwischen den Kindern feststellen lassen:

blöd	blöde Gans	Angsthase	Miss Piggy
doof	blöde Kuh	Baby	Zomby
dappig	Blödmann	Gartenzwerg	Dracula
dumm	Depp	Kindergartenbaby	

	Dummkopf	kleines Kind	Arschficker
dreckig	Idiot	Schwächling	Arschloch
eklig		Zwerg	Drecksau
fett	Lahmarsch	Bohnenstange	Scheißekotzer
	Schussel		Scheißer
	Schwatzbase		Wichser
	Dicke		
	Fettsack		
	Glatzkopf		

Die einzelnen Schimpfworte wurden nach Gruppen sortiert, ohne daß die entsprechenden Zuordnungen einem ausgearbeiteten System gerecht werden. Oft wird die Schwäche von Kindern angeprangert, sei es ihre geringe Leistungsfähigkeit, geringe Körpergröße und Körperkraft, mangelnde Reife oder ihr unattraktives Äußeres. Teilweise finden sich sehr drastische Formulierungen, die man bei Schulanfängern nicht vermuten würde. Aus den Reaktionen der Kinder auf solche Beschimpfungen wird deutlich, daß sie sich in vielen Fällen sehr verletzt fühlen und auch sehr aufgebracht reagieren. Sehr häufig werden sie vor allem deshalb wütend, weil einzelne Schimpfwörter wiederholt auf ihre Person gerichtet sind und sich sehr viele Mitschüler an dieser Beschimpfung beteiligen. Man hat den Eindruck, daß häufig gezielt auf Schwächen der Kinder eingegangen wird:

> „Die rufen dauernd: ‚CoCoCola' bloß weil ich manchmal ein bißchen stottern tue."

Bei den Mädchen scheint sozialer Ausschluß besonders verletzend zu wirken und Gefühle der *Eifersucht* zu fördern:

> „Meine alte Freundin Tanja, die hat auf einmal einen Strich mit Kreide zwischen uns auf die Bank gemacht, da darf ich nicht mehr rüber. Nur weil sich die Ines die als Freundin geschnappt hat."
> „Die Karin und die Katrin, die hocken auf beiden Seiten neben mir und reden und reden über meinen Kopf und hinter mir herum, die sind sich ja so gut, aber die Katrin, die wird schon merken, daß ich ihr nicht mehr gut bin."
> „Wenn ich so die Melanie mit der Eva sehe, die Eva, die hat mich nämlich verlassen, aber ich bin der so schnell nicht mehr ganz gut."
> „Wegen der Evi, die ist jetzt auf einmal so arg mit der Hanna zusammen. Da habe ich zu der gesagt: ‚Entweder bist du meine Freundin oder nicht!'"

Bei ärgern und hänseln berichten die Jungen häufig, die anderen würden sie anstoßen („stumpen"). Darüber werden sie wütend und fühlen sich zum Teil provoziert. Bei diesen Geschichten hat man in vielen Fällen den Eindruck, daß es sich eher um spielerische Raufereien handelt, wobei Gefühle der Wut wenig intensiv und von kurzer Dauer sind. Bei den Mädchen wird das Hänseln oft erwähnt: „Wenn ich was an der Tafel nicht weiß, und die anderen rufen: ‚Ätsch, hast's nicht gewußt!'." Es wird viel mit Wortspielen umgegangen („Renate – Tomate"). Es ist unklar, welche Formen von Hänseln die Kinder verletzen und verunsichern. Bei Schilderungen, die über eine Konzentration der Hänseleien auf das befragte Kind berichten, gewinnt man den Eindruck, daß hier die Grenze des spielerischen Provozierens überschritten wird.

2.3.5 Zusammenfassung

Um erste Hinweise auf Sozialereignisse zu erhalten, die Kinder im Verlauf der ersten beiden Schuljahre besonders bewegen, wählten wir ein sehr offenes Verfahren, bei dem Kinder ohne Intervention des Versuchsleiters Geschichten erzählen konnten. Die Vielfalt dieser Geschichten und die Offenheit, mit der die Kinder sehr „private" Informationen weitergaben, bestätigte unsere Vorgehensweise, den Versuchsleitern viel Zeit dafür einzuräumen, einen vertrauensvollen Kontakt zu den Kindern aufzubauen.

Im folgenden sollen die bedeutsamen Gesichtspunkte aus den zahlreichen Einzelbefunden herausgestellt werden.

Faßt man alle Erzählungen der Kinder unabhängig von den Emotionsbereichen zusammen und ordnet sie nach den Großkategorien Lehrer, Mitschüler, Schule, so ergibt sich die in Tabelle 2.3.5a dargestellte Verteilung.

Tabelle 2.3.5a. Prozentuale Verteilung der Geschichten auf die Großkategorien Lehrer, Mitschüler, Schule

		Lehrer	Mitschüler	Schule
T 1		6,5 %	82,2 %	13,3 %
T 2		6,2 %	81,0 %	12,8 %
T 3		6,2 %	78,8 %	15,0 %
	insgesamt	6,3 %	80,5 %	13,2 % (100 %)

Offensichtlich ist für die Kinder in den ersten beiden Grundschuljahren der Umgang mit den Mitschülern ein „großes Thema". Die Person des Lehrers scheint die Kinder in geringerem Maße zu bewegen. Auch die Schule wird im Vergleich zu Erlebnissen in der Schülergruppe nicht sehr häufig erwähnt. Da die Instruktion vollkommen offen gehalten war, gibt es wenige Anhaltspunkte dafür, daß dieses deutliche Ergebnis durch unsere Verfahrensweise begünstigt wurde.

Wir werten den Befund als Hinweis auf die Bedeutung der Schülergruppe im Alltag des Schulanfängers und auf die Wichtigkeit Sozialen Lernens zum Schulbeginn. Die Probleme, die Kinder dabei sehr detailliert beschreiben, enthalten wertvolle Anhaltspunkte im Hinblick auf Zielrichtungen und Anknüpfungspunkte für kindgemäßes pädagogisches Handeln.

Das zentrale soziale Thema zum Schulanfang ist das Kennenlernen von neuen Mitschülern. Das Kind steht dabei vor der Aufgabe, sich erste Sicherheit in der sich neu formierenden Gruppe dadurch zu verschaffen, daß es eine feste Beziehung findet. In vielen Berichten spiegeln sich diese Bemühungen um einen Sitznachbarn und/oder einen einzelnen Freund wider. Der Beginn von Freundschaft, die oft über die ersten beiden Schuljahre stabil bleibt (vgl. Kap. 2.4), wird von den Kindern als besonders wichtiges Sozialereignis dargestellt. Umgekehrt sind viele Berichte von der Trauer um den Verlust eines Freundes und von den vergeblichen Versuchen, Anschluß an den „auserwählten" Mitschüler zu finden, geprägt. Auch im weiteren Verlauf der Schulzeit finden sich in einer Vielzahl von Schilderungen Hinweise auf den Freund:

– Bei gemeinsamen Spielen in einer Gruppe, die als freudiges Ereignis geschildert werden, ist in vielen Fällen der Freund dabei.
– Körperliche und verbale Aggressionen werden dann besonders schmerzlich empfunden, wenn der Freund beteiligt ist.
– Besonders bei Mädchen wird Trauer gemeinsam mit der Freundin bewältigt und Empathie im Hinblick auf eine Notlage der Mitschülerin signalisiert.
– Die Sorge um das Wohlergehen des Freundes, der von anderen negativ behandelt wird, wird häufig thematisiert.
– Freunde gehen in Konflikten „beziehungsschonender" miteinander um als andere.

Im Verlauf der ersten beiden Schuljahre ist ein zunehmendes Interesse der Kinder an weiteren, über dyadische Beziehungen hinausgehenden Sozialkontakten festzustellen. Hierbei zeigen sich deutliche Unterschiede zwischen Jungen und Mädchen. Bei der Durchsicht aller Schilderungen entsteht der Eindruck, es existieren zwei verschiedenartige soziale Welten, die die Geschlechter trennen. Es finden sich unterscheidbare Strategien, Sympathie, Anerkennung und Einfluß in kleineren Gruppen zu erlangen.

Bei den *Jungen* sind Bemühungen zu erkennen, sich einen hohen Rang in der Gruppe zu „erkämpfen". Das körperliche Durchsetzungsvermögen spielt bei der Vergabe von Status eine zentrale Rolle. Ranghohe Kinder finden Kontakt zu anderen einflußreichen Gruppenmitgliedern und zeigen häufig eine Distanzierung gegenüber weniger anerkannten Mitschülern. Die Jungen, die sich in diesen Auseinandersetzungen um Rang und Einfluß nicht bewähren, berichten von Gefühlen der Ohnmacht gegenüber den Stärkeren; viele Geschichten der sozial Erfolgslosen handeln von der Angst vor der Willkür der Starken und der Wut über schmerzliche Niederlagen. Bei vielen Geschichten handelt es sich um Berichte über körperliche Aggressionen, die deutlich über kindliche Raufereien hinausgehen und die Grenze zur Gewalt überschreiten. Die Hemmung, den Mitschüler ernsthaft zu verletzen, scheint häufig zu fehlen. Dabei wird sichtbar, daß sich viele Jungen einem einmal erreichten Gewaltniveau in der Gruppe anpassen. Die Auseinandersetzungen finden häufig an Orten statt, die von Lehrern nur unzureichend beobachtet werden.

Bei den *Mädchen* scheint es in der Gruppe vor allem darum zu gehen, einen Kreis von Mitschülerinnen zu finden, die „einem gut sind". Dabei scheinen es eher verbale, strategische Fähigkeiten zu sein, die den Kindern Anerkennung und Sympathie verschaffen. Von anderen Mitschülerinnen geliebt, geschätzt und in gemeinsame Aktivitäten einbezogen zu werden, ist das „große Thema" bei den freudigen Sozialereignissen der Mädchen. Die Kehrseite dieses Aspektes ist das Ausschlußverhalten und verbale Diskriminieren, über das die weniger erfolgreichen Kinder berichten. Trauer über Gefühle der Isolation und über ungerechte Behandlung, Angst vor einem möglichen Ausschluß und vor „öffentlicher" Diskriminierung (Auslachen) sowie Wut und Eifersucht wegen erfahrener Zurückweisung prägen die Berichte über soziale Probleme der Mädchen. Bei den verbalen Diskriminierungen fällt auf, daß häufig sehr gezielt auf die Schwäche eines Kindes, die ihm selbst schon große Probleme bereitet, eingegangen wird, so daß sich die Notlage des Kindes noch verschärft.

In Tabelle 2.3.5b sind noch einmal die Themen *aller* Geschichten (von T1 bis T3) für die Emotionsbereiche Trauer, Angst und Wut zusammengefaßt und nach prozentualen Häufigkeiten für Jungen und Mädchen aufgeteilt.

Es wird deutlich, daß körperliche Auseinandersetzungen den zentralen Problembereich im Sozialleben der *Jungen* darstellen. Wenn man noch berücksichtigt, daß sich verbale Aggressionen in der Jungengruppe im wesentlichen auf das Androhen von körperlichen Verletzungen beziehen

Tabelle 2.3.5b. Thematische Zuordnung der Geschichten zu Trauer, Angst und Wut (getrennt nach Mädchen und Jungen)

	Jungen	Mädchen
körperliche Aggression	47,4 %	11,6 %
verbale Aggression	19,4 %	29,1 %
Ausschluß	11,5 %	26,6 %
ärgern/ hänseln/ auslachen	12,6 %	30,0 %
Material wegnehmen, zerstören	9,1 %	2,6 %

und um Material vor allem „gerangelt" wird, so sind es über 75 % aller Geschichten, die den Bereich des Raufens und Kämpfens betreffen. Bei den Mädchen sind es die verbalen Bereiche, die das soziale Problemfeld kennzeichnen. Über 85 % der Problemgeschichten handeln von Beschimpfungen, Ausschließen und Diskriminieren. Gefühle der Trauer über verletzende Handlungen der Mitschülerinnen, der Angst, zurückgewiesen oder ausgelacht zu werden sowie der Wut und Eifersucht schlagen sich in eindringlicher Weise in den Geschichten der Mädchen nieder.

Nur wenige Geschichten handeln von Interaktionen zwischen Jungen und Mädchen. Eine Ursache dafür liegt wohl in der Unterschiedlichkeit des sozialen Umganges in der Gruppe der Mädchen und Jungen. Wenn die Mädchen von den Jungen berichten, dann handelt es sich um Gruppen von Schülern, die gemeinsam auf die Schülerinnen losgehen und sie provozieren oder fangen wollen. Die Nennung von Einzelkontakten zwischen den Geschlechtern bildet eine große Ausnahme.

Welche *Änderungen* treten im Verlauf der ersten beiden Schuljahre ein? Insgesamt ist festzustellen, daß eine Ausweitung der Kontakte auf eine größere Gruppe stattfindet. Bei den freudigen Ereignissen wird bei T2 und T3 häufiger von der Zugehörigkeit zu einer Jungenbande oder der Integration in einen Kreis von Mädchen berichtet, ohne daß die Bedeutung einzelner Freundschaften an Gewicht verliert. Sozialerfolge im Sinne einer Verbesserung der Sozialen Stellung in der Gruppe und „Siege" in Zweikämpfen werden zunehmend ein wichtiges Thema bei den Jungen. Die Freude über erfahrene Hilfeleistungen durch Mitschüler kommt zu T1 noch in jeder fünften Geschichte zum Ausdruck. Bis zum Ende des zweiten Schuljahres wird von solchen Ereignissen kaum noch berichtet. Dagegen nimmt die Schadenfreude der Kinder deutlich zu. Häufig bilden eigene Kränkungen und Niederlagen die Grundlage für diesen Aspekt von Freude.

Der Anteil der Geschichten, die körperliche Aggressionen schildern, nimmt bei den Jungen von T 2 zu T 3 sichtbar zu. Auch das Gewaltniveau, das aus den einzelnen Berichten zu entnehmen ist, steigt im Verlauf der ersten beiden Schuljahre an. Bei den Mädchen verlieren körperliche Auseinandersetzungen bis zum Ende des zweiten Schuljahres vollständig an Bedeutung. In der Mädchengruppe finden sich zunehmend mehr Schilderungen, die von Ausschluß und Hänseln berichten. Dabei werden zunehmend gezielter die Schwächen der Kinder „strategisch" eingebracht. Der Verlust einer Beziehung findet immer häufiger als schmerzliche Erfahrung Eingang in die Geschichten der Kinder.

Bei den geschilderten Sozialereignissen zu T3 finden sich immer mehr Hinweise darauf, daß sich körperliche und verbale Aggressionen auf einzelne Kinder verdichten und *Außenseiterrollen* festgeschrieben werden.

Im Verlauf der ersten beiden Schuljahre nehmen die Kinder soziale Ereignisse differenzierter wahr. Während zu T 1 in einer Vielzahl der Fälle lediglich die Handlung des Mitschülers dargestellt wird, gewinnen die Motive, die hinter solchen Handlungen stehen, mehr und mehr an Bedeutung. Der Vorsatz bei physischen und psychischen Verletzungen wird als besonders negativ empfunden. Beklagt wird auch die Willkür der Stärkeren, die ohne ersichtlichen Grund die Schwächeren verletzen und quälen. Die betroffenen Kinder sind traurig oder wütend über die Verletzung des Prinzipes der Gegenseitigkeit, das sie als schwächere aber nicht „einklagen" können. Wo es den Kindern möglich ist, revanchieren sie sich nach dem Motto: „Wie du mir, so ich dir." Man hat den Eindruck, daß eine Vielzahl „unbeglichener Rechnungen" ein latentes Konfliktpotential bildet, das bei „passender Gelegenheit" wirksam wird. Nur aus der Sicht des aktiv Handelnden, der auf zurückliegende Ereignisse zurückgreift und sich für eine erlittene Verletzung revanchiert, ist dann ein Motiv noch nachvollziehbar.

Die Befunde, die unser Verfahren erbracht hat, bieten nur einen ersten sehr vorläufigen Einblick in die bedeutsamen Sozialereignisse der Schülergruppe. Viele Fragen bleiben offen, die aber nun etwas gezielter gestellt werden können; einige Beispiele:

– Welche Prozesse in der Schülergruppe begünstigen eine Zunahme körperlicher Aggression, von Schadenfreude und ausschließendem Verhalten?
– Sind sich aggressive Kinder der Folgen ihrer Handlungen bewußt?
– Wie stellen sich vorsätzliche Verletzungen aus der Sicht des „Täters" dar?
– Wird das Sozialleben von verbindlichen sozialen Normen bestimmt?
– Finden sich weitere differenziertere Hinweise auf unterscheidbare soziale Sphären von Jungen und Mädchen?
– Wie sehr fühlen sich Kinder durch Kränkungen verletzt, und welche Folgen hat dies für ihre soziale Entwicklung?

In Verbindung mit den folgenden Befunden zu den sozialen Beziehungen der Kinder lassen sich Verknüpfungen herstellen, die die Interpretation der bisherigen Ergebnisse ergänzen und relativieren können.

2.4 Ergebnisse 2: Soziale Beziehungen zum Schulanfang

Bei den nachfolgend beschriebenen Befunden handelt es sich im wesentlichen um die Analyse von Beziehungsmustern. Die Grundlage für alle Ergebnisse und Interpretationen bildet der soziometrische Wahlvorgang: Das befragte Kind ordnet eine Anzahl von Mitschülern einer bestimmten Kategorie zu. Die einzelnen Kategorien lassen sich nach zwei Gruppen unterscheiden: Einmal benennt das Kind Mitschüler, mit denen es eine bestimmte Beziehungsform (z. B. Freundschaft, Streit) teilt; zum anderen nennt es Kinder, die nach seiner subjektiven Wahrnehmung zu einer Gruppenkategorie (z. B. Führung, Ausschluß) gehören.

Dieser Wahlvorgang des einzelnen Kindes ist der Baustein für alle weiteren Berechnungen, Auswertungen und Interpretationen. Was in dem Kind vorgeht, das das Foto eines Mitschülers für eine bestimmte Kategorie auswählt, ist weitgehend ungeklärt. Ist die Wahl ein Ausdruck langer Erfahrungen aus einer Sozialbeziehung mit dem Mitschüler, ein Hinweis auf einen intensiven Wunsch nach Kontakt oder das Ergebnis einer vorübergehenden Stimmung? Würde das Kind am nächsten Tag eine andere Wahl treffen? Solche und ähnliche Fragen, die vor allem die Reliabilität und Validität des Verfahrens betreffen, sind nur ansatzweise zu beantworten. Hildebrandt (1975) berichtet über hohe Übereinstimmungen des Bildwahlverfahrens mit Ergebnissen von Verhaltensbeobachtungen im Kindergarten. Auch die Ergebnisse von Strätz & Schmidt (1982) sprechen für eine recht befriedigende Reliabilität und Validität des Verfahrens, ohne daß die Frage nach der Güte des Bildwahlverfahrens ausreichend geklärt werden konnte. Für die Validität und Reliabilität soziometrischer Verfahren in der Grundschule konnten einige wesentliche Belege gefunden werden (vgl. Petillon 1981). Die Prägnanz und Struktur der nachfolgenden Befunde soll auch weitere Aufschlüsse über die Zuverlässigkeit des Erhebungsinstrumentes erbringen. Es gilt bei allen Interpretationen im Auge zu behalten, daß die Beziehungsmuster, die wir beschreiben, auch nur der Ausdruck eines kindlichen Wunsches oder einer „phantastischen" Wahrnehmung sein können. Aber auch solche Wünsche und Perspektiven sind in der Welt des Kindes wohl ähnlich real wie eine tatsächliche Beziehung (vgl. auch Hildebrandt 1975).

Der Auswertung wurden folgende kategorienübergreifende Fragen zugrundegelegt:

- Wieviele Nennungen erfolgen durchschnittlich in den einzelnen Kategorien genannt (z. B. wieviel Freunde nennt ein Kind)?
- Wieviele Nennungen werden erwidert und können als symmetrische (gegenseitige) Beziehungen interpretiert werden?
- Wie hoch ist der Prozentsatz von Kindern, die überhaupt nicht genannt werden (z. B. keinen Freund haben)?
- Gibt es Unterschiede zwischen Mädchen und Jungen?
- Treten Veränderungen im Verlauf der ersten beiden Schuljahre ein?
- Wie entwickelt sich die Beziehung zwischen den Geschlechtern?
- Wie stabil bleibt die Stellung eines Kindes im Verlauf der Schulanfangszeit? Wie stark ändert sich seine Bereitschaft zu neuen Sozialkontakten?

Detailliertere Fragen ergeben sich innerhalb bestimmter Kategorien und werden dort benannt.

Für die Auswertung wurde entsprechend der übergreifenden Fragen folgendes Schema entwickelt, das auch der weiteren Ergebnisdarstellung zugrundeliegt (vgl. auch Strätz & Strätz 1982):

1. *Expansion:*
   durchschnittliche Anzahl abgegebener Nennungen; d. h. Summe aller abgegebenen Nennungen dividiert durch die Anzahl der befragten Schüler. Expansion ist gleichzeitig die durchschnittliche Anzahl von Nennungen, die ein Schüler erhält.
2. *Prozentsatz symmetrischer Nennungen:*
   prozentualer Anteil der symmetrischen Nennungen (A erwidert die Nennung von B) an nichterwiderten Wahlen.
3. *Isolation:*
   Prozentsatz der Kinder, die von keinem anderen Kind genannt werden.

Für die Auswertungen 1–3 wurde eine Differenzierung nach den drei Erhebungszeitpunkten und nach den Subgruppen der Jungen und Mädchen vorgenommen.

4. *Beziehung zwischen den Geschlechtern:*
4.1 Prozentsatz der Nennungen der Jungen *an Mädchen* bezogen auf die Anzahl der Nennungen, die die Jungen *insgesamt* abgeben.
4.2 Prozentsatz der Nennungen der Mädchen *an Jungen* bezogen auf die Anzahl der Nennungen,die die Mädchen *insgesamt* abgeben.
4.3 Prozentsatz der erwiderten Nennungen bezogen auf die Anzahl der Nennungen, die *insgesamt* an das andere Geschlecht gerichtet sind.
5. *Stabilität von Statuswerten und Wahlverhalten.*

Der Status (bzw. die Nennungshäufigkeit) eines Kindes errechnet sich aus der Anzahl der erhaltenen (bzw. abgegebenen) Wahlen, dividiert durch den Mittelwert der Nennungen in der Klasse. Werden in einer Klasse beispielsweise durchschnittlich 4 Freundschaftswahlen angesprochen, so errechnet sich für ein Kind, das sechs Wahlen erhält, ein Statuswert von 1,50 (6:4); nennt das Kind drei seiner Mitschüler als Freunde, so erhält es einen Wert von 0,75 (3:4) für das Wahlverhalten.

Zur Berechnung der Stabilität wurden für diese beiden Kennwerte Korrelationen zwischen den verschiedenen Erhebungszeitpunkten errechnet.

Für die Auswertung wurde aus der Vielfalt von möglichen Indices (vgl. Strätz & Schmidt 1982) auf sehr einfache Kennwerte zurückgegriffen, die eine transparente Analyse erlauben und den Ansprüchen einer Pilotstudie genügen. In einzelnen Fällen werden kategorienspezifische Feinanalysen vorgenommen, die an entsprechenden Stellen erläutert sind.

2.4.1 Beziehungsformen

Im folgenden werden die Ergebnisse zu denjenigen soziometrischen Kategorien dargestellt, die jeweils die Beziehung des befragten Kindes zu einzelnen Mitschülern betreffen. Dabei wurde nach freundschaftlichen Beziehungen, Spielkontakten, der Sitznachbarschaft in der Schule und dem Kontakt zu einer Bezugsperson gefragt.

2.4.1.1 Freundschaft

Zu Beginn der Ergebnisdarstellung für einzelne Kategorien wird jeweils die Bildkarte und die Instruktion des Versuchsleiters dargestellt, um auf diesem Wege eine größere Nähe zwischen der Ausgangsfrage und den Befunden zu schaffen.

„Was siehst du auf diesem Bild?" *(Es muß vom Kind erkannt werden, daß es sich um zwei Freunde handelt, um Personen, die sich mögen).* „Wenn wir dein Bild auf dieses Kind legen *(Kind soll das tun),* wer ist dann das andere Kind?" *(Auf dem Bild zeigen!).* „Nimm das Bild deines Freundes (deiner Freundin) und lege es auf das andere Kind!" *(Nr. des Kindes eintragen!).* „Hast du noch andere Freunde oder Freundinnen? *(Nrn. in das Auswertungsschema einsetzen!).*

In Tabelle 2.4.1.1a werden die Ergebnisse zu der Kategorie Freundschaft nach den o. g. Auswertungskriterien in einem Überblick dargestellt.

Tabelle 2.4.1.1a. Ergebnisse für die Kategorie Freundschaft

Freundschaft	T 1	T 2	T 3
durchschnittliche Anzahl abgegebener Wahlen	3,27 (3,26 /3,27)	3,80 (3,44 /4,28)	4,07 (3,65/4,58)
Anteil symmetrischer Beziehungen	37,1 % (32,9/42,2)	43,2 % (37,3/50,1)	46,7 % (40,3 /54,3)
Anteil von Schülern ohne erhaltene Nennung	14,2 % (15,7/12,3)	15,2 % (19,1/10,6)	15,3 % (20,9/ 8,6)

	Beziehung zwischen Jungen und Mädchen		
Anteil:			
Jungen → Mädchen	10,7 %	10,6 %	12,4 %
Mädchen → Jungen	12,7 %	9,1 %	5,2 %
symmetrische Beziehungen	15,5 %	10,2 %	10,4 %

	Stabilität	
	Status	Wahlverhalten
T 1–T 2:	r = .58	r = .42
T 1–T 3:	r = .51	r = .29
T 2–T 3:	r = .57	r = .53

Wie Tabelle 2.4.1.1a zeigt, nennen die Kinder zum Schulanfang im Durchschnitt etwa drei Mitschüler als Freunde. Diese Zahl erhöht sich bis zum Ende des zweiten Schuljahres auf vier. Während es zum Beginn des ersten Schuljahres noch keine nennenswerten Unterschiede zwischen Mädchen und Jungen gibt, zeigen sich später (T2, T3) Differenzen, die mit Varianzanalysen überprüft wurden. Die Unterschiede sind auf dem 1 %-Niveau signifikant; die praktische Signifikanz (w^2) beträgt 9,6 % (T2) und 11,2 % (T3). Mädchen wählen zunehmend mehr Kinder in ihren Freundeskreis (T1 → T 2: 3,27 vs. 4,28) als die Jungen, deren Mittelwerte über die Zeit nur wenig ansteigen. Die Jungen scheinen die Gelegenheiten, die sich für ein näheres Kennenlernen ergeben, wenig zu nutzen, während die Mädchen ihren Freundeskreis in vielen Fällen erweitern. Dies drückt sich auch in dem Anteil gegenseitiger Beziehungen aus, der sich zwar für alle Kinder bis zum Ende des zweiten Schuljahres erhöht, aber bei den Schülerinnen findet sich ein dichteres Netz wechselseitiger Beziehungen (vgl. auch Boney 1942). Die jeweiligen Prozentsätze liegen in allen Fällen um bis zu 14 % höher als diejenigen der Schüler. Alle Unterschiede sind signifikant (p < .01). Eine weitere Analyse erbrachte, daß 78,3 % aller Kinder zu T1 mindestens an einer symmetrischen Beziehung partizipieren; dieser Anteil steigt noch auf 81,7 % zu T3 an. Entgegen der Annahme verschiedener Untersuchungen, wonach Mädchen in diesem Alter in vielen Fällen einen engeren Freundeskreis bevorzugen (z. B. Laosa & Brophy 1972; vgl. Wagner 1991), weisen unsere Befunde eher auf eine größere Offenheit der Mädchen gegenüber neuen Freundschaftskontakten hin. Dementsprechend gibt es bei den Mädchen auch weniger Kinder, die überhaupt keine Freundschaftswahl erhalten (T3: 20,9 vs. 8,6 %). Diese Quote nimmt im Gegensatz zu den Jungen im Verlauf der Schulanfangsjahre noch deutlich ab.

Während die Jungen etwa bei 10 % ihrer Freundschaftswahlen ein Mädchen nennen, nimmt bei den Mädchen der Anteil der Nennungen des anderen Geschlechts von 12,7 % auf 5,2 % ab. Erwidert werden von diesen wenigen Wahlen wiederum nur etwa 10 % bis zum Ende des zweiten Schuljahres. Insgesamt zeigt sich relativ wenig Interesse an Freundschaftskontakten zwischen den Geschlechtern. Diese „Distanz" scheint sich bei Mädchen im Verlauf der Zeit noch zu vergrößern. Zahlreiche Untersuchungen belegen Präferenzen für das eigene Geschlecht bei Freundschaften im Kindergarten (vgl. z. B. Strätz & Schmidt 1982) und im Primarbereich (vgl. z. B. Davey & Mullin 1982; Oswald & Krappmann 1984). Einige Hinweise auf die Ursachen für Geschlechtspräferenzen deuten darauf hin, daß „sie im Sozialisationsprozeß erworben und nicht genetisch bedingt sind" (Wagner 1989, S. 86). Weiterhin stellt Wagner nach einer Analyse einer Vielzahl von Studien fest:

„Faßt man die Ergebnisse der besprochenen Studien zusammen, so gelangt man zu der aus Alltagsbeobachtungen vertrauten Feststellung, daß Kinder im Vorschul- wie Schulalter gleichgeschlechtliche Spielkameraden und Freunde bevorzugen. Zur Erklärung der Präferenzen sind verschiedene Variablen in Betracht gezogen worden: differentielle Bekräftigung, kognitive Konsonanz sowie Verhaltenskompatibilität. Wenngleich die letztgenannte von verschiedenen Autoren bevorzugt wird, sind doch die vorliegenden Daten nicht so eindeutig, daß alternative bzw. ergänzende Erklärungsansätze (z. B. genetische Dispositionen) schon jetzt ausgeschlossen werden können" (S. 88).

Die Korrelationen zur Stabilität von Statuswerten zeigen, daß eine Vielzahl von Kindern auch über große Zeitintervalle ihren Freundschaftsstatus beibehält. Selbst über zwei Jahre ergibt sich eine erstaunlich hohe Korrelation von r = .59. Eine weitere Auszählung erbrachte, daß 11,7 % der Kinder über den gesamten Erhebungszeitraum keine einzige Freundschaftsnennung erhalten. Demgegenüber scheint sich das Wahlverhalten über die Zeit stärker zu ändern. Die Anzahl von Freunden, die ein Kind besitzt oder wünscht, scheint eine weniger starke Größe zu sein.

Eine hohe Stabilität der Statuswerte besagt lediglich, daß viele Kinder zu zwei Meßzeitpunkten einen etwa gleich hohen Status besitzen. Die einzelnen Nennungen, die zu diesem Status führen, können allerdings jeweils von verschiedenen Mitschülern stammen.

Wir sind in der folgenden Analyse den konkreten einzelnen Nennungen der Kinder nachgegangen. Es wurde überprüft, wie häufig die Kinder den gleichen Mitschüler zu den verschiedenen Erhebungszeitpunkten benennen. In Tabelle 2.4.1.1b sind die prozentualen Häufigkeiten für die unterschiedlichen Verknüpfungen (z. B. Kind A nennt Kind B zu T1 und T2: 24,5 % oder nur zu T 1: 29,8 %) dargestellt.

Tabelle 2.4.1.1b. Prozentuale Verteilung der Verknüpfung einzelner Nennungen

	T 1	T 2	T 3	T 1, T 2 + T 3
T 1	29,8 %	24,5 %	9,1 %	36,6 %
T 2	19,2 %	16,4 %	35,7 %	28,7 %
T 3	6,5 %	32,6 %	34,8 %	26,2 %

Die Tabelle liest sich wie folgt:
Von allen Nennungen zu T1 werden 29,8 % nur zu diesem ersten Zeitpunkt genannt, 24,5 % werden zu T2 wiederholt, bei 9,1 % wird die Nennung erst wieder zu T3 aufgenommen. In 36,6 % der Fälle wird von einem Kind der gleiche Mitschüler zu allen drei Erhebungszeitpunkten genannt. Es ist noch zu berücksichtigen, daß die Teilmenge T1, T2 + T3 auch aus T1-T2-Verknüpfungen besteht, so daß man sagen kann, daß über 60 % (24,5 % + 36,6 %) der Nennungen vom Beginn des ersten Schuljahres auch am Ende dieses Jahres abgegeben werden.

Am Ende des ersten Schuljahres werden nur noch 16,4 % der Wahlen allein zu diesem Zeitpunkt ausgesprochen, 19,2 % greifen auf zurückliegende Nennungen zurück; 35,7 % werden zu T3 wiederholt; in Verbindung mit den T1-T2-T3-Verknüpfungen kann festgestellt werden, daß 64,4 % der Wahlen stabil bleiben. Zu T3 wird in etwa einem Drittel der

Fälle (34,8%) auf Mitschüler zurückgegriffen, die bisher noch nicht als Freunde genannt wurden. Es läßt sich schließen, daß im zweiten Schuljahr noch zahlreiche Freundschaftsbeziehungen aufgegeben und neue geknüpft werden. Besonders bemerkenswert erscheint die Tatsache, daß über ein Drittel aller Nennungen in einem Zeitraum von zwei Jahren beibehalten werden. Addiert man zu diesem Befund die durchschnittliche Anzahl von Freundschaftsnennungen (3, später 4 Kinder), so läßt sich vereinfachend sagen, daß im Durchschnitt *ein* Kind *einen* Mitschüler hat, den es über die genannten zwei Schuljahre als Freund bezeichnet. Für die kürzeren Intervalle T1–T2 (erstes Schuljahr) und T2–T3 (zweites Schuljahr) sind es durchschnittlich zwei Mitschüler, die als Freunde wieder genannt werden. Insgesamt zeigt sich eine relativ hohe Stabilität der einzelnen Freundschaftsnennungen, die in vielen Fällen auf ein Festhalten an einer einmal geschlossenen freundschaftlichen Beziehung schließen läßt. Leider finden sich keine Untersuchungen, die eine Stabilitätsanalyse für den Primarbereich in einer solchen Form vorgenommen haben, so daß auch keine Vergleiche angestellt werden können. Dollase (1972) faßt die Untersuchungen zur strukturellen Stabilität von soziometrischen Wahlen zusammen und stellt fest, daß etwa die Hälfte aller Nennungen „in einer Wiederholungstestung noch einmal auftauchen. Wie man sehen kann, gilt diese Faustregel fast unabhängig von der Länge des Retestzeitraumes" (S. 44). Diese Aussage trifft auf unsere Befunde nicht zu. Bei allen Kategorien ergeben sich für die einzelnen Erhebungsintervalle deutliche Unterschiede.

Einige Untersuchungen aus dem Primarbereich verweisen auf eine recht hohe Stabilität von beobachteten Freundschaftsbeziehungen im Vorschulalter (vgl. Gersham & Hayes 1983; Drewry & Clark 1983). Allerdings beziehen sich diese Angaben auf deutlich kleinere Intervalle (4–6 Wochen), als sie bei uns untersucht wurden. Wagner (1989) zitiert Untersuchungen, die zeigen, daß wechselseitige Freundschaftsnennungen (A nennt B und B nennt A) stabiler sind als andere. Wir sind dieser These nachgegangen. Es ergab sich ein recht deutliches Bild (vgl. Tabelle 2.4.1c).

Tabelle 2.4.1.1c. Stabilität von wechselseitigen vs. einseitigen Nennungen

| | Nennung des gleichen Mitschülers als Freund | | |
	zu drei Zeitpunkten	zu zwei Zeitpunkten	zu einem Zeitpunkt
wechselseitige Nennungen	66,9%	59,5%	28,8%
einseitige Nennungen	33,1%	40,5%	71,2%

Von den Nennungen, die zu drei Zeitpunkten gleich bleiben, stammen 69,9 % aus wechselseitigen Nennungen, die bereits zum Schulanfang bestanden. Dagegen beträgt der Anteil einseitiger Beziehungen nur 33,1 %. Es ließ sich durch eine weitere Auszählung auch feststellen, daß zwei Drittel dieser stabilen einseitigen Nennungen zu T2 in wechselseitige Beziehungen einmünden und zu über 90 % bis T3 in dieser Beziehungsform verbleiben. Freundschaftswahlen, die nur zu einem Zeitpunkt genannt werden, sind in 72,2 % der Fälle einseitige Nennungen. Die Ergebnisse sprechen dafür, den gegenseitigen Freundschaftsnennungen besondere Beachtung zu schenken. Hierbei scheint es sich um Angaben zu Beziehungsformen zu handeln, an denen über einen sehr langen Zeitraum festgehalten wird und die dementsprechend für die Kinder von großer Bedeutung sind. Da wir wenig über die soziale Qualität dieser stabilen wechselseitigen Beziehungen wissen, lassen sich nur Vermutungen darüber anstellen, welche Gründe die Kinder veranlassen, an einer gegenseitigen Freundschaft festzuhalten.

Einige Untersuchungen deuten darauf hin, daß situationale Bedingungen (wie z. B. Gelegenheit zu Kontakten innerhalb und außerhalb der Schule), die Übereinstimmung in einzelnen Merkmalen (z. B. Leistungsfähigkeit, Freundschaftskonzept), das Ausmaß an Vereinbarkeit von Wertvorstellungen (auch bezüglich sozialer Beziehungen) und vor allem die gegenseitige Zuneigung (vgl. Wagner 1989) Determinanten der Freundschaftsdauer sind, die vermutlich in vielen Fällen gemeinsam wirksam werden.

Unsere Befunde zeigen (vgl. unten Kap. 2.4.8.6) , daß ein hoher Prozentsatz derjenigen Kinder, die über einen langen Zeitraum eine gegenseitige Freundschaft teilen,
– auch in der Schule und zu Hause miteinander spielen (81 %),
– Sitznachbarn sind oder sein möchten (88 %) und
– sich gegenseitig als Bezugsperson nennen (72 %).

Das Freundschaftsinterview (vgl. 2.6) soll auch die Frage nach Ursachen für die Dauer von Freundschaften weiter klären.

2.4.1.2 Spielkontakt

Es kann davon ausgegangen werden, daß sich viele wesentliche Sozialereignisse im Primarbereich auf Spielsituationen beziehen und daß dort bedeutsame Sozialerfahrungen gemacht werden (vgl. etwa Daublebsky 1974). Bei der nachfolgenden Bildkarte ist wichtig, daß der befragte Schüler das Kind rechts ist, das auf die Kooperationsbereitschaft des anderen angewiesen ist. Es wird wie bei Freundschaft verfahren.

Das Kind soll erkennen, daß es sich um eine Spielsituation handelt. Sein Bild wird auf das Kind rechts gelegt. Es soll sagen, mit wem es gerne spielen möchte. Danach fragen, ob das Kind nachmittags auch tatsächlich mit den genannten Kindern spielt. *(Wenn ja, diese Nr. im Auswertungsbogen unterstreichen!)*

Wie Tabelle 2.4.1.2a zeigt, erhöht sich vor allem im Verlauf des ersten Schuljahres die Anzahl der Mitschüler, die als Spielpartner in Frage kommen (3,68 vs. 4,53). Dadurch entsteht auch eine dichtere Struktur von Spielbeziehungen; der Anteil der symmetrischen Beziehungen erhöht sich von T 1 zu T 3 um 14,1%. Ähnlich wie bei den Freundschaftsnennungen zeigen die Mädchen zu T 2 und T 3 eine deutlich höhere Kontaktbereitschaft (p < .001, $w^2 = 0,102 / 0,126$) als die Jungen. Zu allen Zeitpunkten ist der Anteil symmetrischer Beziehungen bei den Mädchen höher.

Tabelle 2.4.1.2a. Ergebnisse für die Kategorie Spielkontakt

Spielkontakt	T 1	T 2	T 3
durchschnittliche Anzahl abgegebener Wahlen	3,68 (3,43/3,95)	4,53 (3,98/5,13)	4,75 (4,18 /5,38)
Anteil symmetrischer Beziehungen	33,6% (24,8/42,4)	42,7% (37,5/46,9)	47,7% (42,5 /53,2)
Anteil von Schülern ohne erhaltene Nennung	10,3% (11,1/9,3)	9,8% (12,9/8,0)	9,9% (16,9/5,2)
Anteil:	Beziehung zwischen Jungen und Mädchen		
Jungen → Mädchen	7,6%	9,2%	12,2%
Mädchen → Jungen	12,1%	9,6%	8,1%
symmetrische Beziehungen	9,6%	7,1%	5,8%

	Stabilität	
	Status	Wahlverhalten
T 1–T 2:	r = .63	r = .25
T 1–T 3:	r = .56	r = .20
T 2–T 3:	r = .64	r = .51

Der Anteil der Kinder, die keine Nennung als Spielpartner erhalten, beträgt über den gesamten Erhebungszeitraum etwa 10%, d. h. in jeder Klasse gibt es etwa zwei Kinder, mit denen kein Mitschüler spielen möchte. Mit zunehmender Zeit handelt es sich dabei häufiger um Jungen (T 3: 16,9% vs. 5,2%). In etwa 75% aller Fälle handelt es sich im Verlauf der ersten beiden Schuljahre um die gleichen Kinder. Die Beziehung zwischen den Geschlechtern stellt sich ähnlich dar wie bei Freundschaft. Es ergeben sich wenige Spielkontakte, die Mädchen zeigen mit zunehmender Zeit noch weniger Interesse an den andersgeschlechtlichen Kindern als die Jungen.

Auch die Koeffizienten für die Stabilität von Statuswerten zeigen ähnliche Ausprägungen wie bei Freundschaft. Es ist auch hier bemerkenswert, daß eine sehr große Zahl von Kindern im Verlauf von zwei Schuljahren eine ähnlich hohe Attraktivität als Spielpartner beibehält. Es scheinen Prozesse in der Schülergruppe abzulaufen, die eine solche Stabilisierung begünstigen. Aus der Vielzahl von Gründen lassen sich folgende übergreifende Aspekte skizzieren:

– Kinder in günstigen Positionen haben bessere Chancen, das Sozialleben im Sinne der Stabilisierung ihrer Stellung zu steuern.
– Sie haben mehr Kontaktmöglichkeiten und dadurch mehr Gelegenheiten, statusförderndes Verhalten zu erlernen.
– Aufgrund vorausgegangener günstiger Sozialerfahrungen können sie selbstbewußter, sicherer und robuster auf soziale Anforderungen eingehen.
– Der schulische Kontext begünstigt in vielen Fällen die Rangordnung der Schüler, indem Statushohe mehr Erfolgserlebnisse erhalten als andere. Auf diesen letzten Aspekt soll in Kap. 2.5 näher eingegangen werden.

Beim Wahlverhalten scheint sich im Verlauf des zweiten Schuljahres eine gewisse Stabilität bei der Anzahl der Nennungen einzutreten (r = .51).

Analog zur Vorgehensweise bei Freundschaft wurde auch die Stabilität der einzelnen Wahlen überprüft. Es zeigte sich eine deutlich höhere Fluktuation. Über die Hälfte aller Nennungen zu T1 (52,1%) richten sich auf Mitschüler, die nur zu diesem Zeitpunkt gewählt werden, 34,6% der Wahlen werden zu T2 wiederholt. Erst zu Beginn des zweiten Schuljahres scheinen sich die Kinder auf Spielpartner festzulegen, die sie dann auch zu 69,2% am Ende dieses Jahres nennen. Lediglich 16,6% der Wahlen bleiben über den gesamten Erhebungszeitraum erhalten. Gegenseitige Beziehungsmuster werden auch hier häufiger wiederholt als andere. Über 85% der Fälle, die über zwei Zeitpunkte stabil bleiben, sind Spielkontakte, die auch nachmittags realisiert werden.

Bei der Auswertung der Frage nach häuslichen Spielkontakten ergaben sich folgende Anteile an der Gesamtzahl der Nennungen:

T 1:   41,3 %
T 2:   54,9 %
T 3:   71,8 %

Die Spielkontakte der Kinder scheinen sich mit zunehmender Zeit auf den Nachmittag zu verlagern. Die eher als Wunsch formulierte Wahlfrage des Kindes scheint eng verknüpft mit tatsächlichen Spielinteraktionen.

2.4.1.3 Sitznachbarschaft

Als besonders zuverlässiges soziomerisches Kriterium hat sich in vielen Untersuchungen die Wahl zum Sitznachbarn erwiesen (vgl. Dollase 1973; Petillon 1980). In die Wahlentscheidung können sowohl schulbezogene Aspekte (Arbeitspartnerschaft) als auch sozial-emotionale Gesichtspunkte (z. B. der Wunsch nach Nähe) einfließen.

„Stell' dir vor, ihr sitzt in eurem Klassenzimmer nebeneinander in einer Reihe. Hier sitzt du" *(Foto des Kindes hinlegen).* „Wer soll direkt neben dir sitzen?" *(Kind soll das Photo eines Mitschülers neben sich legen).* „Wer kommt dann?"

Wie aus Tabelle 2.4.1.3a hervorgeht, ist die durchschnittliche Anzahl der genannten Kinder deutlich höher als bei den vorangegangenen Kategorien. Es zeigt sich auch ein Anstieg der Kontaktrate bis zum Ende des zweiten Schuljahres. Dies gilt sowohl für die Mädchen wie auch für die Jungen. Auch hier erwiesen sich die Mädchen wieder als deutlich kontaktfreudiger. Zu T 3 beträgt der Anteil aufgeklärter Varianz durch die „Variable Geschlecht" 16,4 %. Weiterhin wird sichtbar, daß die Mädchen nicht nur mehr Wahlen abgeben, sondern auch der Anteil symmetrischer Beziehungen deutlich höher liegt (T 3: 62,4 % vs. 38,5 %).

Neben etwa 12 % der Kinder möchte kein Mitschüler sitzen. Bei Jungen liegt diese Quote höher. Eine weitere Auszählung ergab, daß in

Tabelle 2.4.1.3a. Ergebnisse für die Kategorie Sitznachbarschaft

Sitznachbarschaft	T 1	T 2	T 3
durchschnittliche Anzahl abgegebener Wahlen	3,72 (3,32/4,23)	4,25 (3,68/4,92)	5,57 (4,71/6,68)
Anteil symmetrischer Beziehungen	32,0 % (26,8/36,9)	42,6 % (32,6/52,9)	48,9 % (38,5/62,4)
Anteil von Schülern ohne erhaltene Nennung	12,6 % (13,2/10,9)	12,4 % (16,8/8,8)	12,2 % (18,4/6,1)

	Beziehung zwischen Jungen und Mädchen		
Anteil:			
Jungen → Mädchen	13,8 %	14,4 %	11,5 %
Mädchen → Jungen	19,1 %	20,2 %	21,9 %
symmetrische Beziehungen	15,3 %	15,1 %	18,7 %

	Stabilität	
	Status	Wahlverhalten
T 1–T 2:	r = .60	r = .29
T 1–T 3:	r = .55	r = .26
T 2–T 3:	r = .65	r = .35

70,5 % aller Fälle die gleichen Kinder über den gesamten Erhebungszeitraum in dieser Position verbleiben.

Im Gegensatz zu den bisherigen Befunden suchen Mädchen relativ häufig (bei ca. 20 % ihrer Nennungen) Kontakt zu den Jungen. Möglicherweise können sie sich in spezifischen schulischen Arbeitsbeziehungen und in Anwesenheit des Lehrers eher vorstellen, mit Jungen zu interagieren als in informellen Kontakten, in den rollenspezifische Gesichtspunkte mehr zum Tragen kommen. Jungen nennen dagegen seltener Mädchen als Sitznachbarn, wenn auch der Anteil an symmetrischen Beziehungen etwas größer ist als bei den bisher beschriebenen Kategorien.

Die Koeffizienten für die Stabilität der Statuswerte und des Wahlverhaltens entsprechen in etwa denen bei Spielkontakten. Diese Stabilitätskoeffizienten entsprechen in etwa Koeffizienten, wie sie auch für das 3. und 4. Schuljahr (Petillon 1978; Simon & Simon 1978) und in höheren Klassen (vgl. z. B. Dollase 1972) gefunden wurden. Entgegen der Annahme, erst mit zunehmendem Alter käme es zu einer Festlegung von sozialen Positionen, deuten unsere Befunde auf eine erstaunlich hohe Übereinstimmung bereits im Verlauf der ersten beiden Schuljahre hin (r = .55).

Besonders auffällig ist allerdings auch die Fluktuation der Nennungen einzelner Mitschüler. Im Verlauf des ersten Schuljahres werden in über 60 % der Fälle „neue" Kinder benannt. Erst im zweiten Schuljahr scheinen sich die Kinder mehr auf einzelne Mitschüler festzulegen, so daß nur 38 % der Nennungen zwischen T 2 und T 3 fluktuieren.

Inwieweit diese Festlegung auch mit dem Einbezug der Leistungsfähigkeit in die Wahlüberlegungen zusammenhängt, wird in Kap. 2.5 zu überprüfen sein.

2.4.1.4 Mitschüler als Bezugsperson

Während die Bezugsgruppentheorie das Vergleichen mit anderen im Hinblick auf die Erlangung eines zutreffenden, stabilen und sicheren Selbstbildes in den Mittelpunkt ihrer Überlegungen stellt (vgl. z. B. Jerusalem 1984), haben wir hier einen sehr spezifischen Aspekt herausgegriffen. Es geht uns um die gezielte Wahl eines Mitschülers, von dem sich ein Kind eine Rückmeldung über das Produkt einer eigenen Leistung einholt.

Es handelt sich dabei um ein „schönes Bild, auf das das Kind sehr stolz ist". Vermutlich wählt es solche Kinder aus, die ihm besonders wichtig sind und denen es die Bereitschaft zu einem intensiven Eingehen auf sein Anliegen zuschreibt. Gleichzeitig kann in die Nennung auch das Bedürfnis nach Nähe und Bestätigung eingehen. Vermutlich handelt es sich bei den angesprochenen Kindern um Schüler, die bereits über wichtige Teilaspekte sozialer Kompetenz (z. B. soziale Sensibilität) verfügen. Kinder, die in dieser Kategorie häufig genannt werden, sind für unsere Analyse in zweierlei Hinsicht interessant: Erstens scheint es sich um Kinder zu handeln, deren Maßstäbe für die Gruppe von großer Bedeutung sind und die damit auch über ein „Steuerungspotential" verfügen. Zweitens ist anzunehmen, daß die erhaltenen „Vertrauensbeweise", die die Nennungen der Kinder implizieren, ein wichtiger Faktor für die Festigung des Selbstwertgefühles darstellen.

„Was siehst du auf dem Bild?" . . .
„Das Kind *(auf das Kind links zeigen)* hat ein Bild gemalt, das ihm ganz toll gefällt. Es zeigt es einem anderen Kind." *(Bild des Kindes auf den Schüler links legen).*
„Wenn du das Kind mit dem schönen Bild bist, wer könnte dann wohl das andere Kind sein.?"
Nach weiteren Mitschülern fragen.

Wie Tabelle 2.4.1.4a zeigt, ist die durchschnittliche Anzahl abgegebener Nennungen von den bisher besprochenen Kategorien am niedrigsten. Zu T 2 und T 3 wählen die Mädchen im Vergleich zu den Jungen signifikant mehr Mitschüler als Bezugspersonen.

Der Anteil symmetrischer Beziehungen ist ebenfalls niedriger als bei anderen Kategorien. Vermutlich ist die Wahl einer Bezugsperson auch weniger von Überlegungen darüber bestimmt, ob eine Wechselseitigkeit notwendig oder wünschenswert ist. Bei Mädchen findet sich wiederum ein höherer Anteil an symmetrischen Beziehungen als bei Jungen (T 3).

Es gibt einen hohen Prozentsatz von Kindern, die von keinem Mitschüler als Bezugsperson genannt werden. Zu allen Zeitpunkten liegt die Quote der nichtgenannten Kinder bei den Jungen deutlich höher.

Jungen wenden sich nur äußerst selten (etwa in 7 % der Fälle) an Mädchen. Umgekehrt sind es mehr Mädchen, die, ähnlich wie bei Sitznachbarschaft, auch bei dieser von schulischen Kriterien beeinflußten Kategorie häufiger Jungen einbeziehen.

Wie bei allen anderen Kategorien ist die Stabilität der Statuswerte in Anbetracht der großen Intervalle zwischen den Erhebungszeitpunkten sehr hoch. Auch hier scheint es zu Prozessen zu kommen, die den bereits früh erworbenen Status stabilisieren. Allerdings ändert sich die Zusam-

Tabelle 2.4.1.4a. Ergebnisse für die Kategorie Bezugsperson

Bezugsperson	T 1	T 2	T 3
durchschnittliche Anzahl abgegebener Wahlen	2,40 (2,16/2,63)	2,96 (2,54/3,45)	3,36 (2,81/4,01)
Anteil symmetrischer Beziehungen	26,4 % (23,2/29,3)	37,7 % (34,3/39,9)	41,5 % (37,1/47,9)
Anteil von Schülern ohne erhaltene Nennungen	20,1 % (21,5/19,2)	18,4 % (22,3/13,6)	17,2 % (21,0/12,8)
	Beziehung zwischen Jungen und Mädchen		
Anteil:			
Jungen → Mädchen	6,9 %	7,1 %	6,8 %
Mädchen → Jungen	10,7 %	10,4 %	14,2 %
symmetrische Beziehungen	4,8 %	5,3 %	6,1 %
	Stabilität		
	Status		Wahlverhalten
T 1–T 2:	r = .51		r = .15
T 1–T 3:	r = .56		r = .16
T 2–T 3:	r = .62		r = .25

mensetzung der Anhängerschaft erheblich. Es zeigen sich ähnliche Fluktuationsraten wie bei dem Sitznachbarn. Ein Festhalten an bestimmten Bezugspersonen ist in einem etwas größeren Ausmaß erst im zweiten Schuljahr festzustellen. Trotz dieses strukturellen Wandels scheint es vielen Kindern zu gelingen, eine bestimmte Anzahl von Kindern für sich zu gewinnen und entstandene „Verluste" durch neue Beziehungen auszugleichen. Zur Gewinnung weiterer Hinweise auf die „Karriere" von Kindern mit hohem Status wurden zu T1 24 Schüler ausgewählt, die auffällig hohe Statuswerte (> 3,0) besaßen. Von diesen 24 Kindern gehörten wiederum 21 zu T2 und 19 zu T3 zur Kategorie der besonders statushohen. Bei einer Analyse der Wählerschaft fand sich eine deutlich geringere Fluktuation als bei anderen: Die Gruppe der Wähler blieb in den meisten Fällen fast vollständig erhalten, und es wurden darüber hinaus bis zu T3 „Zugewinne" von durchschnittlich drei Kindern erzielt. Es hat den Anschein, daß sich in vielen Klassen in der Mädchen- und Jungengruppe jeweils ein Kind findet, das die Funktion einer „grauen Eminenz" übernimmt und in dieser sich stabilisierenden Rolle als wichtige Bezugsperson von Mitschülern akzeptiert wird, die sich dort Rückmeldungen und Bestätigungen einholen.

Eine Verknüpfung mit anderen Variablen unserer Studie zeigt, daß diese Kinder schulisch erfolgreich sind, ihr Sozialverhalten wird vom Lehrer als günstig wahrgenommen, und das Verhältnis des Lehrers zu diesen Schülern wird als positiv dargestellt, ohne daß angenommen werden könnte, sie fungierten als „verlängerter Arm" des Erwachsenen. In der Gruppe gelten sie als wenig aggressiv. Es wird ihnen eher selten eine Führungsrolle als aktive Gestalter des Gruppenlebens zugesprochen.

2.4.1.5 Status und Statusherkunft

In einem weiteren Analyseschritt wird der mittlere Status der jeweiligen Wählerschaft eines einzelnen Kindes in den Mittelpunkt der Betrachtung gerückt. Für jedes Kind wird ein „Statusherkunftswert" wie folgt errechnet (vgl. auch Strätz & Schmidt 1982):

Statusherkunftswert des Kindes A = Summe der Statuswerte aller Mitschüler, die Kind A wählen, dividiert durch die Anzahl dieser Mitschüler.

Die Kinder, die keine Wahl erhalten, werden nicht in diese Analyse einbezogen. Wir wollten im weiteren wissen, ob ein Zusammenhang zwischen Status und Statusherkunft besteht. In Tabelle 2.4.1.5a sind die

Tabelle 2.4.1.5a. Korrelationen zwischen Statuswerten und Statusherkunftswerten

	T 1	T 2	T 3
Freundschaft	.32	.39	.51
Spielkontakt	.49	.68	.82
Sitznachbarschaft	.40	.52	.66
Bezugsperson	.14	.31	.28

Korrelationen zwischen Statuswerten und Statusherkunftswerten getrennt nach Kategorien und Zeitpunkten aufgelistet.

Es zeigt sich, daß besonders bei Spielkontakten Statuswerte und Statusherkunftswerte eng miteinander verknüpft sind. Kinder, die einen hohen Status als Spielpartner besitzen, erhalten ihre Wahlen von Kindern, die selbst zu den Statushohen gehören. Demgegenüber stammen die wenigen Wahlen, die die Statusniedrigen erhalten, häufiger von solchen Mitschülern, die selbst einen niedrigen Status besitzen. Dieses Phänomen, das sich zu Beginn der Schulzeit als Trend (r = .49) darstellt, stabilisiert sich bis zum Ende des zweiten Schuljahres (r = .82). Vereinfacht auf jeweils zwei Gruppen läßt sich dieser Zusammenhang zu T 3 in einer Vierfeldertafel besonders gut veranschaulichen (Tabelle 2.4.1.5b).

Es wird sichtbar, daß 90 % der Kinder, die viele Wahlen erhalten (Status : hoch), gleichzeitig von Mitschülern gewählt werden, die selbst eine günstige soziale Stellung haben. Umgekehrt verhält es sich bei den Schülern, die einen niedrigen Status besitzen.

Betrachtet man diesen Zusammenhang aus der Perspektive des Schülers, der Mitschüler zu Spielkontakten auswählt, so läßt sich feststellen, daß die statushohen Kinder in den meisten Fällen auch wieder statushohe Mitschüler als Spielpartner nennen. Es ist anzunehmen, daß die Kinder im Sinne eines sozialen Anspruchsniveaus allmählich Vorstel-

Tabelle 2.4.1.5b. Zusammenhang zwischen dem Status als Spielpartner und Status der Wähler (Spielkontakte zu T 3)

		durchschnittlicher Status der Wähler	
		hoch	niedrig
S	hoch	118	13
T		(90,1 %)	(9,9 %)
A			
T			
U	niedrig	16	89
S		(15,2 %)	(84,8 %)

lungen darüber entwickeln, welche Spielpartner ihnen aufgrund ihres eigenen Status „zustehen". Durch ein solches Wahlverhalten entsteht eine Gruppenstruktur, die deutlich zwischen einflußreichen und einflußlosen Teilgruppen trennt. Betrachten wir die anderen Kategorien in Tabelle 2.4.1.5a, so finden sich ähnliche Tendenzen in abgeschwächter Form bei Sitznachbarschaft. Bei Freundschaft scheint der Status des Kindes nur einer von mehreren Teilaspekten der Wahlentscheidung zu sein. An Kinder, die häufig als Bezugsperson gewählt werden, wenden sich in vielen Fällen auch Mitschüler, die ihrerseits nur selten in dieser Kategorie genannt werden. Hier fällt weiterhin auf, daß die Kinder in der Rolle der Bezugsperson selbst häufig keine Nennung abgeben, so daß zu vermuten ist, daß ihnen in vielen Fällen der eigene Maßstab genügt oder sie sich an Erwachsene (z. B. die Eltern) wenden.

2.4.1.6 Zusammenhänge zwischen den Beziehungsformen

Bisher wurden die einzelnen Kategorien getrennt analysiert. Folgende Fragen bleiben dabei offen: Gibt es Schüler, die gleichzeitig in mehreren Kategorien ähnlich hohe Statuswerte erhalten? Wie häufig wählt ein Kind einen Mitschüler gleichzeitig in mehreren Kategorien?

Zur Beantwortung der ersten Frage wurden Korrelationen zwischen den einzelnen Statuswerten berechnet. Im Hinblick auf die zweite Frage wurde die Nennung eines Kindes daraufhin überprüft, ob sie in einer weiteren Kategorie wiederholt wird.

Beispiel: Kind 1 nennt Kind 3 gleichzeitig als Freund (F), Sitznachbarn (S) und Bezugsperson (B). Es finden sich die Verknüpfungen F-S, F-B und S-B.

Alle Verknüpfungen werden zu der Anzahl der maximal möglichen Verknüpfungen in Beziehung gesetzt und in eine prozentuale Verknüpfungsrate umgerechnet. Das Ergebnis von Korrelations- und Verknüpfungsanalyse stellt sich (getrennt nach Erhebungszeitpunkten) wie folgt dar: Die Korrelationen steigen in allen Fällen deutlich an, vor allem von T1 zu T2. Das läßt vermuten, daß Kinder im Verlauf des ersten Schuljahres eine Stellung in der Gruppe erwerben und zugeschrieben bekommen, die gleichzeitig ihre Attraktivität als Freund, Spielpartner, Sitznachbar und als Bezugsperson betrifft.

Bei den Verknüpfungsraten zeigt sich eine eher gegenläufige Tendenz. Während beispielsweise zum Schulanfang noch über 80 % der Kinder, die als Freund genannt werden, auch die Spielpartner sind, reduziert sich

Tabelle 2.4.1.6. Zusammenhänge zwischen den einzelnen Beziehungsformen

	Korrelationen			Verknüpfungsraten		
1. *Freundschaft*	T 1: .47			T 1: 80,8 %		
2. *Spielkon-*	T 2: .69			T 2: 69,9 %		
takte	T 3: .75			T 3: 66,5 %		
	T 1: .35	.44		T 1: 78,4 %	87,5 %	
3. *Sitznach-*	T 2: .71	.51		T 2: 64,7 %	71,9 %	
barschaft	T 3: .68	.64		T 3: 56,0 %	54,8 %	
	T 1: .38	.47	.37	T 1: 76,0 %	73,2 %	80,5 %
4. *Bezugs-*	T 2: .66	.57	.57	T 2: 71,2 %	67,4 %	59,8 %
person	T 3: .70	.72	.74	T 3: 68,6 %	50,5 %	43,9 %
	(1)	(2)	(3)	(1)	(2)	(3)

diese Rate auf 66,5 %, so daß angenommen werden kann, daß nur noch zwei Drittel der Kinder, mit denen man spielt, auch Freunde sind. Noch deutlicher wird dieser Trend bei Sitznachbarschaft (1–3) und Bezugsperson (1–4), wobei zunehmend zwischen Freundschaft und diesen anderen Kontaktformen differenziert wird. Auch zwischen Kindern, mit denen man im formellen Bereich zusammensein möchte (Sitznachbar), und eher informellen Spielkontakten wird deutlich getrennt (2–3). Mitschülern, die die Funktion einer Bezugsperson übernehmen sollen, fällt zunehmend weniger auch die Rolle eines Spielpartners oder Sitznachbarn zu. Vermutlich wird diese Kategorie zunehmend exklusiver und ist lediglich mit Freundschaft enger verknüpft, bei der das auf Gegenseitigkeit beruhende Vergleichen eine wichtige Funktion hat.

2.4.2 Verhalten in Konflikten

Im folgenden geht es im wesentlichen um die Frage, welche Konfliktkontakte aus der Perspektive des einzelnen Kindes genannt werden. Dabei wählten wir aus einer Vielzahl von Konfliktarten diejenigen aus, die sich in einem körperlichen Angriff, im Zerstören von Sachen, in Drohverhalten sowie im Einbezug des Lehrers („Petzen") äußern und in einer Voruntersuchung von Kindern als besonders bedeutsam eingestuft wurden. Bei der Befragung sollte das Kind diejenigen Mitschüler nennen,
– die die jeweilige Konfliktstrategie auf das befragte Kind richten (z. B. wer greift dich an?);
– auf die das befragte Kind sein Konfliktverhalten richtet (z. B. wen greifst du an?).

2.4.2.1 Körperliche Auseinandersetzungen

Wie zahlreiche Untersuchungen belegen, spielen körperliche Auseinandersetzungen im Kindergarten eine große Rolle (vgl. zusammenfassend Schmidt-Denter 1988). Es ist anzunehmen, daß sich dies auch zum Schulanfang fortsetzt (vgl. auch Kap. 2.3). Neben den Fragen nach aktiven und passiven Konfliktaspekten wurde bei dieser Kategorie auch nach der Wahrnehmung von Interaktionen zwischen anderen Kindern gefragt, die häufig in Raufereien verwickelt sind.

„Hier haben wir zwei Kinder. Was tun die wohl?" *(Kind soll erkennen, daß der Schüler links einen anderen angreift, wegstößt).*
1. *Foto des Kindes auf den angegriffenen Schüler legen.* „Wer sind die anderen?"
2. *Das befragte Kind ist der Angreifer*
3. „Kennst du Kinder, die sich so wie diese zwei streiten?"
(Streitpaare sollen genannt werden.)

In Tabelle 2.4.2.1a sind die Ergebnisse für die drei Fragestellungen dargestellt. Bei den durchschnittlichen Nennungen zeigt sich bei allen drei Aspekten ein leichter Anstieg im Verlauf der ersten beiden Schuljahre. Bei der Selbstnennung („ich greife Kind X an") liegen die Werte erwartungsgemäß am niedrigsten, da sich Kinder (– zumindest Erwachsenen gegenüber –) vermutlich nicht gerne zu einer großen Anzahl aggressiver Handlungen bekennen. Etwas höher sind die Mittelwerte bei den Angaben über Mitschüler, die das befragte Kind angreifen.

Bei der Beschreibung von Streitkontakten, die das Kind nur als Beobachter wahrnimmt, erfolgen die meisten Nennungen. In allen Fällen gibt es signifikante Unterschiede zwischen Jungen und Mädchen: Jungen sind häufiger das Opfer von Angriffen, sie greifen auch selbst mehr Mitschüler an und werden öfter in Streitkontakten wahrgenommen. Bei den Mädchen nehmen die Werte im Verlauf der ersten beiden Schuljahre noch weiter ab, während für die Jungen in allen Fällen ein Anstieg zu erkennen ist.

Im weiteren wurde überprüft, wie stabil Statuswerte (1–3) im Verlauf der ersten beiden Schuljahre bleiben. Dabei läßt sich feststellen:
– Die Anzahl der Nennungen, die ein Kind als Opfer von körperlichen Angriffen erhält, bleibt über die langen Intervalle zwischen den Erhebungszeitpunkten relativ stabil. Besonders im Verlauf des zweiten

Tabelle 2.4.2.1a. Ergebnisse für die Kategorie körperliche Auseinandersetzungen

Körperliche Auseinandersetzungen	T 1	T 2	T 3
durchschnittliche Anzahl von Nennungen:			
1. Kind als angegriffene Person	1,68	1,94	1,99
	(2,02/0,92)	(3,09/0,78)	(3,61/0,32)
2. Kind als angreifende Person	1,32	1,37	1,59
	(1,82/0,63)	(2,18/0,45)	(2,47/0,38)
3. Kinder, die in Interaktionen	2,23	2,57	2,97
mit körperlicher Auseinander-	(3,37/0,83)	(4,60/0,48)	(5,31/0,46)
setzung verwickelt sind			

	Stabilität		
	T 1–T 2	T 1–T 3	T 2–T 3
Status (Fremdbeschreibung)			
1. als angegriffenes Kind (Opfer)	.51	.42	.69
2. als angreifendes Kind (Aggressor)	.33	.17	.49
3. als Teilnehmer an aggressiven Interaktionen	.61	.51	.71
Selbstbeschreibung			
4. als angegriffenes Kind (Anzahl der Angreifer)	.26	.22	.49
5. als angreifendes Kind (Anzahl der angegriffenen Mitschüler)	.25	.12	.32

	Validierung		
	T 1	T 2	T 3
Anteil von Beziehungsmustern, in denen der körperliche Angriff durch das angegriffene Kind bestätigt wird	48,2 %	56,9 %	68,7 %

Schuljahres sind es in vielen Fällen die gleichen Kinder, die sehr häufig Aggressionen der Mitschüler ausgesetzt sind.
– Die Koeffizienten für die Statuswerte, die das Kind als Aggressor ausweisen, sind quantitativ geringer ausgeprägt. Allerdings läßt sich auch hier im zweiten Schuljahr eine größere Stabilität feststellen, d. h. in vielen Fällen sind es die gleichen Kinder, denen zu Beginn und zum Ende der 2. Klasse eine ähnlich hohe Zahl von aggressiven Kontakten zugeschrieben wird.
– Als besonders stabil erweisen sich bereits im ersten Schuljahr die Statuswerte, die aus der Wahrnehmung der nicht direkt beteiligten Kinder stammen. Die gemeinsame Varianz der Statuswerte zu T 2 und T 3 erhöht sich auf 50 % (r = .71).

Im Vergleich zu den Statuswerten sind die beiden Angaben des Kindes, wieviele Kinder es selbst angreift (4) und von wievielen Mitschülern es angegriffen wird (5), weniger stabile Größen, wenn auch hier wieder eine größere Übereinstimmung zwischen T 2 und T 3 festzustellen ist.

In einem weiteren Schritt wurde überprüft, in welchem Ausmaß Aussagen zu Konfliktkontakten eines Kindes von einem genannten Kind auch bestätigt werden. Es wurde der Prozentsatz derjenigen Beziehungsmuster berechnet, die wir als konkordant bezeichnen:

A sagt, er greife B an – B sagt, er werde von A angegriffen und bestätigt damit die Aussage von A.

Es ergeben sich folgende Prozentsätze: T 1: 42,4 %; T 2: 56,9 %; T 3: 72,3 %.

Es zeigt sich, daß der Anteil an konkordanten Beziehungsmustern in dem Erhebungszeitraum deutlich ansteigt, so daß wir annehmen können, daß viele der Kinder tatsächlich von denen angegriffen werden, die sie nennen. Wir interpretieren dies auch als Hinweis auf die Validität dieser soziometrischen Aussagen.

2.4.2.2 Streit um Sachen

Wir vermuteten, daß eine Vielzahl von Konflikten auch den Streit um Sachen der Kinder (Schulsachen, Spielzeug, Comics o. ä.) betreffen. Untersuchungen im Primarbereich legen dies nahe (Schmidt-Denter 1985). Auch in unseren eigenen Voruntersuchungen wurde in vielen Fällen das Problem des Wegnehmens oder Zerstörens von Sachen erwähnt.

Das befragte Kind ist einer der beiden Schüler. Es soll Konfliktpartner benennen.
„Gibt es Kinder, die sich oft um Sachen streiten?"
(Streitpaare sollen genannt werden).

Wie Tabelle 2.4.2.2a zeigt, werden sehr wenige Kinder bei dieser Konfliktform benannt. Es findet sich auch kein ansteigender Trend im Verlauf der ersten Schuljahre. Mädchen werden hier etwas seltener als Streit-

Tabelle 2.4.2.2a. Ergebnisse für die Kategorie Streit um Sachen

Streit um Sachen	T 1	T 2	T 3
durchschnittliche Anzahl *von Nennungen*			
1. Kind als Streitpartner	1,20	1,14	1,14
	(1,43/0,89)	(1,51/0,67)	(1,54/0,62)
2. Kind in „Streitbeziehungen"	1,41	1,59	1,57
	(1,91/0,68)	(2,00/0,92)	(2,21/0,86)

	T 1	T 2	T 3
Anteil der Kinder, die	16,1 %	22,4 %	31,8 %
keine Nennung erhalten	(9,4/14,1)	(8,1/34,6)	(8,4/55,1)

	Stabilität		
Status (Fremdbeschreibung)	T 1–T 2	T 1–T 3	T 2–T 3
1. als Streitpartner (aus der Sicht des Interaktionsteilnehmers)	.27	.18	.41
2. als Streitpartner (aus der Sicht eines Dritten)	.36	.29	.52
Perspektive des wahrnehmenden Kindes			
3. Anzahl der „Streitbeziehungen", in die der befragte Schüler verwickelt ist	.12	.06	.15
4. Anzahl der Mitschüler, die in Streitbeziehungen mit anderen wahrgenommen werden	.08	.02	.12

partner genannt. Eine relativ hohe Zahl von Kindern wird in keinem einzigen Fall benannt. Diese Quote nimmt bis zum Ende des 2. Schuljahres deutlich zu. Es sind in den meisten Fällen Mädchen, die hier als wenig aggressiv beschrieben werden.

Vermutlich ist die insgesamt geringe Anzahl von Nennungen u. a. darauf zurückzuführen, daß die Schule dem Wegnehmen und Zerstören von Gegenständen stärker entgegenwirkt als den körperlichen Aggressionen, die sich in den meisten Fällen außerhalb des Unterrichtes abspielen. Daß die Mädchen sich dabei schulischen Normen noch stärker unterordnen, mag ein Grund für die geringen Nennungen innerhalb dieser Kategorie sein.

Die Koeffizienten für die Stabilität der einzelnen Kennwerte sind eher niedrig. Dies gilt besonders für die Häufigkeit der Nennungen, die ein

Kind abgibt. Für die Statuswerte scheint im zweiten Schuljahr eine Stabilisierung einzutreten, so daß Kinder die zu T 2 als ausgeprägte Streitpartner identifiziert wurden, in vielen Fällen auch zu T 3 in gleicher Weise eingestuft werden.

2.4.2.3 Drohen

In Voruntersuchungen konnten wir beobachten, daß Kinder in Konflikten häufig Drohungen aussprechen, um die beteiligten Mitschüler einzuschüchtern. Um zu erfahren, wie häufig diese Strategie angewandt wird und ob es Kinder gibt, die den anderen durch ein solches Verhalten besonders auffallen, wurde diese Kategorie in die Untersuchung aufgenommen.

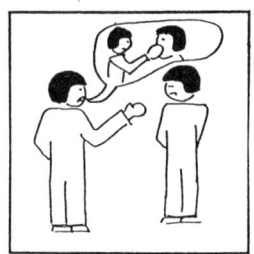

„Das ist vielleicht ein bißchen schwer zu erkennen, was die Kinder hier machen. In diesem Feld (Sprechblase) ist gezeigt, was dieses Kind *(zeigen!)* zu dem anderen Kind *(zeigen!)* sagt. Was sagt es denn?" *(Das Kind muß erkennen, daß der Schüler links dem Schüler rechts droht, er werde ihn schlagen).*
Das Foto des befragten Kindes auf den bedrohten Schüler legen. „Ist dir so etwas auch schon passiert, daß jemand in deiner Klasse so etwas (oder ähnliches) zu dir gesagt hat? Wer war denn das?" *(Bild aussuchen.)* „Noch jemand?" *Dann Bild des befragten Kindes auf den drohenden Schüler legen ...*

Tabelle 2.4.2.3 macht deutlich, daß relativ wenige Kinder benannt werden, die als „Bedroher" auftreten. Dies gilt für alle Erhebungszeitpunkte.

Die Jungen scheinen allerdings bis zum Ende des 2. Schuljahres häufiger Drohungen auszusprechen, während bei den Mädchen dieses Verhalten kaum eine Rolle spielt. Bei der Analyse der Stabilität fällt auf, daß es viele Kinder gibt, die zu Beginn des zweiten Schuljahres häufig andere bedrohen und dieses Verhalten offensichtlich bis zum Ende dieses Jahres beibehalten (r = .71). Auch die Opfer des Drohens scheinen für diesen Zeitraum oft die gleichen zu sein.

Der Anteil der konkordanten Beziehungen wächst bis zu T 3 von 36,8 % (T 1) auf 78,2 % an und scheint ein Beleg dafür zu sein, daß Aussagen der Kinder zu dieser Kategorie an Gültigkeit zunehmen.

Tabelle 2.4.2.3. Ergebnisse für die Kategorie Drohen

Drohen	T 1	T 2	T 3
durchschnittliche Anzahl von Nennungen			
1. Kind als bedrohte Person ("ich werde bedroht von X, …)	1,06 (1,25/0,65)	1,08 (1,43/0,37)	1,01 (1.61/0,37)
2. Kind als Bedroher ("Ich habe X, … bedroht")	1,28 (1,83/0,48)	1,24 (2,21/0,39)	1,65 (2,98/0,29)

		Stabilität	
Status (Fremdbeschreibung)	T 1–T 2	T 1–T 3	T 2–T 3
1. als bedrohtes Kind (Opfer)	.27	.17	.46
2. als drohendes Kind (Aggressor)	.51	.41	.74
Selbstbeschreibung			
3. als bedrohtes Kind (Anzahl der drohenden Mitschüler)	.13	.08	.19
4. als drohendes Kind (Anzahl der bedrohten Mitschüler)	.21	.19	.35

		Validierung	
Anteil von Beziehungs-	T 1	T 2	T 3
mustern, in denen Bedrohung durch den Bedrohten bestätigt wird	36,8 %	51,4 %	78,2 %

2.4.2.4 Petzen (an den Lehrer wenden)

Mit Hilfe dieser Kategorie wollten wir herausfinden, wie häufig sich die Kinder an den Lehrer wenden und dabei einen Mitschüler einer negativen Tat bezichtigen.

Bei dem Lehrer „petzen".
Kind soll sagen, wer es ‚verpetzt' hat.
Kind soll sagen, wen es schon ‚verpetzt' hat.

Tabelle 2.4.2.4a zeigt, daß durchschnittlich ein Kind als „Petzer" genannt wird. Diese Zahl bleibt über die Zeit konstant. Signifikante Unterschiede (p > .05) zwischen Jungen und Mädchen ergeben sich lediglich zu T 3. Jungen scheinen hier etwas häufiger beim Lehrer „angezeigt" zu werden. Die Nennungen, in denen das Kind selbst andere Kinder verpetzt, liegen etwas höher. Aber es ergeben sich keine wesentlichen Unterschiede, weder im Verlauf der Zeit, noch zwischen den Geschlechtern. Die Koeffizienten für die Stabilität der Statuswerte weisen lediglich für den Verlauf des zweiten Schuljahres darauf hin, daß die „Opfer" des Verpetzens und die Kinder in der Rolle des „Petzers" in vielen Fällen die gleichen bleiben. Als wenig stabil erweisen sich die Werte zur Selbstbeschreibung.

Bei dem Anteil der konkordanten Nennungen ergibt sich wiederum ein deutlicher Anstieg von T 1 zu T 3, so daß wir auch hier annehmen können, daß es sich bei einem Großteil der Nennungen tatsächlich um beobachtbares Verpetzen und Verpetztwerden handelt.

Tabelle 2.4.2.4a. Ergebnisse für die Kategorie Petzen (an den Lehrer wenden)

Petzen (an den Lehrer wenden)	T 1	T 2	T 3
durchschnittliche Anzahl von Nennungen			
1. Kind wird	1,00	1,01	1,04
„verpetzt"	(1,26/0,68)	(1,37/0,63)	(1,48/0,53)
2. Kind „verpetzt"	1,10	1,39	1,61
andere	(1,24/0,87)	(1,46/1,30)	(1,80/1,42)

	Stabilität		
	T 1–T 2	T 1–T 3	T 2–T 3
Status (Fremdbeschreibung)			
1. als Opfer des Petzens	.26	.19	.45
2. als Kind, das andere „verpetzt"	.28	.04	.41
Selbstbeschreibung			
3. als petzendes Kind (Anzahl der „verpetzten" Mitschüler)	.30	.12	.31
4. als „verpetztes"Kind (Anzahl der Mitschüler, die das befragte Kind verpetzen)	.29	.27	.35

	Validierung		
	T 1	T 2	T 3
Anteil von Beziehungsmustern, in denen die Angaben der„Opfer" von Petzen bestätigt werden	31,5 %	46,7 %	69,2 %

Es ist bei dieser Kategorie davon auszugehen, daß das Verhalten des Lehrers als Reaktion auf das Verpetzen (z. B. verstärkend vs. ignorierend) einen großen Einfluß auf die Häufigkeit hat, in der sich die Kinder in dieser Form an ihn wenden. Tatsächlich finden wir für die durchschnittliche Anzahl von Nennungen große Unterschiede zwischen den einzelnen Klassen. Die Spannbreite beträgt beispielsweise 6,28 (0,31–6,59) für T 3 hinsichtlich der durchschnittlichen Anzahl der Kinder, die in einer Klasse als Petzer genannt werden.

Um zu sehen, wie das Schülerverhalten vom Lehrer interpretiert wird, haben wir den Status für aktives Verpetzen mit Einschätzungen des Lehrers zu seiner Beziehung zum Kind korreliert (vgl. Tabelle 2.4.2.4b).

Was Lehrer aus ihrer Perspektive als Kontaktaufnahme interpretieren, wird in vielen Fällen von den Mitschülern als Petzen wahrgenommen. Dieser Sachverhalt kristallisiert sich zu T 3 deutlich heraus. Besonders zu T 3 erzählt das Kind dem Lehrer „persönliche Dinge", von denen die anderen Kinder öfter vermuten, es handle sich um negative Aussagen über ihre Person. Es bleibt ungeklärt, inwieweit es hier auch zu Fehldeutungen kommt. Der Lehrer sollte sich bewußt sein, daß „private" Kontakte zu einzelnen Kindern von anderen Kindern aufmerksam beobachtet und nicht selten auch zu Lasten des betroffenen Kindes interpretiert werden.

Tabelle 2.4.2.4b. Korrelationen zwischen Lehrerangaben und Statuswerten des Kindes bezüglich „Verpetzen" der Mitschüler

	T 1	T 2	T 3
Wie häufig sucht das Kind Kontakt zum Lehrer?	.41	.48	.67
Wie häufig erzählt das Kind dem Lehrer persönliche Dinge?	.31	.34	.56

2.4.2.5 Zusammenhänge zwischen den einzelnen Konfliktaspekten

Im folgenden wird einigen Zusammenhängen zwischen den einzelnen Konfliktaspekten nachgegangen. Folgende Fragen sind uns dabei wichtig:

1. Sind es häufiger die gleichen Kinder, die ihre Mitschüler gleichzeitig angreifen, Drohungen gegen sie aussprechen und mit ihnen um Sachen streiten?

2. Sind es häufiger die gleichen Kinder, die gleichzeitig das Opfer von körperlicher Aggression, von Drohungen und von Streit um Sachen sind?
3. Wie stimmen die Angaben zum eigenen Konfliktverhalten mit Fremdwahrnehmungen in den einzelnen Kategorien überein?
4. Sind Kinder, die sich an den Lehrer wenden, häufiger das Opfer von Aggressionen anderer? Sind es umgekehrt die aggressiven Kinder, die häufiger dazu herausfordern, sich an den Lehrer zu wenden?
5. In welchem Ausmaß werden Aggressionen eines Mitschülers „mit gleicher Münze zurückgezahlt"?

Zur Ermittlung von Zusammenhängen wurden zwei Aspekte berücksichtigt:
– Für die Überprüfung der Übereinstimmung von Statuswerten verschiedener Kategorien wurden Korrelationskoeffizienten berechnet.
– Es wurden die prozentualen Anteile derjenigen Nennungen bestimmt, bei denen ein Kind einen Mitschüler gleichzeitig für jeweils zwei Kategorien benennt: z. B. Kind A nennt den Mitschüler B sowohl als Angreifer als auch als eine Person, von der es bedroht wurde.

Alle diese Verknüpfungen werden zu der Anzahl der maximal möglichen Verknüpfungen in Beziehung gesetzt und in eine prozentuale Verknüpfungsrate umgerechnet.

Zu Frage 1: Im folgenden werden die Korrelationskoeffizienten für die Zusammenhänge zwischen aktivem Konfliktverhalten (getrennt nach Zeitpunkten) und die Verknüpfungsraten dargestellt (Tabelle 2.4.2.5a).

Tabelle 2.4.2.5a. Zusammenhänge und Verknüpfungsraten für verschiedene Konfliktaspekte getrennt nach Erhebungszeitpunkten (T1 bis T3)

	Korrelationen		Verknüpfungsraten	
1. körperlicher Angriff –				
2. Streit um Sachen	T 1: .38		T 1: 27,1 %	
	T 2: .42	–	(2) T 2: 31,5 %	–
	T 3: .61		T 3: 38,8 %	
3. Drohen	T 1: .32	.21	T 1: 62,3 %	30,1 %
	T 2: .45	.29	(3) T 2: 59,3 %	31,2 %
	T 3: .67	.48	T 3: 58,7 %	28,1 %
	(1)	(2)	(1)	(2)

Es wird deutlich, daß mit zunehmender Zeit die Korrelationskoeffizienten für die Statuswerte größer werden, d. h. einzelne Kinder erhalten
gleichzeitig einen hohen Status als ein Gruppenmitglied, das viel droht,
sich häufig in Streit um Sachen einläßt und zu körperlichen Angriffen
neigt. Kinder, die drohen, scheinen in vielen Fällen diese Drohungen
auch in die Tat umzusetzen (T3: r = .67). Der Streit um Sachen scheint
mit zunehmender Zeit häufiger in körperliche Auseinandersetzungen ein-
zumünden.

Bei den Verknüpfungsraten weisen etwa 60 % der Nennungen (vgl.
körperlicher Angriff und Drohen) darauf hin, daß bei Kindern, die drohen, auch erwartet wird, daß diese ihre Drohungen tatsächlich realisieren. Die anderen Verknüpfungsraten sind mit ca. 30% deutlich niedriger.

Zu Frage 2: Nach der gleichen Auswertungsstrategie werden die Zusammenhänge zwischen den passiven Nennungen (Kind als Opfer von
Aggressionen) ermittelt (vgl. Tabelle 2.4.2.5b).

Die Korrelationen der Statuswerte zeigen, daß diejenigen Kinder, die
häufig bedroht werden, in vielen Fällen auch körperlichen Angriffen
ausgesetzt sind und in Streit um Sachen verwickelt werden.

Die Verknüpfungsraten deuten darauf hin, daß zu T 3 in 37 % aller
Fälle (1–2) die befragten Kinder Mitschüler nennen, die sie gleichzeitig
körperlich angreifen und in einen Streit um Sachen verwickeln. Zwischen
Drohen und körperlichem Angriff findet sich über die Zeit eine abneh-
mende Verknüpfungsrate (T 1: 40,7 % vs. T 3: 29,8 %). Dieser Befund
deutet darauf hin, daß die Kinder allmählich lernen, zwischen einer
Gruppe von Mitschülern zu unterscheiden, für die eine Drohung angemessen erscheint, und solchen, mit denen man sich auf körperliche Auseinandersetzung einlassen kann oder muß.

Tabelle 2.4.2.5b. Zusammenhänge und Verknüpfungsraten für verschiedene Konfliktaspekte (Kind als Opfer von Aggressionen) getrennt nach Erhebungszeitpunkten (T1
bis T3)

	Korrelationen		Verknüpfungsraten	
1. körperlicher Angriff –				
2. Streit um Sachen	T 1: .41		T 1: 26,1 %	
	T 2: .47	–	(2) T 2: 32,4 %	–
	T 3: .56		T 3: 37,0 %	
3. Drohen	T 1: .57	.40	T 1: 40,7 %	19,4 %
	T 2: .61	.47	(3) T 2: 31,2 %	22,1 %
	T 3: .64	.50	T 3: 29,8 %	21,4 %
	(1)	(2)	(1)	(2)

Zu Frage 3: Zu allen Konfliktkategorien konnten die Nennungen im Hinblick auf die gewählten Personen (als Statuswerte) und auf das Wahlverhalten der befragten Person ausgewertet werden. Zu jedem Statuswert (als Summe von Nennungen anderer) findet sich dementsprechend ein Pendant, das die Konfliktkontakte aus der Perspektive des befragten Kindes darstellt.

Beispiele:

Status (Zuschreibung)	– Wahlverhalten (eigene Perspektive)
Anzahl erhaltener Nennungen als Angreifer (aktiv)	– Anzahl der Mitschüler, die das befragte Kind selbst angreifen (aktiv)
Anzahl erhaltener Nennungen als Opfer von Angriffen (passiv)	– Anzahl der Mitschüler, von denen das Kind selbst angegriffen wird (passiv)

Im folgenden finden sich die Korrelationskoeffizienten zwischen Fremd- und Selbstbeschreibung, getrennt nach den Erhebungszeitpunkten.

In allen Fällen steigen die Korrelationskoeffizienten mit zunehmender Zeit an. Dieses Ergebnis deutet darauf hin, daß die einzelnen Nennungen an Gültigkeit zunehmen. Die Statuswerte der Kinder (als Summe von Fremdnennungen) finden sich immer deutlicher in der Perspektive des befragten Kindes bestätigt. Am klarsten ist dies bei körperlichem Angriff zu sehen. Bei Petzen sind die Zusammenhänge niedriger, möglicherweise deshalb, weil hier der Aspekt der sozialen Erwünschtheit eine größere Rolle spielt. Das Kind, das von anderen als Opfer von Aggressionen wahrgenommen wird, bestätigt diese Wahrnehmungen ebenso wie die Rolle als aggressive Person, die ihm die Mitschüler zuschreiben. Dieser

Tabelle 2.4.2.5c. Zusammenhänge zwischen Status und Wahlverhalten getrennt nach Erhebungszeitpunkten (T1 bis T3)

		T 1	T 2	T 3
körperlicher Angriff	aktiv	.32	.56	.71
	passiv	.28	.50	.69
Streit um Sachen		.17	.30	.51
Drohen	aktiv	.34	.39	.51
	passiv	.31	.49	.62
Petzen	aktiv	.12	.39	.40
	passiv	.19	.42	.44

Sachverhalt weist auch darauf hin, daß die Schüler im Verlauf der ersten beiden Schuljahre lernen, die Konfliktphänomene sehr genau wahrzunehmen und sich selbst realitätsgerecht zu beschreiben.

Zu Frage 4: Es wird überprüft, ob Kinder, die sich häufig an den Lehrer wenden (Petzen), dies aus einer „Notwehr" heraus tun, weil sie häufig das Opfer von Aggressionen sind. Weiterhin wird analysiert, ob Kinder, die aggressiv sind, auch häufiger beim Lehrer verpetzt werden als andere. Im folgenden werden Korrelationen zwischen der Häufigkeit des „Erleidens" von Aggressionen (passiv) und aktivem Petzen sowie der Aggressionsrate eines Kindes (aktiv) und der Häufigkeit, in der das Kind verpetzt wird, wiedergegeben. Es wird dabei nach Zeitpunkten und Aggressionsformen unterschieden (vgl. Tabelle 2.4.2.5d).

Die Korrelationskoeffizienten legen folgende Interpretation nahe:

Kinder, die häufig angegriffen werden, wenden sich in vielen Fällen hilfesuchend an den Lehrer. Es ist zu vermuten, daß dieses als Petzen ausgelegte Verhalten neue körperliche Angriffe provoziert. Ähnliche Zusammenhänge ergeben sich auch für Streit um Sachen und Drohen, wobei für die letztgenannte Kategorie die Koeffizienten niedriger sind.

Tabelle 2.4.2.5d. Zusammenhänge und Verknüpfungsraten für verschiedene Konfliktaspekte getrennt nach Erhebungszeitpunkten T1 bis T3)

Kind als Opfer von:	Häufigkeit des Petzens
	T 1: .59
körperlichem Angriff	T 2: .62
	T 3: .65
	T 1: .40
Streit um Sachen	T 2: .41
	T 3: .55
	T 1: .22
Drohen	T 2: .34
	T 3: .43
Kind als Aggressor:	Häufigkeit des „Verpetztwerdens"
	T 1: .48
körperlicher Angriff	T 2: .53
	T 3: .70
	T 1: .26
Streit um Sachen	T 2: .32
	T 3: .52
	T 1: .11
Drohen	T 2: .23
	T 3: .44

Vermutlich wird das Drohen in weniger Fällen als so bedrängend erlebt, daß der Lehrer eingeschaltet werden müßte. Möglicherweise reagieren Lehrer hier auch weniger im Sinne erwünschter Hilfeleistungen. Kinder, die ihre Mitschüler häufig angreifen, müssen in vielen Fällen damit rechnen, daß der Lehrer davon erfährt. Dieser Sachverhalt stabilisiert sich bis zum Ende des zweiten Schuljahres. Die ermittelten Zusammenhänge lassen eine Wechselbeziehung zwischen den beiden Variablen vermuten: Das aggressive Kind fordert dazu heraus, den Lehrer einzuschalten. Gleichzeitig kann dieses Petzen, verbunden mit strafendem Lehrerhandeln, aggressives Verhalten weiter verstärken. Auch für Streit um Sachen und Drohen deuten sich ähnliche Beziehungen an, wenn auch die Korrelationskoeffizienten auf schwächere Zusammenhänge hinweisen. Allerdings nimmt die Größe der Koeffizienten im Verlauf der ersten beiden Schuljahre deutlich zu.

Zu Frage 5: Es wird überprüft, ob ein Kind, das von einem Mitschüler aggressiv behandelt wird, diesen gleichen Mitschüler auch selbst aggressiv behandelt. Wir werden feststellen, in welchem Ausmaß Vergeltung nach dem Motto „Wie du mir, so ich dir" geübt wird. Es wird ausgezählt, wie häufig folgende Konstellation auftritt:

Kind A wird von B angegriffen (bedroht, verpetzt) und nennt B als einen Mitschüler, den es selbst angreift (bedroht, verpetzt).

Die Anzahl dieser Verknüpfung („Vergeltungsbeziehung") wird zu der maximal möglichen Zahl prozentual in Beziehung gesetzt.

Drohen und Petzen werden in etwa einem Drittel der Fälle mit der gleichen Konfliktstrategie beantwortet. Für körperliche Aggressionen liegt dieser Wert deutlich höher. Fast die Hälfte aller körperlichen Aggressionen werden über alle drei Erhebungszeitpunkte mit „Gegenaggression" beantwortet. In vielen Fällen kommt es zu reziproken Formen aggressiver Konfliktlösungen, die vermutlich zur Eskalation führen. Aus Beobachtungen bei Kindern im Vorschulalter ist zu entnehmen, daß

Tabelle 2.4.2.5e. Prozentsätze für die Anzahl von „Vergeltungsbeziehungen getrennt nach Erhebungszeitpunkten (T1 bis T3)

	T 1	T 2	T 3
Körperlicher Angriff	46,9 %	44,9 %	46,6 %
Drohen	29,8 %	31,2 %	31,4 %
Petzen	39,1 %	36,8 %	33,1 %

Konflikte nur selten „bilateral" gelöst werden. Der Ausgang aggressiver Auseinandersetzungen „ist dementsprechend eine Frage von Sieg oder Niederlage einer der beiden Konfliktparteien" (Schmidt-Denter 1988, S. 217). Es liegt nahe, daß sich der jeweilige „Sieger" in seinem Verhalten bestärkt sieht, während der Verlierer auf Gelegenheiten zur „Revanche" wartet. Auf diese Weise vermehrt sich das latente Konfliktpotential vor allem in der Gruppe der Jungen. Bei Anlässen, die dem Außenstehenden als nichtig erscheinen mögen, kann es dadurch ständig zu weiteren Auseinandersetzungen kommen.

2.4.3 Ausschluß und Hänseln

Bei den beiden folgenden Kategorien wollten wir Außenseiterpositionen analysieren. Bei „Ausschluß" fragten wir ein Kind nach solchen Mitschülern, die es nicht bei einem Spiel dabeihaben möchte.

„Was ist da los?" *(Auf die Gruppen zeigen).* „Die Kinder spielen." „Stell' dir nun vor, du bist mit allen deinen Freunden (Freundinnen) in dieser Gruppe *(zeigen!).* Gibt es vielleicht jemand in der Klasse, der nicht spielen soll, den du nicht dabei haben möchtest?" (Wenn ja): „Wer ist das? Lege doch bitte das Bild dieses Kindes auf das Kind hier" *(das ausgeschlossene Kind zeigen).* „Noch jemand?"

Bei der Kategorie „Hänseln" ging es um die Wahrnehmung von Gruppenmitgliedern, die von ihren Mitschülern in der gruppenspezifischen Form diskriminiert werden.

„Jetzt müßtest du mir genau erklären, was hier auf dem Bild los ist." *(Das Kind muß erkennen, welche Rolle das gehänselte Kind einnimmt und andererseits das Verhalten der Gruppe, die das Kind auslacht, beschreiben).* „Kommt so etwas bei euch auch vor?" (Wenn ja): „Wer ist denn das Kind, das von den anderen ausgelacht wird?" „ – „Gibt es noch andere in eurer Klasse, denen es so geht?"

Tabelle 2.4.3 verdeutlicht, daß die durchschnittliche Anzahl von Kindern, die ausgeschlossen oder gehänselt werden, von T1 zu T3 ansteigt. Dieser Anstieg ist bei den Jungen relativ gering, während die Mädchen zunehmend mehr Mitschüler nicht mitspielen lassen wollen und das Hänseln von Mitschülerinnen beobachten.

Die Befunde legen die Vermutung nahe, daß sich Aggressionen bei Jungen häufig in körperlichen Angriffen, im Zerstören von Sachen und im Androhen von Gewalt äußern, während bei Mädchen das Hänseln und vielleicht auch das Ausschließen aus Gruppenaktivitäten spezifische Formen aggressiven Handelns darstellen.

Wie Koeffizienten für die Stabilität zeigen, verfestigen sich die Statuswerte für die beiden Kategorien vor allem im Verlauf des zweiten Schuljahres. Besonders die Kinder, die häufig ausgeschlossen werden, scheinen in vielen Fällen wenig an ihrer Situation ändern zu können. Für diesen Zeitraum wurde auch der Anteil der Nennungen ermittelt, die sowohl zu T 2 als auch zu T 3 abgegeben werden. Für Ausschluß werden zu T 3 in 59,3 % der Fälle die gleichen Angaben wie am Ende des ersten Schuljahres gemacht. Bei der Kategorie Hänseln war es auch möglich,

Tabelle 2.4.3. Ergebnisse für die Kategorien Ausschluß und Hänseln

Ausschluß und Hänseln	T 1	T 2	T 3
durchschnittliche Anzahl von Nennungen			
Ausschluß	1,97	2,42	2,89
	(1,71/2,29)	(1,89/3,05)	(2,01/3,95)
Hänseln	1,24	1,57	2,36
	(1,02/1,56)	(1,12/2,11)	(1,73/2,78)

	Nennungen zw. Jungen und Mädchen		
	T 1	T 2	T 3
Ausschluß	11,5 %	13,8 %	13,0 %
Jungen → Mädchen			
Hänseln	10,4 %	15,6 %	12,7 %
Ausschluß	8,3 %	12,9 %	14,4 %
Mädchen → Jungen			
Hänseln	9,8 %	9,2 %	10,7 %

	Stabilität		
	T 1–T 2	T 1–T 3	T 2–T 3
Ausschluß	.48	.32	.69
Hänseln	.47	.29	.59

sich selbst als gehänseltes Kind zu bezeichnen. Diese Selbstnennungen wurden nicht in die Berechnung von Gruppen- und Individualwerten übernommen. Wir haben überprüft, zu welchem Anteil sich Kinder selbst nennen, die aufgrund der Mitschülerangaben hohe Werte für Hänseln erhalten:

T 1	T 2	T 3
21,2%	32,4%	50,6%

Mit zunehmender Zeit bestätigen die Kinder die Angaben ihrer Mitschüler durch Selbstnennung. Etwa die Hälfte der Kinder, die zu T3 von sehr vielen Mitschülern als gehänselt wahrgenommen werden, nimmt sich selbst in dieser Rolle wahr.

Bei Ausschluß wurde auch die Anzahl symmetrischer Beziehungen ermittelt. Solche Beziehungen deuten darauf hin, daß ein Kind, das von einem anderen Kind ausgeschlossen wird, bei „passender Gelegenheit" dieses andere Kind auch ausschließt und sich auf diese Weise revanchiert. Während zu T1 21,7% der Nennungen gegenseitig sind, erhöht sich diese Quote über 32,5% auf 39,4%. Dabei liegt bei T 3 der Anteil bei den Mädchen mit 54,9% deutlich höher als bei den Jungen (26,6%).

Weiterhin wurde überprüft, ob es die gleichen Kinder sind, die sowohl ausgeschlossen als auch gehänselt werden. Zwischen den Statuswerten ergaben sich folgende Korrelationen und Verknüpfungsquoten (V) für die Nennungen:

T 1:	$r = .45$	$V = 36,1\%$
T 2:	$r = .54$	$V = 42.8\%$
T 3:	$r = .68$	$V = 61,4\%$

Im Verlauf der ersten beiden Schuljahre kommt es für immer mehr Kinder zu einer „Doppelbelastung" durch Ausschluß und Hänseln. Dies wird auch an den Verknüpfungsquoten sichtbar. Ausgeschlossene Kinder werden zu T 3 in über 60% der Fälle gleichzeitig auch als gehänselte Mitschüler wahrgenommen. Es ist zu vermuten, daß Mitschüler auch deshalb ausgeschlossen werden, weil sie häufig dem Spott der anderen ausgesetzt sind: Es könnte sich abträglich für den eigenen Status auswirken, mit solchen Außenseitern in gemeinsamen Aktivitäten beobachtet zu werden.

2.4.4 Führung in der Gruppe

Wie Untersuchungen im Kindergarten belegen (vgl. Strätz & Schmidt 1982; Schmidt-Denter 1988), gibt es in den Gruppen Kinder, die dominieren und von anderen in einer solchen Position wahrgenommen werden. Wir wollen überprüfen, in welcher Form sich dieses Phänomen zum Schulanfang weiterentwickelt.

(Das Kind soll erkennen, daß der Schüler links Anführer ist und die anderen sich von ihm führen oder leiten lassen).
„Wer ist denn das in eurer Klasse, der oft bestimmt, was gemacht werden soll?"
Noch jemand?"

Wie Tabelle 2.4.4a verdeutlicht, werden bis zu T 3 etwa zwei Kinder genannt, die als Anführer wahrgenommen werden. Von T 1 zu T 2 ist ein leichter Anstieg des Mittelwertes zu erkennen.

Die Jungen werden zu allen drei Zeitpunkten signifikant häufiger (p < .001) in dieser Rolle wahrgenommen als die Mädchen (w^2 für T1: 0,102; T 2: 0.091; T3: 0,068). Auch der Prozentsatz der Kinder, die sich selbst nennen, liegt bei den Jungen zu allen Zeitpunkten (z. B. T 3: 42,1%) deutlich höher als bei den Mädchen (19,7%). Lediglich in 12,8% der Fälle nimmt ein Junge zu T1 ein Mädchen als Anführerin wahr, dieser Prozentsatz reduziert sich bis T3 auf 4,5%. Wir können daher annehmen, daß die Jungen Mädchen nicht in Führungsrollen sehen oder ihre Aufmerksamkeit nicht auf die Mädchengruppen richten. Auch bei den

Tabelle 2.4.4a. Ergebnisse für die Kategorie Führung in der Gruppe

Führung in der Gruppe	T 1	T 2	T 3
durchschnittliche Anzahl abgegebener Wahlen	1,60 (2,10/0,87)	1,93 (2,73/1,05)	2,02 (2,87/1,24)
Beziehung zwischen Jungen und Mädchen			
Jungen → Mädchen	12,8%	6,2%	4,5%
Mädchen → Jungen	16,7%	9,1%	6,4%

	Status	Stabilität Anteil stabiler Wahlen
T 1–T 2:	r = .65	48,5%
T 1–T 3:	r = .47	26,8%
T 2–T 3:	r = .77	68,7%

Mädchen zeigt sich ein deutlicher Trend, die „Führungsangelegenheiten" der Jungen zu ignorieren. Schon im Kindergarten zeigen sich diese Unterschiede, die Strätz & Schmidt (1982) als „männlichen Chauvinismus" interpretieren: „Für sie ist ein Mädchen schon wegen seines Geschlechtes als Anführerin kaum akzeptabel" (S. 270). Diese Interpretation erscheint durch die Befundlage nicht ausreichend abgedeckt, da die soziometrische Frage – wie auch bei uns – nicht auf die Akzeptanz von Kindern als Anführer, sondern lediglich auf die Wahrnehmung von Führungspositionen abzielt.

Werden nun bei der Vergabe von Führungspositionen von Jungen und Mädchen unterschiedliche Maßstäbe angelegt? Um dafür Anhaltspunkte zu erhalten, können wir überprüfen, ob sich die Zusammenhänge zwischen den Statuswerten für Einfluß und denjenigen aus anderen Kategorien bei Jungen und Mädchen unterscheiden. Im folgenden werden die Korrelationskoeffizienten für diejenigen Kategorien benannt, die geschlechtsspezifische Unterschiede zu T3 erbringen:

	Jungen	Mädchen
körperlicher Angriff (Kind als Aggressor)	.54	.11
Drohen (Kind als Aggressor)	.45	.09
Bezugsperson	.21	.49
Spielpartner	.39	.14
Freundschaft	.30	.58

Jungen scheinen in vielen Fällen solchen Mitschülern eine Führungsrolle zuzuschreiben, die körperlichen und verbalen Auseinandersetzungen nicht aus dem Weg gehen und als Spielpartner begehrt sind. Strätz & Schmidt (1982) kamen zu ähnlichen Befunden und bezeichnen den Anführertyp als „rauhbeinigen Volkshelden nach Wikingerart" (S. 267). Wir interpretieren diesen Befund als Hinweis darauf, daß die durchsetzungsfähigen Jungen in Verbindung mit der Fähigkeit, als Spielpartner attraktiv zu sein, in ihrer Gruppe dominieren. Bei den Mädchen scheint es eher die Fähigkeit zu sein, angemessen und einfühlsam auf die anderen eingehen zu können und dadurch auch als Freundin attraktiv zu sein. Offensichtlich gibt es somit zwei unterscheidbare Verhaltenssysteme, die zu einem hohen Status führen können.

Die Werte zur Stabilität der Statuswerte in Tabelle 2.4.4a verdeutlichen, wie bei vielen anderen Kategorien, die Tendenz zu einer Festigung

im Verlauf des zweiten Schuljahres. Die gemeinsame Varianz der Statuswerte zu T 2 und T 3 beträgt 59,9 % (r^2). Auch bei den Wahlen zeigt sich
hier eine hohe Stabilität. 68,7 % aller Nennungen zu T 2 werden nach
einem Jahr zu T 3 wiederholt!

Um die Stabilität der Führungspositionen noch differenzierter zu analysieren, wurde der Verlauf der Positionen während der ersten beiden
Schuljahre ermittelt. Die Schüler wurden dabei zu T 1 in der Gruppe
eingeteilt: Statuswert: hoch (>2), mittel (1,99–0,50) und niedrig ($<.50$).
Zu T 2 und T 3 wurden die gleichen Schüler wiederum nach diesem
Kriterium den neuen Statuskategorien zugeordnet, so daß eine Verlaufsanalyse der Kinder, die an allen Erhebungszeitpunkten beteiligt
waren (N = 171), vorgenommen werden konnte. In Tabelle 2.4.4b ist
diese Analyse dargestellt.

Betrachtet man sich die Entwicklung der statushohen Kinder (N = 53),
so bleiben 41 Kinder (77,4 %) zu T2 in den gleichen Positionen, davon
sind wiederum 38 (92,7 %!) zu T3 sehr einflußreich geblieben. Über den
Zeitraum von zwei Jahren finden sich 71,7 % in der gleichen Kategorie.
Die „Absteiger" verbleiben im wesentlichen in den Positionen von T2.

Der mittlere Bereich weist erwartungsgemäß eine größere Fluktuation
von T1 nach T2 auf. Acht der Kinder (18,2 %) „steigen auf" und behalten bis auf eine Ausnahme die neu erworbene Position bis T 3 bei. Von
den 10 „Absteigern" bleiben zu T2 wiederum acht auch zu T3 in einer
einflußlosen Stellung. 50 % der mittleren Positionen ändern sich über den
gesamten Zeitraum nicht.

Bei den statusniedrigen Schülern bleiben 61 (82,4 %) zu T2 und von
diesen wiederum 85,2 % der Positionen stabil. Einen „Sprung" in die
Kategorie der sehr einflußreichen Kinder schaffen bis T3 lediglich 2
Schüler.

Die Ergebnisse zeigen, daß führende Positionen im Verlauf der ersten
beiden Schuljahre zu einem hohen Prozentsatz in den Händen der gleichen Schüler bleiben. Das einflußlose Kind dagegen hat offensichtlich
wenige Chancen, seine Situation zu ändern. Die Gründe für die Stabilität
von Führungspositionen sind vielfältig und können hier nur skizzenhaft
und in sehr allgemeiner Form dargestellt werden.
a) Der einflußreiche Schüler übt für viele eine „Belohnungsfunktion"
   aus, d. h. Kontakte zu ihm versprechen Prestigegewinn und Erhöhung
   des Selbstvertrauens; dadurch ist der führende Schüler in der Lage,
   seine Position zu festigen.
b) Er erhält häufig mehr Informationen und erhöht damit seine soziale
   Kompetenz.
c) Ihm wird das Recht eingeräumt, soziale Kontrolle auszuüben und die
   informellen Normen in seinem Sinne zu interpretieren, d. h. solche
   Normen besonders in den Vordergrund zu rücken, die seinen Bedürf-

Tabelle 2.4.4b. Verlaufsanalyse für Führungspositionen im Verlauf der ersten beiden Schuljahre

T 1		T 2		T 3	
		hoch	*41*	hoch	*38*
				mittel	3
				niedrig	0
hoch	*53*	mittel	10	hoch	1
				mittel	9
				niedrig	2
		niedrig	2	hoch	0
				mittel	0
				niedrig	2
		hoch	8	hoch	7
				mittel	1
				niedrig	0
mittel	*44*	*mittel*	*26*	hoch	1
				mittel	*22*
				niedrig	3
		niedrig	10	hoch	0
				mittel	2
				niedrig	8
		hoch	4	hoch	2
				mittel	2
				niedrig	0
niedrig	*74*	mittel	9	hoch	0
				mittel	8
				niedrig	1
		niedrig	*61*	hoch	0
				mittel	9
				niedrig	*52*
	171		171		171

nissen und Fähigkeiten entsprechen und damit der Stabilisierung seiner Position dienen.

d) Die mit dieser Position verbundenen positiven Erwartungen der meisten Mitschüler begünstigen eine Persönlichkeitsentwicklung, die es ihm leichter macht, soziale Anerkennung zu erwerben.

e) Ihm wird mehr Überzeugungskraft zugeschrieben, die nicht nur eine Funktion seiner Persönlichkeit, sondern auch seiner Position ist.

2.4.5 Zusammenfassung

Alle vorgelegten Befunde resultieren aus soziometrischen Fragen und enthalten dementsprechend weitgehend nur Hinweise auf quantitative Aspekte von sozialen Beziehungen. Es kann beispielsweise festgestellt werden, daß ein Kind drei Freunde hat, ohne daß die Qualität der einzelnen Freundschaftsbeziehungen näher beschrieben ist. Trotz dieser Einschränkung sind die Ergebnisse zu den strukturellen Phänomenen von großer Bedeutung für die Beschreibung der Schülergruppe. Im folgenden fassen wir die Ergebnisse zu einzelnen übergreifenden Gesichtspunkten zusammen.

2.4.5.1 Nennungshäufigkeit

In Tabelle 2.4.5.1 werden noch einmal die Mittelwerte für die einzelnen Nennungen zusammengefaßt.

Bei den verschiedenen Kontaktformen steigen die Mittelwerte der Nennungshäufigkeit für die Zeit des Schulanfangs linear an. Dies bedeutet, daß die Kinder den Kreis potentieller Interaktionspartner erweitern. Allerdings weist der Anstieg der einzelnen Werte darauf hin, daß ein Kind seinen Freundes- und Bekanntenkreis im Durchschnitt lediglich um ein Kind vergrößert. Nur bei Sitznachbarschaft sind es von T 1 zu T 3 zwei Kinder mehr, die als Sitznachbar in Frage kommen. Im Sinne unserer Zieldimension Kontakt wäre auch darauf hinzuarbeiten, das Potential von Kontaktmöglichkeiten besonders für Sitznachbarschaft und gemeinsames Spielen zu erhöhen. Dies gilt vor allem für solche Kinder, die von anderen häufiger gemieden werden.

In der Kategorie Konflikt werden in den verschiedenen Bereichen durchschnittlich ein bis zwei Kinder genannt, die häufig aktiv oder passiv in eine Konfliktart verwickelt sind. Nennungen nehmen in einigen Fällen bis zum Ende des zweiten Schuljahres leicht zu.

Unsere Befunde zeigen weiterhin, daß bis zum Ende des zweiten Schuljahres die Kinder häufiger andere ausschließen (2,0 vs. 2,9) und hänseln (1,2 vs. 2,4).

Zum Schulbeginn werden ein bis zwei Kinder (AM = 1,6) als Anführer wahrgenommen; diese Zahl vergrößert sich zum Ende des zweiten Schuljahres auf durchschnittlich zwei Mitschüler.

Tabelle 2.4.5.1. Mittelwerte der Anzahl von Nennungen für einzelne Kategorien

		T 1	T 2	T 3
Freundschaft		3,3	3,8	4,1
Spielkontakte		3,7	4,5	4,8
Sitznachbar		3,7	4,3	5,6
Bezugsperson		2,4	3,0	3,4
körperlicher Angriff:	aktiv	1,3	1,4	1,6
	passiv	1,7	1,9	2,0
Streit um Sachen		1,2	1,1	1,1
Drohen:	aktiv	1,3	1,2	1,7
	passiv	1,1	1,1	1,0
Petzen:	aktiv	1,1	1,4	1,6
	passiv	1,0	1,0	1,0
Ausschluß		2,0	2,4	2,9
Hänseln		1,2	1,6	2,4
Anführer		1,6	1,9	2,0

2.4.5.2 Symmetrische Beziehungen

Bei den symmetrischen Beziehungen läßt sich zwischen zwei Formen unterscheiden:

Gegenseitigkeit: A wählt B, und B wählt A (Freundschaft, Spielkontakte, Sitznachbarschaft und Bezugsperson).

Vergeltung: z.B. A sagt, er greife B an; B sagt, er greife A an (Konflikte und Ausschluß).

In Tabelle 2.4.5.2 sind für Gegenseitigkeit und Vergeltung die Anzahl symmetrischer Beziehungen zur Anzahl aller abgegebenen Nennungen in Beziehung gesetzt. Die jeweiligen Anteile sind als Prozentwerte angegeben.

Bei den wechselseitigen Beziehungsmustern zeigt sich für alle Kategorien ein Anstieg der jeweiligen Prozentsätze im Verlauf der ersten beiden Schuljahre. Dabei ergeben sich von T1 zu T3 größere Zuwachsraten (AM = 9,3%) als für das zweite Schuljahr (AM = 4,7%). Die Ergebnisse lassen sich dahingehend interpretieren, daß sich die Kinder im Verlauf des Schulanfangs näher kennenlernen und dadurch ein dichteres Netzwerk gegenseitiger Beziehungen entsteht. Weiterhin ist anzunehmen, daß mit zunehmender Zeit gezielter auf Erwiderung hin gewählt werden

Tabelle 2.4.5.2. Prozentualer Anteil symmetrischer Beziehungen an allen abgegebenen Nennungen

	T 1	T 2	T 3
Gegenseitigkeit:			
Freundschaft	37,1 %	43,2 %	46,7 %
Spielkontakt	33,6 %	42,7 %	47,7 %
Sitznachbarschaft	32,0 %	42,6 %	48,9 %
Bezugsperson	26,4 %	37,7 %	41,5 %
Vergeltung:			
körperlicher Angriff	46,9 %	44,9 %	46,6 %
Drohen	29,8 %	31,2 %	31,4 %
Petzen	39,1 %	36,8 %	33,1 %
Ausschluß	21,7 %	32,5 %	39,4 %

kann, d. h. viele Kinder lernen, besser einzuschätzen, bei welchen Mitschülern sie eine Chance auf Erwiderung besitzen.

Trotz zunehmender Erwiderungsquoten bleibt festzuhalten, daß in allen Kategorien, auch zu T3, über 50 % der Kontaktwünsche nicht realisiert werden können, da keine entsprechende Reaktion auf seiten des gewünschten Partners erfolgt.

Bei Vergeltung ergeben sich lediglich bei Ausschluß Veränderungen über die Zeit. Kinder reagieren dabei zunehmend mit der Strategie „Wie du mir, so ich dir". Von Schulbeginn an ist die Quote bei körperlichem Angriff am höchsten. Fast in der Hälfte der Fälle wird Aggression mit Gegenaggression beantwortet. Etwas weniger häufig wird auch bei Drohen und Petzen mit „gleicher Münze zurückgezahlt".

2.4.5.3 Vergleich: Mädchen und Jungen

Zwischen den Mädchen und Jungen ergeben sich bereits zum Schulanfang in den sozialen Beziehungen innerhalb ihrer Gruppen zahlreiche Unterschiede, die im Verlauf der ersten beiden Schuljahre noch an Prägnanz gewinnen. Zusammenfassend läßt sich folgendes feststellen:
– Mädchen nennen im Vergleich zu Jungen mehr Gruppenmitglieder als Freunde, Spielpartner, Sitznachbarn und Bezugspersonen. Dadurch entsteht in den Mädchengruppen auch ein deutlich dichteres Netz an gegenseitigen Beziehungen. Der Prozentsatz der Kinder, die keinen Anschluß finden, ist dementsprechend auch niedriger.
– Erwartungsgemäß sind Jungen bedeutend häufiger in körperliche Auseinandersetzungen verwickelt; sie sprechen mehr Drohungen aus und

beschädigen häufiger Gegenstände ihrer Mitschüler. Sie sind aber auch in allen Bereichen eindeutig häufiger das Opfer von aggressiven Handlungen anderer Kinder. In allen Fällen nehmen die Werte, die auf die Häufigkeit aktiver und passiver Konfliktkontakte hinweisen, zum zweiten Schuljahr hin bei den Jungen noch zu, während die Häufigkeitsrate bei den Mädchen zunehmend kleiner wird, so daß der Eindruck entsteht, daß in der Mädchengruppe Konflikte zu T 3 kaum noch in dieser offenen, aggressiven Form ausgetragen werden.

– In der Mädchengruppe wird bedeutend häufiger gehänselt und sozialer Ausschluß praktiziert. Die Häufigkeitsrate nimmt bis zu T 3 noch deutlich zu.

– Jungen werden von Mitschülern häufiger in Führungspositionen wahrgenommen als Mädchen. In den Gruppen scheinen sich geschlechtsspezifische Formen von Führungspositionen zu entwickeln. Die Jungen gewinnen eher Einfluß durch aggressives Verhalten, das sie auch in Spielsituationen attraktiv macht. Den Mädchen dagegen wird dann Einfluß gegeben, wenn sie einfühlsam und angemessen auf ihre Mitschülerinnen eingehen können, was ihnen wiederum auch eine hohe Attraktivität als Freundin verleiht.

– Die Beziehung zwischen Jungen und Mädchen scheint dadurch gekennzeichnet, daß sich die beiden Geschlechter von Schulbeginn an in den meisten Fällen ignorieren. Nur sehr selten kommt es zu gegenseitigen Nennungen. Auch im Konfliktbereich sind die Mädchen von dem aggressiven Verhalten der Jungen kaum betroffen. Zum Schulbeginn scheint sich eine Entwicklung fortzusetzen, die sich bereits zum Ende der Kindergartenzeit abzeichnet: Mädchen und Jungen grenzen sich voneinander ab (vgl. Schmidt-Denter 1985).

Insgesamt sprechen die Befunde dafür, daß sich zwei unterscheidbare geschlechtsspezifische Sphären entwickeln, die noch stark von rollentypischem Verhalten geprägt sind: hier die robusten, raufenden Jungen, die ihre Rangordnung „ausfechten" und sich dabei auch weniger neuen Kontakten öffnen; dort die eher ruhigen Mädchen, die mit verbalen Mitteln (Hänseln) und dem Entzug von Vergünstigungen (Ausschluß) taktieren und gleichzeitig ein dichteres Netz an Sicherheit gewährenden Sozialkontakten entwickeln sowie Einflußpositionen auch eher nach sozialemotionalen Aspekten vergeben.

Weiterhin ist gut erkennbar, daß die Geschlechter wenig miteinander zu tun haben wollen. Sie grenzen sich weitgehend voneinander ab. Die wenigen Kontaktangebote über die Teilgruppe hinaus bleiben bis auf wenige Ausnahmen unerwidert.

2.4.5.4 Außenseitertum

Viele Befunde sprechen dafür, daß es in den Schülergruppen Kinder gibt, deren ungünstige soziale Stellung eine befriedigende Sozialentwicklung als äußerst gefährdet erscheinen läßt. Etwa 15 % aller Kinder werden von keinem Mitschüler als Freund genannt. Bei Jungen liegt der Anteil der isolierten Kinder deutlich höher (T3: 20,9 % vs. 8,9 %) als bei den Mädchen. Auch bei Spielkontakten und Sitznachbarschaft finden sich jeweils in 10 % der Fälle Kinder, die man als sozial isoliert betrachten kann. Besonders alarmierend ist die Tatsache, daß solche Außenseiterpositionen sehr stabil bleiben (vgl. auch 2.4.9.5). Über 70 % der Kinder, die zum Schulanfang von den Mitschülern eher gemieden wurden, fanden auch zum Ende des zweiten Schuljahres keinen Anschluß an die Gruppe.

Weiterhin zeigen die Ergebnisse, daß es zahlreiche Kinder (vor allem Jungen) gibt, die häufig das Opfer von aggressiven Handlungen der Mitschüler sind. Auch hier zeigen sich hohe Stabilitätswerte. In vielen Fällen setzen sich diese Kinder auch mit den gleichen Mitteln zur Wehr, so daß ein Zirkel von Aggression und Gegenaggression entstehen kann, der zu Eskalationen führt. Nur selten scheint es dem betroffenen Schüler zu gelingen, sich aus einem solchen „Teufelskreis" zu befreien. Daß sie sich an den Lehrer wenden und „petzen", scheint eine wenig erfolgreiche Strategie zu sein. Vielmehr löst ein solches Verhalten in vielen Fällen weitere Aggressionen der Mitschüler aus.

Besonders in der Mädchengruppe gibt es Schülerinnen, die von vielen anderen gehänselt werden und denen die Teilnahme an gemeinsamen Aktivitäten verwehrt wird. Auch hier zeigt sich eine hohe Stabilität der Statuswerte besonders im Verlauf des zweiten Schuljahres. Dementsprechend ist anzunehmen, daß sich im Verlauf des ersten Schuljahres Schüler auf einzelne Kinder festlegen, die sie immer wieder ausschließen und zu Zielscheiben von Spott und Hänseleien machen. Dabei scheinen besonders die einflußreichen Mädchen entsprechend einer spezifischen Analyse beispielgebend für die anderen Kinder zu sein. Einige Überlegungen zur Erklärung der Stabilität von Außenseiterpositionen seien hier angeführt:

– Da die mit sozialer Anerkennung verbundenen Partizipationschancen unterschiedlich verteilt sind, zeigen Schüler mit „Interaktionsdefiziten" in vielen Fällen unangemessenes, statusminderndes Sozialverhalten.
– Es ist ein Zusammenhang anzunehmen zwischen der Möglichkeit, sich und andere realistisch einzuschätzen und der Häufigkeit und Gelegenheit, an Interaktionen teilzunehmen (Gronlund 1955; Rudolph 1976). Die Fähigkeit, Erwartungen anderer zu antizipieren und in seinem eigenen Verhalten zu berücksichtigen (Empathie), steht in Wechselbe-

ziehung zur Interaktionshäufigkeit (Gottman, Gonso & Rasmussen 1975; Flavell 1959).
- In vielen Fällen bewirkt der Ausschluß von der Teilnahme an den Interaktionen mit Mitschülern, daß das betroffene Kind erfolgreiches Rollenhandeln nicht lernen und üben kann. Häufig fehlt es an den grundlegenden Erfahrungen, wie man zu Kontaktzwecken kommuniziert und wie man Freundschaft schließt (Flavell 1975; Gottman 1975).
- Es fehlt isolierten und abgelehnten Gruppenmitgliedern an Rückmeldungen darüber, ob die Mitschüler ähnliche oder abweichende Wahrnehmungen von bestimmten sozialen Phänomenen in der Gruppe machen (Petillon 1978).

Wie noch gezeigt werden wird (vgl. Kap. 2.5), sind es in der Regel die sozial erfolglosen Kinder, die gleichzeitig auch mit schulischen Leistungsanforderungen schlechter zurechtkommen.

2.4.5.5 Stabilität

Die Frage nach der Art der Stabilität sozialer Phänomene im Verlauf der ersten beiden Schuljahre, läßt sich auf der Grundlage der vorliegenden Daten nach zwei Gesichtspunkten überprüfen:
- Wir analysieren die Entwicklung von Statuswerten der einzelnen Kinder zu den drei Erhebungszeitpunkten mit Hilfe von Korrelationen.
- Wir analysieren die Nennungen eines Kindes darauf hin, ob es den gleichen Mitschüler zu verschiedenen Erhebungszeitpunkten für eine bestimmte soziale Kategorie benennt.

In Tabelle 2.4.5.5 fassen wir noch einmal die Korrelationskoeffizienten für die Stabilität der Statuswerte zusammen:
Für die einzelnen Kontaktformen zeigen sich für die beiden Intervalle sehr ähnliche Koeffizienten. In Anbetracht der Länge dieser Intervalle (fast ein ganzes Schuljahr) sind die Werte für die Zusammenhänge als sehr hoch zu bezeichnen. Die gemeinsame Varianz liegt zwischen 26,0 % und 42,3 %. Bei den Konflikten fällt auf, daß in vielen Fällen im Verlauf des zweiten Schuljahrs eine größere Stabilität der Werte eintritt. Dabei finden sich Kinder nach einem Schuljahr in vielen Fällen in sehr ähnlichen aktiven oder passiven Positionen wieder. So beträgt die gemeinsame Varianz der Statuswerte für aktives Drohen 54,8 % zwischen T 2 und T 3. Auch die Werte für Ausschluß und Hänseln scheinen sich im zweiten Schuljahr weiter zu stabilisieren. Der höchste Koeffizient findet sich für die Position des Anführers zwischen T 2 und T 3. Nach dem Ergebnis einer Verlaufsanalyse unterschiedlich hoher Führungsstellungen

Tabelle 2.4.5.5. Korrelationskoeffizienten für die Stabilität von Statuswerten

		T 1–T 2	T 2–T 3
Freundschaft		.58	.57
Spielkontakte		.63	.64
Sitznachbarschaft		.60	.65
Bezugsperson		.51	.62
körperlicher Angriff:	Kind als Aggressor	.33	.49
	Kind als Opfer	.51	.69
Streit um Sachen		.27	.41
Drohen:	Kind als Aggressor	.51	.74
	Kind als Opfer	.27	.46
Petzen:	aktiv	.28	.41
	passiv	.26	.45
Ausschluß		.48	.69
Hänseln		.47	.59
Anführer		.65	.77

bleiben über 80 % aller Positionen im Verlauf des zweiten Schuljahres in der gleichen Ausprägung erhalten.

Bei der Überprüfung einzelner Nennungen wird deutlich, daß besonders an den symmetrischen Beziehungen über lange Zeiträume festgehalten wird. Die Zuschreibung von Aggressivität und die Nennung von Außenseitern werden in diesem Untersuchungsintervall stabiler.

Insgesamt zeigt sich in vielen Kategorien eine Tendenz zur Stabilisierung bereits im Verlauf des ersten Schuljahres, die im zweiten Schuljahr noch deutlicher sichtbar wird. Es spricht vieles dafür, daß nach einem ersten Stadium der Kontaktsuche und der Klärung von Rangordnungen bereits sehr bald nach Schulbeginn das Stadium einer „ersten Institutionalisierung" einsetzt, das den Spielraum für soziale Beziehungen deutlich einengt. Ein solches Stadium läßt sich wie folgt beschreiben:

Nach und nach entsteht in der Klasse eine gewisse Übereinstimmung darüber, welches Interaktionsverhalten von einem bestimmten Mitschüler in einer bestimmten Situation erwartet werden kann.

Die Wahrnehmung möglicher Interaktionspartner und entsprechende Beurteilungen werden durch Normen der Gleichaltrigengruppe in hohem Maße vorstrukturiert.

Der Kreis möglicher Beziehungen kann für den wählenden Schüler recht deutlich vorgezeichnet sein, indem er aufgrund erfahrener

Zuneigungen und Ablehnungen gelernt hat, zwischen Wunsch und tatsächlichen Möglichkeiten zu unterscheiden.
Dabei stabilisiert sich sowohl das Anspruchsniveau wie auch das Potential an Alternativen, wobei sowohl das Risiko nach „oben" zu wählen abnimmt wie auch die Bereitschaft, sich nach „unten" zu orientieren und eventuelle Prestigeverluste zu riskieren.
In vielen Fällen festigen sich soziale Positionen, die durch einen Überschuß bzw. ein gänzliches Fehlen von Kontaktmöglichkeiten gekennzeichnet sind.
Schüler in führenden sozialen Stellungen wirken häufig als Modell dafür, welche Beziehungen anzustreben und welche abzulehnen sind.

Einer solchen Hierarchisierung wird auch eine positive soziale Funktion zugeschrieben. Eine feste Verteilung der Rangplätze würde zu einer Verringerung von Konflikten führen (Schmidt-Denter 1988, S. 100). Unsere Befunde können einen solchen „Beruhigungseffekt" nicht bestätigen. Vielmehr erhöht sich die Anzahl der Konfliktkontakte trotz zunehmender Stabilisierung von sozialen Strukturen.

2.4.5.6 Verknüpfungen

Wie eine Korrelationsanalyse zeigt, ergeben sich zwischen den Statuswerten zu den einzelnen Kontaktformen hohe Koeffizienten, die darauf verweisen, daß Kinder gleichzeitig als Spielpartner, Freund, Sitznachbar und Bezugsperson ähnlich hohe Statuswerte erhalten. Mit zunehmender Zeit ergeben sich höhere Koeffizienten. Betrachtet man sich die einzelnen Nennungen, so wählen in vielen Fällen Kinder einen Mitschüler gleichzeitig für *alle* Kontaktformen. Allerdings sind hier die Verknüpfungsquoten im Verlauf der ersten beiden Schuljahre eher rückläufig. Es kann angenommen werden, daß die Kinder zunehmend häufiger nach intensiven und weniger intensiven Beziehungen sowie nach Kontakten zu Hause und in der Schule differenzieren. Analysiert man den Status der Wähler, die ein einzelnes Kind wählen, so ergeben sich deutliche Unterschiede zwischen Schülern mit hohen und niedrigen Statuswerten. Die statushohen Mitglieder erhalten nicht nur die meisten Kontaktangebote, sondern sie besitzen auch eine Wählerschaft, die selbst hohe Statuswerte verzeichnen kann. Umgekehrt verhält es sich mit den statusniedrigen Kindern. Entsprechende Zusammenhänge werden im Verlauf der ersten beiden Grundschuljahre immer deutlicher sichtbar. Es kann angenommen werden, daß sich führende Teilgruppen herausbilden, die das Gruppengeschehen weitgehend bestimmen.

Zusammenhänge zwischen den einzelnen Konfliktstrategien kristallisieren sich während des Untersuchungszeitraumes klar heraus. Zusammenfassend lassen sich diese Zusammenhänge wie folgt darstellen:

– Kinder, die andere bedrohen, setzen in vielen Fällen ihre Drohungen auch in die Tat um. Zerstören von Sachen und körperliche Aggressionen werden häufig den gleichen Kindern zugeschrieben.

– Viele Kinder, die das Opfer von körperlichen Aggressionen sind, müssen auch häufiger damit rechnen, bedroht und in Streit um ihre Sachen verwickelt zu werden.

– Häufig sehen sich Kinder als das Opfer von Aggressionen genötigt, sich hilfesuchend an den Lehrer zu wenden, ohne daß dieses Mittel als besonders brauchbar im Hinblick auf die Verbesserung ihrer Situation erscheint. Umgekehrt sind es die aggressiven Kinder, die dem Lehrer immer wieder genannt werden. Unsere Untersuchungen enthalten keine Anhaltspunkte dafür, daß Lehrer dabei in einer aggressionsmindernden Weise intervenieren würden.

– Durch unsere Vorgehensweise war es möglich zu überprüfen, ob die Kinder die Angaben ihrer Mitschüler zu Konfliktbeziehungen bestätigen. Die Ergebnisse verweisen auf eine befriedigende Gültigkeit des Verfahrens und auf die Fähigkeit der Kinder, das Verhalten in Konflikten differenziert wahrzunehmen.

In vielen Fällen sind es dieselben Kinder, die gleichzeitig gehänselt und ausgeschlossen werden. Dieser Trend zur „Doppelbelastung" verstärkt sich von T 1 nach T 3. Zum Ende des zweiten Schuljahres wird in über 60 % der Fälle ein Kind, das ausgeschlossen wird, auch als häufig gehänselt wahrgenommen. Es hat den Anschein, daß viele Kinder mit Mitschülern, die häufig verspottet und ausgelacht werden, nicht in gemeinsamen Aktivitäten gesehen werden wollen.

2.5 Ergebnisse 3: Zusammenhänge zwischen formellen und informellen Strukturen

Im folgenden soll der Frage nachgegangen werden, in welchem Ausmaß das Zurechtkommen im formellen Bereich der Schule mit dem Status in der Schülergruppe zusammenhängt. Dabei sollen Angaben des Lehrers zum Schulerfolg des Kindes und zur Lehrer-Schüler-Interaktion mit den Statuswerten innerhalb der einzelnen soziometrischen Kategorien in Beziehung gesetzt werden. Um erste Hinweise auf solche Beziehungen zu erhalten, beschränken wir uns im wesentlichen auf eine Korrelationsanalyse.

2.5.1 Schulleistung und Stellung in der Schülergruppe

Zahlreiche empirische Untersuchungen weisen einen engen Zusammenhang zwischen Schulleistung und sozialer Anerkennung durch die Mitschüler nach (Holst 1974; Jantzen 1971; Müller 1965). Dieser Zusammenhang nimmt mit zunehmenden Schuljahren ab; in Schulen mit höherem Abschlußniveau ist diese Beziehung enger als in anderen (Hargreaves 1972; Kreutz 1972; Müller 1965; Selg 1965). Bereits Schulanfänger berücksichtigen die Schulleistung bei der Wahl von Sitznachbarn (Horstmann 1967; Rosenfeld 1964). Besonders ungünstig ist die soziale Situation von Repetenten (Ingenkamp 1971; Löwe 1963). Häufig führen soziale Probleme mit Mitschülern dazu, daß Schulleistungen weit unter dem Niveau liegen, das aufgrund der Begabung erreicht werden könnte (Nelles 1969; Kemmler 1967).

In einer Untersuchung mit Grundschülern (4. Schuljahr) konnten wir feststellen, daß etwa 70 % aller Repetenten zu der Gruppe der abgelehnten und isolierten Schüler gehören. Die Klassenwiederholer selbst schildern, daß sie häufig der Schadenfreude der Mitschüler ausgesetzt sind. Die zukünftigen Gymnasiasten besetzen die führenden Positionen in der sozialen Rangordnung. In vielen Fällen schließen sie sich zu „Führungscliquen" zusammen. Weiterhin bestätigen die Befunde, daß Schulunlust in dem Maße zunimmt, in dem Lehrer und Mitschüler einem Schulkind die soziale Anerkennung versagen. In Verbindung mit Mißerfolgen im Leistungsbereich bewirkt eine ungünstige soziale Stellung in der Schulklasse bei den Betroffenen eine innere Abwehr gegen die Schule und einen Motivationsabfall gegenüber unterrichtlichen Gegenständen (vgl. Petillon 1978).

Es ist davon auszugehen, daß die Sicherung positiver Sozialbeziehungen eine entscheidende Rolle bei der Auseinandersetzung mit Lernanforderungen spielt (Fend 1976). So kann ein Schüler, der in der Sozialordnung aufsteigt, Anstrengungen, die er nun für den sozialen Aufstieg nicht mehr benötigt, zur Verbesserung seiner Schulleistung einsetzen (Reiss 1969). Darüber hinaus wirkt sich schulischer Mißerfolg negativ auf die Lernbereitschaft, die Erfolgszuversicht und das Anspruchsniveau aus und begünstigt dadurch neuen Mißerfolg (Fend 1976). Gleichzeitig erhöhen sich mit dem Schulversagen die sozialen Probleme des betroffenen Schülers: Die Mitschüler reagieren in vielen Fällen mit abwertenden Kommentaren und versagen ihre Hilfe. Solidarität unter den Leistungsversagern kann selten beobachtet werden (Heller & Nickel 1976; Höhn 1974).

In unserer Untersuchung können wir überprüfen, inwieweit die soziale Stellung des Kindes (differenziert nach den verschiedenen Aspekten des Soziallebens in der Schülergruppe) mit dem Schulerfolg verknüpft ist. In

Tabelle 2.5.1 sind die Korrelationen zwischen der Lehrerangabe zum Schulerfolg des Kindes und soziometrischen Statuswerten dargestellt. Alle Korrelationen, die auf eine größere gemeinsame Varianz als 10% hinweisen, sind durch Fettdruck hervorgehoben.

Tabelle 2.5.1. Korrelationen zwischen Schulerfolg (Lehrerangabe) und soziometrischen Statuswerten

	T 1	T 3
Freundschaft	.39***	.44***
Spielpartner	.42***	.40***
Sitznachbarschaft	.45***	.59***
Bezugsperson	.36***	.56***
Angriff (aktiv)	−.09	−.21**
Angriff (passiv)	−.15*	−.22**
Petzen (aktiv)	−.07	−.18
Petzen (passiv)	−.17*	−.37***
Ausschluß	−.33***	−.62***
Hänseln	−.21**	−.43***
Einfluß	.07	.27***

*** = $p < .001$ ** = $p < .01$ * = $p < .05$

Bei der Wahl eines Kindes als Freund, als Spielpartner, Sitznachbar und Bezugsperson spielt die Schulleistung bereits zum Schulanfang (T 1) eine wichtige Rolle. Bis zum Ende des zweiten Schuljahres ergeben sich bei Sitznachbarschaft und bei Bezugsperson noch deutlich höhere Korrelationen, vermutlich auch deshalb, weil bei diesen Kontaktformen die schulische Tüchtigkeit des anderen von besonderer Bedeutung sein kann. Ausschluß, Hänseln und Verpetztwerden trifft zu T3 vor allem solche Kinder, die schulisch wenig erfolgreich sind.

Zu T 3 ergibt sich zwischen Schulleistung und Einfluß in der Gruppe ein relativ schwacher Zusammenhang. Differenziert man nach Jungen und Mädchen, so findet sich bei den Schülerinnen eine Korrelation von $r = .48$, bei Jungen beträgt der Koeffizient lediglich $r = .12$. Deutlich höhere Korrelationen ergeben sich in der Mädchengruppe auch bei Hänseln (.57 vs. .23), bei Ausschluß (.71 vs. .44), bei Bezugsperson (.72 vs. .48) und Freundschaft (.54 vs. .32). Es kann angenommen werden, und dies bestätigt sich an anderen Stellen unserer Untersuchung (vgl. Kap. 2.3 und 2.4), daß das formelle Schulsystem stärker in die informellen Kontakte der Schülerinnen hineinwirkt als bei den Jungen.

2.5.2 Beziehung zum Lehrer und Stellung in der Schülergruppe

Bei Belschner (1972) konnte in dritten Klassen eine signifikante Korrelation zwischen ablehnendem Verhalten des Lehrers und der Beliebtheit eines Schülers festgestellt werden. Einer Untersuchung in vierten Klassen bestätigte, daß über die Hälfte der soziometrischen Stars auch „Lehrerlieblinge" waren, während über 60 % der Außenseiter auch bei dem Lehrer sehr unbeliebt waren (Petillon 1982, S. 330). Diese Befunde decken sich auch mit Ergebnissen aus dem englisch-sprachigen Raum (vgl. z. B. Yarrow u. a. 1971). Durch die Verknüpfung von Ergebnissen verschiedener Untersuchungen läßt sich auf indirektem Wege auf Zusammenhänge zwischen dem Lehrerverhalten und dem sozialen Status eines Schülers schließen. So konnte nachgewiesen werden, daß Lehrer durch ihr Verhalten Ängstlichkeit (vgl. z. B. Borchert 1977), Lernbereitschaft (vgl. z. B. Fend 1976) und Selbstkonzept (vgl. z. B. Kury & Bäuerle 1978) beeinflussen; andererseits besteht ein signifikanter Zusammenhang zwischen der sozialen Anerkennung in der Schülergruppe und den genannten, vom Lehrer mitbeeinflußten Schülermerkmalen (vgl. Petillon 1978).

Um zu überprüfen, inwieweit Lehrer beim Schulanfang die Statusvergabe in der Schülergruppe beeinflussen, wurden die einzelnen Statuswerte mit folgenden Lehrerangaben zu den einzelnen Kindern in Beziehung gesetzt:

Kontakt: *Kontaktaufnahme zum Lehrer (Häufigkeit)*
Vertrauen: Kind erzählt dem Lehrer persönliche Dinge (Häufigkeit)
Gehorsam: Kind läßt sich vom Lehrer etwas sagen (Zustimmung zu dieser Aussage)
Zuneigung: Kind hängt am Lehrer (Zustimmung zu dieser Aussage).

In Tabelle 2.5.2a sind die Korrelationskoeffizienten für den Zusammenhang zwischen Lehrer und Schülervariablen dargestellt.

Für die Korrelationskoeffizienten $r > .08$ gilt $p < .05$). Alle Koeffizienten für $r^2 > 0.10$ (10 % gemeinsame Varianz) sind fett gedruckt.

Zu T3 besteht ein positiver Zusammenhang zwischen der Häufigkeit von Kontakten mit dem Lehrer und der Attraktivität des Kindes als Sitznachbar und Bezugsperson. Dies gilt auch für vertrauensvolle Hinwendung des Kindes zum Lehrer.

Kinder, die sich schulischen Anweisungen nicht fügen (Gehorsam), müssen häufig mit Hänseleien und Ausschluß durch ihre Mitschüler rechnen. Vermutlich orientieren sich die Kinder dabei an dem Sanktionierungsverhalten des Lehrers gegenüber nonkonformen Schülern. Schulischer Ungehorsam wirkt sich gleichzeitig (besonders zu T 3) ungünstig auf die soziale Stellung in der Gruppe aus. Kinder, die gegen Mitschüler

Tabelle 2.5.2a. Korrelationen zwischen Lehrerangaben zum Kontakt mit einzelnen Kindern und soziometrischen Statuswerten

	Kontakt T1/T3	Vertrauen T1/T3	Gehorsam T1/T3	Zuneigung T1/T3
Freundschaft	.08/ .09	.12/ .10	.29/ .38	.14/ .19
Spielpartner	.09/ .25	.16/ .34	.30/ .28	.17/ .36
Sitznachbarschaft	.20/ .36	.27/ .41	.41/ .49	.26/ .38
Bezugsperson	.15/ .48	.33/ .45	.38/ .39	.24/ .41
Angriff (aktiv)	−.02/−.16	−.18/−.14	−.48/−.51	−.29/−.31
Angriff (passiv)	−.07/−.10	−.15/−.17	−.32/−.43	−.23/−.35
Petzen (aktiv)	−.41/ .67	.31/ .56	−.11/−.24	−.11/−.10
Petzen (passiv)	.18/ .13	.09/ .07	−.23/−.25	−.16/−.19
Ausschluß	.02/−.19	−.19/−.18	−.51/−.65	−.20/−.41
Hänseln	−.13/−.09	−.06/−.02	−.36/−.43	−.14/−.15
Einfluß	−.22/−.27	−.17/−.06	−.12/−.05	−.15/−.02

aggressiv sind, erlebt der Lehrer häufig als wenig fügsam. Es hat den Anschein, daß sich diese Kinder bei entsprechenden Schlichtungsversuchen wenig von ihrem Lehrer sagen lassen.

Schüler, die ein sehr intensives Verhältnis zu ihrem Lehrer haben (vgl. Zuneigung), haben auch in der Schülergruppe soziale Erfolge. Sie sind – möglicherweise im Schutz dieser Beziehung – seltener aggressiven Angriffen und Ausschlußhandlungen ihrer Mitschüler ausgesetzt. Insgesamt läßt sich feststellen, daß ein gutes Verhältnis zum Lehrer das Zurechtkommen des Kindes mit seinen Mitschülern fördert.

2.5.3 Leistung, Konformität und Stellung in der Schülergruppe

Um das Zusammenspiel zwischen Leistung, Beziehung zum Lehrer und Stellung in der Schülergruppe in einer längsschnittlichen Betrachtung zu analysieren, wurden der vom Lehrer eingestufte Schulerfolg, der Status als Sitznachbar und die schulische Konformität (vgl. „Gehorsam") jeweils zu T 1 und T 3 ausgewählt und in eine Korrelationsanalyse eingebracht, die auch im Sinne eines „cross-lagged panel design" (vgl. Bortz 1984, S. 397) interpretiert werden kann. In Abbildung 3 sind die einzelnen Korrelationskoeffizienten dargestellt.

Die Korrelationskoeffizienten verdeutlichen folgende Aspekte:
– Bereits zu Beginn der Schulzeit lassen sich signifikante Zusammenhänge zwischen Leistung, Konformität und Status feststellen, die jeweils als Wechselwirkungen gedeutet werden können.

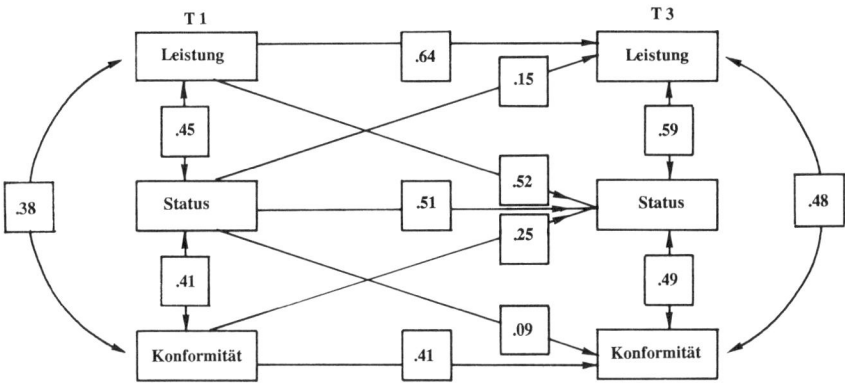

Abb. 3. Korrelationsstruktur von Leistung, Status und schulischer Konformität zu Beginn des ersten (T1) und Ende des zweiten Schuljahres (T3). Aus Gründen der Übersichtlichkeit wurden die Korrelationen zwischen Konformität (K) und Leistung (L) zu unterschiedlichen Zeitpunkten nicht in die Graphik übernommen: r (K zu T1 × L zu T3) = .10; r (L zu T1 × K zu T3 = .15)

– Am Ende des zweiten Schuljahres sind diese Beziehungen durch höhere Korrelationskoeffizienten gekennzeichnet, wobei besonders der Zusammenhang zwischen Status und Leistung größer geworden ist (Anteil gemeinsamer Varianz: 34,8 % vs. 20,3 %).
– Alle Variablen weisen in Anbetracht des großen Zeitintervalls eine hohe Stabilität auf, wobei die schulische Leistung den höchsten Stabilitätskoeffizienten (r = .64) besitzt.
– Von besonderer Bedeutung ist der Korrelationskoeffizient zwischen Leistung zu T 1 und Status zu T3 (r = .52); er macht deutlich, daß der Annahme Leistung beeinflußt die soziale Stellung eines Kindes, eine höhere Priorität einzuräumen ist als der umgekehrten Erklärungsrichtung, die mit r = .15 (Status T1 → Leistung T3) nur wenig Gewicht erhält. Auch die Werte für den Zusammenhang zwischen Konformität und Status legen nahe, eher die Erklärungsrichtung „Konformes Schulverhalten beeinflußt den Status des Kindes" zu favorisieren.

Die Variablen Schulerfolg, Sozialerfolg in der Schülergrupe und Konformität gegenüber schulischen Erwartungen weisen nicht nur eine hohe zeitliche Stabilität auf, sie sind gleichzeitig auch untereinander verknüpft. Das leistungsstarke Kind, das sich auch bereitwilliger den Forderungen des Lehrers unterordnet, hat in vielen Fällen in der Schülergruppe eine günstige soziale Stellung, die es ihm wiederum ermöglicht, „sozial unbelastet" und selbstbewußt schulische Forderungen zu erfüllen. Gleichzeitig bietet die Möglichkeit, sein soziales Ansehen durch gute Schulleistungen zu erhöhen, einen Anreiz, sich um gute Leistungsergebnisse zu bemühen. Der Leistungsschwächere dagegen verliert zunehmend (von T 1 zu T 3) an positiven Kontaktmöglichkeiten in der Gruppe und hat es schwer, Leistungsrückstände aufzuholen, zumal er auch vom Lehrer eher selten die notwendige Zuwendung erhält (vgl. Belschner 1972; Petillon 1982). In vielen Fällen scheint die schulische Leistungsfähigkeit ein ausschlaggebender Faktor für das Zurechtkommen in der Schülergruppe zu sein.

2.5.4 Exkurs: Wissen des Lehrers über die Schülergruppe

In einer Arbeit von Heeger (1986) wurde im Rahmen unseres Gesamtprojektes (vgl. Kap. 2.1.1) untersucht, wie Aussagen der Kinder zum Sozialleben in der Gruppe mit Wahrnehmungen des Lehrers, die mit einem Interview und einem Fragebogen erfaßt wurden, übereinstimmen.

Es wurde festgestellt, daß Lehrer solche Kinder als gut integriert wahrnehmen, die hohe Statuswerte in den Kategorien Freundschaft, Bezugsperson, Sitznachbarschaft und Spielkontakte haben. Nur sehr grob wird zwischen Außenseitern und Kindern mit mittleren Statuswerten differenziert. Ausschluß und Hänseln sind dem Lehrer weniger zugänglich.

„Nur besonders auffällige Beobachtungen werden wahrgenommen. Auffällig heißt, die Lehrer registrieren vor allem solche Phänomene, die während des Unterrichts geschehen und entweder für den Ablauf des Unterrichts nützlich sind (positives Sozialverhalten) oder die den Unterrichtsverlauf stören (aggressives Verhalten, Streiten etc.)" (Heeger, S. 136).   Die Erwartung, daß die Lehrer mit zunehmender Zeit auch das Sozialleben der Schüler besser kennenlernen und dadurch über präziseres Wissen verfügen, „konnte im großen und ganzen nicht bestätigt werden" (S. 136). In vielen Fällen waren die Lehrer nicht in der Lage, während des Interviews auf gezielte Fragen nach dem Sozialbereich der Kinder fragebezogen zu antworten. Vielmehr wurde immer wieder auf unterrichtliche und erzieherische Bereiche ausgewichen, so daß der Eindruck entstand, aus dem komplexen Gebiet „Schülergruppe" werden nur „aufgabenrelevante" Aspekte „ausgefiltert".

Auch bei der Wahrnehmung von Konflikten konzentrieren sich Lehrer auf solche Aspekte, „die sie selbst mitbetreffen, da der Unterricht gestört wird, während ,Ausschluß' überhaupt nicht als Problem erkannt wird." ... „Für nahezu alle Lehrer sind Schülerstreitigkeiten ,Lappalien', die nicht so wichtig genommen werden" (S. 147). Auf die Frage nach Gründen für Außenseitertum fällt auf, daß die Lehrer die Ursache für soziale Probleme „hauptsächlich am Verhalten der Betroffenen gegenüber ihren Mitschülern festmachen" (Heeger, S. 176).

2.6 Ergebnisse 4: Freundschaft aus der Sicht des Kindes

Die nachfolgend dargestellten Befunde stammen aus einem Interview, das mit Hilfe einer Handpuppe durchgeführt wurde (vgl. auch Kap. 2.2).

Unser Forschungsinteresse galt zwei unterscheidbaren Bereichen:
– den *allgemeinen* Vorstellungen des Kindes von Freundschaft;
– der Beschreibung der *konkreten* Beziehung zu dem (der) besten Freund(in), mit dem (der) das Kind zusammen ist.

Wenn wir im folgenden den Begriff „Freund" verwenden, so kann damit sowohl ein Mädchen als auch ein Junge gemeint sein. Aus ökonomischen Gründen wird dieser „Sammelbegriff" verwendet, ohne daß dabei eine höhere Gewichtung des männlichen Geschlechtes beabsichtigt ist.

2.6.1 Vorstellungen von Freundschaft (Freundschaftskonzepte)

Im folgenden wurde versucht, vier Aspekte des Freundschaftskonzeptes der Kinder zu erfragen:
– *Definition* eines Interaktionspartners, den das Kind als Freund bezeichnet: „Was ist für dich ein Freund (eine Freundin)?"
– *Erwartungen,* die ein Kind erfüllen sollte, wenn es als Freund bezeichnet wird: „Wie muß ein Freund (eine Freundin) sein?"
– Überlegungen eines Kindes zur *Notwendigkeit,* einen Freund zu haben: „Wozu braucht man überhaupt einen Freund (eine Freundin)?"
– Geschlecht des Freundes und Begründungen für *Geschlechtspräferenzen:* „Soll der Freund ein Junge oder ein Mädchen sein? Warum gerade ein Mädchen oder ein Junge?"

2.6.1.1 Freundschaftsdefinition: Was ist ein Freund?

Zur Erfassung von Freundschaftsdefinitionen bei Kindern liegen aus englischsprachigen Untersuchungen unterschiedliche Fragen vor (vgl. Wagner 1989). In einer Voruntersuchung wurden die verschiedenen Fragen, vor allem unter dem Aspekt der Altersgemäßheit, überprüft. Für das Alter von Schulanfängern erwies sich die folgende Frage als besonders geeignet: „Was ist für dich ein Freund?" (vgl. auch Bender & Wagner 1985). Zur Erläuterung konnte noch „Wie stellst du dir einen Freund vor?" hinzugefügt werden.
    Die einzelnen Antworten werden für diese und die weiteren Fragen nach folgenden drei Gesichtspunkten analysiert:

Konkrete inhaltliche Bereiche

Wie oben dargestellt, wurde ein Kategoriensystem entwickelt, das eine möglichst vollständige Zuordnung der Antworten erlaubt. Zunächst wurde ausgewertet, wie häufig einzelne Kategorien benannt werden. Danach wurde überprüft, wie sich die Häufigkeitsverteilung im Verlauf der ersten beiden Grundschuljahre entwickelt und ob Unterschiede zwischen den Geschlechtern festgestellt werden können.

Differenziertheit

Es wird für jede Schülerantwort die Anzahl der Nennungen unterschiedlicher Kategorien ausgezählt. Auch hier sollen die Entwicklung über den Erhebungszeitraum und Unterschiede zwischen den Geschlechtern überprüft werden.

Feinanalysen

Es wird der Versuch unternommen, die Schülerantworten einer mehr qualitativen, über die Zuordnung zu einer Inhaltskategorie hinausgehenden Betrachtung zu unterziehen.

Die Schülerantworten zur Freundschaftsdefinition ließen sich zum überwiegenden Teil (94%) neun Kategorien zuordnen, die sich wie folgt beschreiben lassen:
- *Lieb, nett:* Hier antworteten die Kinder mit eher pauschalen Beschreibungskriterien; hinzugefügt wurde häufig noch sehr nett, lieb oder *immer* nett, lieb.
- *Namensnennung eines Mitschülers:* Unter diese Kategorie wurden alle Schülernennungen subsummiert, bei denen der eigene Freund als Modell für einen Freund genannt wird: „Ein Freund ist wie der Frank." – „Genau wie die Petra, so ist halt eine richtige Freundin."
- *Positives Äußeres:* Hier wurden Beschreibungsbegriffe wie schön, hübsch, stark, schöne Haare u. ä. eingeordnet.
- *Gemeinsame Aktivitäten:* Ein Freund ist jemand, mit dem man spielt, mit dem man etwas Schönes zusammen macht u. ä. Diese Kategorie weist Ähnlichkeiten mit Stufe 2 des Entwicklungsmodells von Selman (1984) auf, in dem enge Freundschaft als „Schönwetter-Kooperation" charakterisiert ist.
- *Soziale Eigenschaften:* Hier werden positive Adjektive für soziale Persönlichkeitsmerkmale genannt: freundlich, witzig, ehrlich, brav, gut, nicht böse, haut nicht ohne Grund u. a.
- *Helfen:* In dieser Kategorie geht es vor allem um Hilfehandlungen des Freundes für das befragte Kind: z. B. ein Freund hilft mir. Dabei variieren die Antworten vor allem bezüglich der Situationen, in denen

Hilfe erwartet wird (Hilfe bei Streitereien mit anderen, bei Hausaufgaben oder allgemein: „Wenn ich in Not bin").

- *Unterordnen:* Die Kinder fordern von einem Freund, daß er sich ihnen anpaßt. Er soll machen, „was ich will", „mir zuhören", „in meine Bande gehen, wo ich der Chef bin" u. ä.
- *Schulbezogene Aspekte:* Hier geht es vor allen Dingen um schulische Leistungen: ein Freund soll „gut in der Schule sein", „leicht lernen" u. ä. oder um schulbezogenes Verhalten: brav sein, auf die Lehrerin hören, immer die Hausaufgaben haben.

In Tabelle 2.6.1.1a sind die Häufigkeiten für die einzelnen Nennungen in den einzelnen Kategorien, getrennt nach den drei Untersuchungszeitpunkten sowie nach Jungen und Mädchen (in Klammern), aufgeführt.

Aus Tabelle 2.6.1.1a wird deutlich, daß die eher pauschalen Beschreibungsmerkmale (lieb, nett) im Verlauf der ersten beiden Schuljahre deutlich an Gewicht verlieren. Dies gilt auch für Merkmale, die das attraktive Äußere eines Freundes betreffen.

Tabelle 2.6.1.1a. Prozentuale Häufigkeiten von Nennungen auf die Frage „Was ist für dich ein Freund?"

	T 1	T 2	T 3
1 lieb,	16,7 %	13,0 %	7,9 %
nett	(16,6/16,4)	(12,9/13,0)	(9,6/ 6,6)
2 Namens-	8,0 %	11,9 %	12,6 %
nennung	(6,3/ 9,8)	(10,1/13,7)	(9,0/15,6)
3 positives	14,7 %	4,2 %	4,2 %
Äußeres	(9,6/20,0)	(5,0/ 3,4)	(4,5/ 4,0)
4 gemeinsame	13,4 %	14,1 %	16,1 %
Aktivitäten	(15,8/10,7)	(16,0/12,1)	(20,3/12,5)
5 soziale	16,5 %	23,8 %	19,7 %
Eigenschaften	(17,1/15,6)	(25,8/21,7)	(23,7/16,3)
6 helfen	10,0 %	11,3 %	9,3 %
	(12,9/ 6,7)	(11,6/10,9)	(9,9/ 8,7)
7 schenken, teilen	7,6 %	7,0 %	9,1 %
	(7,5/ 7,6)	(4,4/ 9,6)	(3,9/13,4)
8 unterordnen	5,2 %	6,6 %	8,4 %
	(7,5/ 2,6)	(8,8/ 4,3)	(11,9/ 5,4)
9 schulbezogene	8,7 %	8,3 %	12,7 %
Aspekte	(6,7/10,7)	(5,3/11,2)	(7,1/17,5)
	100 %	100 %	100 %
	(100/100)	(100/100)	(100/100)

In Klammern finden sich die Prozentsätze für Jungen (links) und Mädchen (rechts).

Soziale Eigenschaften und schulbezogene Aspekte gewinnen zum zweiten Schuljahr hin ebenso mehr an Bedeutung wie die Nennung eines Mitschülers, der als Idealbild eines Freundes dargstellt wird (Kat. 2). Gemeinsame Aktivitäten, helfen, schenken und teilen behalten über den gesamten Untersuchungszeitraum einen ähnlich hohen Stellenwert.

Zwischen Jungen und Mädchen ergeben sich teilweise deutliche Unterschiede. Bei Jungen scheinen gemeinsame Aktivitäten, soziale Eigenschaften und die Bereitschaft, sich unterzuordnen, wichtigere Kriterien für die Beschreibung eines Freundes zu sein, die auch im Verlauf der Zeit noch an Bedeutung gewinnen. Bei den Mädchen werden demgegenüber die Bereitschaft zum Schenken und Teilen, schulbezogene Aspekte und einzelne Mitschülerinnen, die vorbildliche Freundinnen sind, häufiger genannt.

Erst durch eine nähere Betrachtung der Kinderaussagen innerhalb der einzelnen Kategorien lassen sich die Werte für die Häufigkeiten einzelner Kategorien differenzierter beurteilen. Vor einer solchen Feinanalyse soll zunächst der Frage nach der Differenziertheit der Schüleraussagen nachgegangen werden. In Tabelle 2.6.1.1b ist die durchschnittliche Anzahl unterschiedlicher Kategoriennennungen dargestellt.

Tabelle 2.6.1.1b. Differenziertheit der Aussagen: durchschnittliche Anzahl von Kategoriennennungen, getrennt nach Zeitpunkten sowie nach Jungen und Mädchen

T 1	T 2	T 3
1,98	2,52	2,98
(1,86/2,13)	(2,24/2,84)	(2,44/3,64)

Während zu T1 im Durchschnitt bei der Beschreibung eines Freundes zwei Kategorien angesprochen werden, werden die Aussagen zu T3 deutlich differenzierter (AM = 2,98). Dieser Zuwachs resultiert vor allem aus der häufigeren Nennung der Kategorien 2, 4, 5 und 9.

Zu allen drei Zeitpunkten äußern sich Mädchen differenzierter als die Jungen, wobei die Unterschiede mit zunehmender Zeit deutlich größer werden. Wir nehmen an, daß sich in den Freundschaftsbeziehungen der Mädchen, die in vielen Fällen besonders intensiv gestaltet werden (vgl. Kap. 2.6.2), differenziertere Freundschaftskonzepte entwickeln können, die vor allem aus gegenseitigen Anregungen entstehen.

Sieht man sich die Aussagen der Kinder näher an, so lassen sich Informationen ermitteln, die deutlich über die bisherige Häufigkeitsanalyse von Kategorien hinausgehen und einen differenzierten Einblick in die kindlichen Vorstellungen von Freundschaft geben: Zunächst fällt auf, daß im Verlauf der ersten beiden Schuljahre bereits bei der eher pauschalen Beschreibung eines Freundes (vgl. Kat. 1) höhere Ansprüche an den Freund gestellt werden. Der Freund soll zu T 2, T 3 nicht nur nett oder lieb, sondern er soll nun immer, arg, ganz, nur nett oder lieb sein. Die positiven Eigenschaften sollen nur einem einzigen Freund zugute kommen. Der Freund wird offensichtlich mit zunehmender Bekanntschaft regelrecht *„vereinnahmt":* „Ein Freund soll nur zu mir lieb sein." „Eine Freundin soll immer nur zu mir nett sein."

Ein Freund oder eine Freundin ist dabei dadurch charakterisiert, daß er oder sie sich ausschließlich auf den oder die andere konzentriert; er oder sie soll:
- „ganz allein für mich dasein";
- „immer nur mit mir spielen";
- „immer nur mit mir reden";
- „nur zu mir kommen";
- „immer mit mir zusammen- bleiben";
- „mir immer beistehen und nur mir";
- „sich nur für mich interessieren";
- „alles mit mir teilen";
- „nie von mir getrennt sein";
- „jeden Tag für mich da sein"; u. v. a. m.

Wie die Befunde in Kap. 2.3 verdeutlichen, sind besonders bei den Mädchen Versuche, sich einer solchen Vereinnahmung zu entziehen, Anlaß zu konfliktreichen Auseinandersetzungen, verbunden mit Gefühlen der Eifersucht und Erfahrungen schmerzlicher Zurückweisung.

Gerade in solchen Klassen, in denen besonders viele Mädchen ausgeschlossen und gehänselt werden, tritt dieses „Vereinnahmen" der Freundin sehr häufig auf. Vermutlich ist dieses Ausschließen und Hänseln auch eine Strategie, sich die eigene Freundin zu sichern. Andererseits ist die Fixierung auf eine einzige Mitschülerin vielleicht auch ein Versuch, eine sichere Alternative in einem sehr verunsichernden Gruppenkontext zu finden.

Die Aussagen verweisen sowohl auf Freundschaften als exklusive Beziehungen als auch auf das Bedürfnis nach Intimität und Intensität (vgl. Wagner 1989). Diese Ausschließlichkeit, mit der eine Freundschaftsbeziehung gesehen wird, findet sich auch in Kat. 2, wo ein Mitschüler als „Modell" für einen richtigen Freund genannt wird. Viele dieser Äußerungen (besonders bei Mädchen) erscheinen geradezu als „Verherrlichung" des Freundes (vgl. die Befunde von Bigelow 1977: „admiration") :
- „Ein Freund kann nur wie der Markus sein."
- „Eine Freundin muß wie die Rita sein, so was gibt's nur einmal."
- „Wie meine Freundin Eva, nur mit der kann richtige Freundschaft sein."
- „Die Melanie, die gibt's halt nur einmal, so als Freundin."
- „Eine echte Freundin kann nur wie die Jenny sein."

In etwa zwei Drittel aller Fälle handelt es sich hier um Aussagen von Kindern, die mit dem anderen Kind von T 1 bis T 3 eine gegenseitige Freundschaft haben.

Auch in der Kategorie 8 ("unterordnen") wird die Bereitschaft, sich vereinnahmen zu lassen, sehr deutlich angesprochen:

– „Wenn ich sage: 'Komm!', dann soll er kommen."
– „Eine Freundin muß machen, was ich sage."
– „Eine Freundin ist eine Dienerin, die auf mich hört."
– „Ein Freund ist in meiner Bande und will mich als Chef."
– „Eine Freundin wartet solange am Telefon, bis ich sie zu mir einlade."
– „Wenn er sich für mich schlagen läßt".

Bei der Nennung von *sozialen Eigenschaften* wird eine Vielzahl von Aspekten genannt, die mit zunehmender Zeit differenzierter werden und den Freund auch als eine Person kennzeichnen, die sich deutlich von anderen abhebt:

T 1: Ein Freund soll „gut zu mir sein"; „nicht bös'"; „lustig"; „fröhlich"; „gut spielen können"; „nicht hauen"; „nicht rumschreien"; „keine bösen Wörter sagen"; „sich vertragen können"; „kein Grobian sein".

T 2: Ein Freund soll „gut spielen können"; „nicht angeben"; „nicht dauernd rummeckern"; „nicht lügen"; „nicht dauernd streiten"; „nicht so böse wie die anderen sein", die immer nur rumhauen"; „nur andere schlagen, aber nur wenn die böse sind"; „nicht so motzig wie viele hier in der Klasse sein"; „in Ordnung sein"; „nie so richtig bös' auf mich sein"; „andere nicht so oft auslachen".

T 3: Ein Freund soll „sich versöhnen können"; „Rücksicht nehmen"; „viel friedlicher sein als die anderen Kinder"; „kein Spielverderber sein"; „Versprechen halten"; „nicht so schnell beleidigt sein"; „einfach besser als die anderen sein, die einen nicht so richtig verstehen"; „treu sein für immer"; „ein Geheimnis von mir für sich behalten können"; „ein Vertrauenskind sein"; „mich niemals anlügen"; „wenn ich hinfalle, soll ein Freund fragen, ob ich mir weh getan habe"; „auch 'mal mit mir traurig sein".

Bei der Nennung gemeinsamer Aktivitäten wird vor allem das Spielen genannt. Neben der konkreten Beschreibung einzelner Spiele, die der Freund mit dem anderen spielen soll oder muß, wird allgemein *Spielkompetenz* gefordert: „gut spielen können", „ihm muß etwas Gutes beim Spielen einfallen", „jemand sein, mit dem man richtig spielt", „die richtigen Bubenspiele können", „wissen, was man mit einem Mädchen richtig spielt"; u. a.

Das *Helfen* des Freundes bezieht sich in vielen Fällen auf körperliche Auseinandersetzungen mit Mitschülern aus der eigenen Klasse oder aus höheren Klassen. Bei den Mädchen findet sich dagegen ein größeres Spektrum an Situationen, in denen der Beistand der Freundin gewünscht wird: bei Hausaufgaben, in der Schule, „wenn ich mal was nicht kann", wenn die Mitschüler das befragte Kind ärgern oder von Spielen ausschließen, wenn ich „mit der Mama Ärger habe".

Allmählich wird über die Forderungen an die Eigenschaften und Handlungsweisen des anderen hinaus auch der eigene Beitrag zu einer gelungenen Freundschaft – vor allem als Motivation, selbst etwas zu geben – genannt:

„Daß ich dem zeigen will, daß ich sein Freund bin."
„Wenn ich mal meinen Vogel mitbringen darf, dann darf die mal den Käfig nehmen."
„Daß ich der gern was kaufe."
„Daß es einem was ausmacht, wenn die bös' ist oder was falsch macht."
„Daß ich dem sein Retter immer gern sein möchte."
„Da habe ich Lust, dem zu helfen."
„Eine Freundin ist jemand zum Liebhaben."
„Ein Freund ist, dem man gern 'was schenkt."

Bereits zu T1 und in zunehmendem Maße zu den späteren Zeitpunkten werden Aspekte von *Gegenseitigkeit* erwähnt, wie sie im Kap. 1.2.1 erläutert und Zielen des Sozialen Lernens zugrunde gelegt werden:

„Freundinnen müssen lieb zueinander sein" (vgl. Lernzieldimension „Kontakt").
„Wenn man ihn schlägt, würde ich ihn retten, und er würde mich retten, wenn sie mich schlagen" (vgl. „Solidarität").
„Er soll spielen, nicht nur was er will und nicht nur, was ich will, sondern was wir wollen, daß man sich halt einigt" (vgl. „Konflikt")
„Sie müssen fest zusamenhalten."
„Daß es der was ausmacht, wenn ich so ein bißchen traurig bin oder so und ich das bei der gleich merke und zu der dann auch gleich hingehe" (vgl. „Soziale Sensibilität").
„Daß wir uns auch beraten können" (vgl. „Kommunikation").
„Ein Freund ist einer, der alles mit mir gemeinsam teilt."
„Wenn ich traurig bin, ist die auch traurig und auch anders herum."
„Wir passen so zusammen, dann ist es eine richtige Freundin, die paßt zu mir und ich zu der, und das lernt man immer besser."
„Daß man auch im Streit sich noch gut bleiben kann" (vgl. „Konflikt").

„Eine Freundin ist so, daß wir uns gut verstehen, die mich und ich die, halt so zusammen." „Wenn sie mich gut versteht und alles von mir weiß und ich auch von der." „Die hilft mir und ich der, zusammen geht's viel besser" (vgl. „Kooperation").

Begriffe wie gemeinsam, zusammen, gegenseitig, wir und uns fließen besonders zu T 2 häufiger in die Freundschaftskonzepte ein.

2.6.1.2 Freundespflichten: Wie muß ein Freund sein?

Mit dieser Frage versuchten wir herauszufinden, welche Erwartungen die Kinder an einen Freund oder eine Freundin herantragen. Bereits auf die allgemeine Frage, was ein Freund ist, gab es zahlreiche Antworten, die normative Aspekte betreffen, so daß es zu Überschneidungen zwischen beiden Fragen kommt. Das Kategoriensystem für die allgemeine Fragestellung konnte für den normativen Gesichtspunkt übernommen werden. In Tabelle 2.6.1.2a findet sich die Häufigkeitsverteilung für die einzelnen Kategorien.

Bei der Häufigkeitsverteilung finden sich zum Teil sehr ähnliche Befunde wie in Kap. 2.6.1.1: Die Kategorien 1 und 3 nehmen deutlich an Gewicht ab; einen etwas höheren Stellenwert erhalten im Verlauf der ersten beiden Schuljahre Kat. 2 und 8. Dabei ist auch die Verteilung zwischen Jungen und Mädchen sehr ähnlich.

Als Forderung an den Freund ist das Schenken und Teilen von geringerer Bedeutung. Demgegenüber wird von einem Freund in vielen Fällen gefordert, daß er zur Hilfe bereit ist. Immer häufiger verlangen die Kinder von einem Freund, daß er in der Schule gut ist. Im Verlauf der ersten beiden Schuljahre werden häufiger soziale Eigenschaften gefordert, während gemeinsame Aktivitäten seltener als Postulat an einen Freund genannt werden. Vermutlich wird dies bereits als selbstverständlich vorausgesetzt.

Vergleicht man die vier wichtigsten Aussagen der Mädchen und Jungen miteinander, so finden sich zu T 3 recht unterschiedliche normative Schwerpunktsetzungen:

Mädchen:		Jungen:	
1. schulbezogene Aspekte	(26,2 %)	1. helfen	(23,4 %)
2. helfen	(17,9 %)	2. soz. Eigenschaften	(23,6 %)
3. Namensnennung	(16,8 %)	3. gemeins. Aktivitäten	(15,4 %)
4. soz. Eigenschaften	(14,3 %)	4. unterordnen	(12,2 %)

Tabelle 2.6.1.2a. Prozentuale Häufigkeit von Nennungen auf die Frage: „Wie muß ein Freund sein?"

	T 1	T 2	T 3
1 lieb,	12,8 %	6,4 %	3,8 %
nett	(12,5/13,1)	(6,2/ 6,5)	(4,2/ 3,6)
2 Namens-	9,3 %	12,2 %	13,8 %
nennung	(5,9/13,1)	(5,6/17,8)	(10,0/16,8)
3 positives	11,1 %	4,6 %	2,8 %
Äußeres	(7,9/14,6)	(5,6/ 3,7)	(3,6/ 2,2)
4 gemeinsame	22,5 %	15,3 %	12,4 %
Aktivitäten	(26,3/18,2)	(20,8/10,7)	(15,4/10,0)
5 soziale	12,1 %	17,9 %	18,4 %
Eigenschaften	(13,8/10,2)	(16,9/18,7)	(23,4/14,3)
6 helfen	16,3 %	23,0 %	20,4 %
	(17,1/15,3)	(27,5/19,2)	(23,6/17,9)
7 schenken, teilen	6,9 %	3,8 %	3,6 %
	(6,6/ 7,3)	(2,8/ 4,7)	(1,8/ 5,0)
8 unterordnen	4,8 %	6,6 %	7,6 %
	(7,2/ 2,2)	(10,1/ 3,7)	(12,2/ 3,9)
9 schulbezogene	4,2 %	10,2 %	17,2 %
Aspekte	(2,6/ 5,8)	(4,5/15,0)	(5,9/26,2)

In Klammern sind die Häufigkeiten für Jungen (links) und Mädchen aufgeführt.

Besonders auffällig ist der Unterschied bei der Nennung schulbezogener Aspekte. Für Jungen ist dieses Kriterium fast ohne Bedeutung, bei den Mädchen betrifft jede vierte Aussage zu T 3 diesen Aspekt. Möglicherweise ist diese Verknüpfung zwischen formellen und informellen Normen ein brauchbares Erklärungselement für die Tatsache, daß Mädchen in der Grundschule häufiger schulkonformes Verhalten zeigen und bessere Schulleistungen erbringen (vgl. Petillon 1982).

Tabelle 2.6.1.2b zeigt, daß auf die Frage nach dem normativen Gesichtspunkt erwartungsgemäß weniger differenziert geantwortet wird als bei der allgemeinen Frage.

Auch hier zeigt sich, daß die Antworten im Verlauf der ersten beiden Schuljahre differenzierter werden. Mädchen verzeichnen dabei einen deutlich höheren „Zugewinn" als die Jungen.

Tabelle 2.6.1.2b. Differenziertheit der Aussagen: durchschnittliche Anzahl von Kategoriennennungen getrennt nach Zeitpunkten sowie nach Jungen und Mädchen

T 1	T 2	T 3
1,24	1,53	1,91
(1,18/1,31)	(1,28/1,83)	(1,54/2,35)

Eine Feinanalyse der Schülerantworten führt zu ähnlichen Befunden wie bei der allgemeinen Frage. Allerdings fehlt es hier entsprechend der Fragestellung, die explizit auf die Erwartungen an den anderen hinzielt, an Hinweisen auf Vorstellungen, die die Beziehung zwischen Freunden thematisiert.

Neu ist unter der Kategorie 4 (besonders bei Mädchen) das Bedürfnis nach Nähe. Eine Freundin soll „mich umarmen", „sich bei mir einhängen", „nur ganz nahe sein", „mit mir schmusen", „mich gern haben und das auch mich spüren lassen", „sich von mir streicheln lassen", „wie eine Schwester mit mir sein". Bei den Jungen werden hier vor allem gemeinsame Spiele genannt.

Unter der Kategorie „helfen" nennen die Jungen in den meisten Fällen eine Unterstützung bei körperlichen Auseinandersetzungen. Sieht man sich die Klassen an, in denen die Jungen besonders häufig von einem Freund Unterstützung fordern, dann handelt es sich dort um Jungengruppen, in denen die Rate für körperliche Aggression (vgl. Kap. 2.5) und das „Gewaltniveau" (vgl. Kap. 2.3) auffallend hoch sind. Hier treten auch in größerer Häufigkeit Forderungen an einen Freund auf, sich wehren zu können, kräftig und mutig zu sein und sich gleichzeitig von den Mitschülern abzuheben, „die nur rumhauen und rumschreien" oder „nichts anderes wissen, als anderen weh zu tun".

2.6.1.3 Erwartungen: Wozu braucht man überhaupt einen Freund?

Die Antworten auf diese Frage ließen sich, soweit sie die Frage betrafen, zu einem hohen Prozentsatz (92 %) den folgenden fünf Kategorien zuordnen:

– *Um nicht allein zu sein (Langeweile):* Diese Kategorie bezieht sich vor allem auf die Situation zu Hause, in einzelnen Fällen wird aber auch das Gefühl der Einsamkeit in der Schülergruppe ausgesprochen.

– *Für gemeinsame Aktivitäten (vor allem Spielen):* Hier werden zahlreiche Formen gemeinsamen Handelns mit einem Freund aufgezählt, häufig wird auch die Unmöglichkeit genannt, bestimmte Dinge allein zu bewältigen.

– *Als Gesprächspartner:* Es werden die verschiedenen Aspekte von Kommunikation genannt: man braucht den Freund z. B. zum Reden, zum Zuhören, um getröstet zu werden, um ein Geheimnis zu sagen.

– *Unterstützung (im Umgang mit Mitschülern, bei Hausaufgaben u. ä.):* Hier wird der Freund als unterstützende Person genannt, die einem in mehr oder weniger schwierigen Situationen hilft.

– *Nähe (zum Liebhaben):* Der Freund wird hier unter dem Aspekt der Befriedigung sozial-emotionaler Bedürfnisse beschrieben.

Tabelle 2.6.1.3a. Prozentuale Häufigkeit von Nennungen auf die Frage: „Wozu braucht man überhaupt einen Freund?"

	T 1	T 2	T 3
1 nicht allein sein	25,0 %	20,9 %	21,2 %
	(25,9/24,4)	(19,1/22,1)	(20,0/22,0)
2 gemeinsame Aktivitäten	28,7 %	20,5 %	17,8 %
	(27,7/29,5)	(29,4/14,8)	(26,0/11,5)
3 Gesprächspartner	15,7 %	24,6 %	26,3 %
	(9,8/19,9)	(17,5/29,2)	(19,6/31,6)
4 Unterstützung	19,0 %	17,3 %	16,9 %
	(25,9/14,1)	(23,2/13,4)	(23,0/12,2)
5 Nähe	11,6 %	16,7 %	17,8 %
	(10,7/12,2)	(10,8/20,5)	(11,5/22,7)

In Tabelle 2.6.1.3a sind die Häufigkeiten für diese Kategorien dargestellt.

Nicht allein zu sein, ist für über 20 % der Kinder zu allen Befragungszeitpunkten ein Grund, einen Freund zu haben. 28,7 % nennen auf die Frage bestimmte gemeinsame Aktivitäten, die einen Freund notwendig machen. Diese Begründung verliert mit zunehmender Zeit deutlich an Gewicht. Allerdings gilt dies nur für die Mädchen, die sich zunehmend eine Freundin als Gesprächspartnerin wünschen (T 3: 31,6 %!) und sich im Verlauf der ersten beiden Schuljahre in der Freundschaft immer mehr die Erfüllung ihrer Bedürfnisse nach sozialer Nähe versprechen. Auch bei den Jungen ist ein Anstieg für die Kategorie „Gesprächspartner" festzustellen (T 1: 9,8 % vs. T 3: 19,6 %), während sich das Bedürfnis nach Nähe gleichbleibend zu allen drei Erhebungszeitpunkten in etwa 11 % der Nennungen wiederfindet. Weit mehr als bei den Mädchen sehen die Jungen in der Unterstützung durch den anderen eine bedeutsame Funktion von Freundschaft (23 % vs. 13 %).

Neben den Begründungen für die Notwendigkeit, einen Freund zu haben, findet sich auch die Schülerantwort: „Man braucht keinen Freund". Zu T 1 sind es 6,9 %, T 2: 10,5 % und T 3: 11,1 % der Kinder, die eine solche Meinung vertreten. In vielen Fällen (55 %) handelt es sich dabei um Kinder, die in der Klasse isoliert oder ausgeschlossen sind (vgl. Kap. 2.4). Möglicherweise haben sie sich durch negative Erfahrungen in der Schülergruppe mit ihrem Alleinsein abgefunden und wählen eine solche Argumentation auch als „Schutzbehauptung". Eine zweite größere Gruppe sind Einzelkinder, die in ihrer Gruppe (vor allem zu T 1) zahlreiche Kontaktangebote erhalten (vgl. Kap. 2.4), aber sich bewußt für ein Einzelgängertum entscheiden.

Für die durchschnittliche Anzahl unterschiedlicher Kategorisierung ergeben sich die in Tabelle 2.6.1.3b dargestellten Werte.

Tabelle 2.6.1.3b. Differenziertheit der Aussage: durchschnittliche Anzahl von Kategoriennennungen getrennt nach Zeitpunkten sowie nach Jungen und Mädchen

T 1	T 2	T 3
1,15	1,92	2,06
(0,87/1,50)	(1,39/2,55)	(1,64/2,56)

Wie schon bei den vorangegangenen Fragen zeigt sich eine stärkere Differenzierung bei den Antworten mit zunehmender Zeit. Mädchen nennen deutlich mehr Kategorien als die Jungen.

Betrachtet man die einzelnen Schüleraussagen innerhalb der Kategorie 1, so fällt zunächst auf, daß in die Äußerungen zur Funktion des Freundes häufig Gefühle der eigenen *Einsamkeit* einfließen:

„Ohne Freundin fühle ich mich unter den Mädchen so arg allein, daß ich das gar nicht aushalte."
„Ohne Freundin sitzt man so traurig zu Hause."
„Wenn man einsam ist, hat man immer auch keine Lust mehr zu spielen."
„Ich bin sonst immer allein, Papa und Mama sind ja so oft nicht da."
„Ohne Freundin hab' ich überhaupt niemand."
„Man braucht halt wenigstens einen Menschen."
„Wenn der Freund kommt, ist die Trauer vom Alleinsein weg."
„Wenn man keine Freundin hat, dann ist man ganz traurig, dann muß man alles alleine machen, und die Puppen sind halt doch nicht so richtige Freundinnen."
„Wenn man alleine ist, dann weint man oft."

Bei vielen Antworten sehen Einzelkinder den Freund oder die Freundin als *„Geschwisterersatz":*

„Wenn halt meine Mutter arbeitet und ich halt keine Schwester hab', da bin ich ohne Freundin so traurig."
„Wenn man keine Schwester hat und man möcht' gern eine, dann kann man die Freundin nehmen."
„Ich hab' sonst in der Wohnung niemand und mein Papa kommt auch erst abends."
„Wenn die anderen einen Freund haben, dann ist man traurig, wenn man selbst keinen hat. Und ich wünsch' mir so ein Brüderchen, aber nur ich, nicht meine Mama."

Die Bewältigung des Alleinseins wird in vielen Fällen vor allem zu T 3 unter dem Aspekt der Gegenseitigkeit gesehen: „Daß der nicht so allein ist und ich auch. So braucht man sich zusammen, alle beide."

Für viele ist es eine *Notwendigkeit*, einen Freund oder eine Freundin zu haben: z. B. „Man braucht einen Freund, ganz einfach." – „Ich komme ohne Freundin nicht aus." Einige Kinder möchten sich ihren Freund – vermutlich aus einem großen Sicherheitsbedürfnis heraus – für die Zukunft „sichern":

> „Wenn man keine Eltern mehr hat, und dann wird man von Erziehungseltern aufgenommen, dann hat man wenigstens noch ein Kind und muß nicht ganz alleine sein."
>
> „Wenn ich groß bin und hätt' mal kein Geld oder so, der tät's mir geben."
>
> „Für später, irgendwie, wenn's mal schlecht ist oder so, ist sie für mich da, wenn sonst niemand mehr da ist."

Viele der Aussagen in Kategorie 1 zum Alleinsein verdeutlichen auch Ängste vor Trennung und Einsamkeit sowie das Bedürfnis nach geschwisterähnlichen Kontakten, besonders bei den Mädchen. Wahrscheinlich liegt hier eine Ursache dafür, daß Freundinnen so stark „vereinnahmt" werden und man sich so stark auf eine Person fixiert.

Innerhalb der Kategorie *„gemeinsame Aktivitäten"* wird ein großes Spektrum von gemeinsamen Handlungen genannt. Dabei kommt dem Spiel eine besondere Bedeutung zu. Es wird zunächst festgestellt, daß es viele Spiele gibt, „die kann man nicht alleine spielen". Viele Spiele machen erst mit dem Freund richtig Spaß. „Richtig spielen kann man nur mit einem Freund" – „Wenn man keinen Freund hat, kann man keine schönen Spiele machen". Dies wird mit vielen Beispielen erläutert: z. B. „Daß man in ein Zelt gehen kann, mit einem Freund, da ist das Zelten erst so richtig." Neben dem Spielen wird eine Vielzahl von Gesichtspunkten erwähnt. Diese reichen von „Quatsch machen", „Witze erzählen", „gemeinsam lachen" über das Sich-messen bei den Jungen ("zum Kämpfen üben") bis zu gemeinsamen Spaziergängen, Wanderungen und Kinobesuchen, die nur „erlaubt sind, wenn die Freundin dabei ist". Eine wichtige Rolle spielen auch die gemeinsamen Hausaufgaben.

In der Kategorie *„Gesprächspartner"* wird in vielen Fällen geäußert, man braucht einen Freund zum „Erzählen", „Reden", „Unterhalten", „Sprechen" u. ä. Erst zu T 3 wird häufiger der Austausch von Geheimnissen und dabei das Vertrauen in den Freund erwähnt:

> „Da kann man die Geheimnisse sagen und so."
>
> „Der kann man Geheimnisse überlassen, und die kann Probleme, die man so hat, für sich behalten."

„Da kann man einer Freundin alles sagen, wo man auf die vertrauen kann, daß sie's niemand sagt."
„Daß man seine Sorgen sagen kann."
„Daß man einfach Vertrauen zu ihm hat."

In der Kategorie Unterstützung geht es bei den Jungen wiederum um Hilfe bei körperlichen Auseinandersetzungen: z. B. „Gemeinsam sind wir stark". – „Daß ich auch mal beim Hauen nicht verliere." – „Daß, wenn man Krach hat, hat man immer jemand an seiner Seite."

Häufig geht es auch um eine allgemeine *Unterstützung* in einer Notlage: z. B. „Daß man das Gefühl hat, wenn man in Gefahr ist, daß da einer kommt, der mir hilft." Die Hilfe des Freundes braucht man in vielen Situationen: „wenn man krank ist"; „die Hausaufgaben nicht weiß"; „in der Schule was nicht weiß"; „wenn einen die anderen mal auslachen"; „wenn man den blöden Schuhbändel nicht zukriegt" u. ä.

In vielen Äußerungen klingt ein starkes Bedürfnis nach physischer und psychischer *Nähe* (Kat. 5) mit. Einige Antworten der Kinder belegen dies besonders eindrucksvoll:

„Ich brauch' eine Freundin zum richtig, richtig Liebhaben."
„Das Gefühl, das man hat, daß die einen gern hat und die ich dann auch gern haben kann und mit der man immer zusammen sein will."
„Zum Schmusen und meine Hand immer halten, so richtige Freundinnen und wenn's geht, daß die immer bei mir schlafen darf."
„Weil alles so gut wird, wenn wir uns mittags treffen und ich die schon morgens seh' und froh bin, wenn sie nicht krank ist."
„Daß wenn wir uns brauchen, wir uns gleich haben."
„Eine Freundin braucht man zum zusammen glücklich sein."
„Ich hab' zwei Vögel zu Hause. Da ist es auch besser, daß die zusammen sind. Allein tät da einer, glaub' ich, auch nichts mehr fressen."
„Um zu leben wie meine zwei Wasserschildkröten. Unter Wasser und auf der Insel, immer zusammen."
„Um sich in der Schule immer was Gutes flüstern zu können."

In allen Kategorien nehmen zu T3 Äußerungen zu, die die Freundschaftsbeziehung und Aspekte von *Gegenseitigkeit* in die Überlegungen einbeziehen:

Kat. 1   („nicht alleine sein"): Sich gegenseitig helfen, Einsamkeit und Langeweile zu bewältigen: z. B. „Daß der nicht so alleine ist und ich auch nicht."

Kat. 2   („gemeinsame Aktivitäten"): Über die Aussage, man brauche einen Freund zum Spielen, hinaus, wird das Aufeinander-Abstimmen für befriedigende gemeinsame Aktivitäten genannt:

z. B. „Daß der 'was Neues weiß und ich 'was Neues und zusammen wird das ein ganz gutes Spiel."

Kat. 3 („Gesprächspartner"): Zuhören und selbst Reden werden als Aspekte des Gespräches genannt. Vertrauen wird als „Überlassen" eines Geheimnisses und als „Hüten" dieser Information beschrieben (vgl. auch Damon 1982).

Kat. 4 („Unterstützung"): Helfen wird als Geben und Nehmen gesehen: z. B. „Daß man dem hilft und weiß, der hilft einem auch auf jeden Fall."

Kat. 5 („Nähe"): In den Äußerungen zur Nähe wird in den meisten Fällen neben dem Bedürfnis, Zuwendung zu erhalten, auch das Bedürfnis, seine eigene Zuneigung zu zeigen, mitgenannt.

2.6.1.4 Geschlechtspräferenzen und Begründungen

Nach der Frage: Was ist für dich ein Freund? wurde weitergefragt: Soll das ein Junge oder ein Mädchen sein? Es ergaben sich drei Antwortalternativen: die Nennung des eigenen oder des anderen Geschlechtes sowie keine Festlegung auf Jungen oder Mädchen (z. B. „Das ist mir egal."). In Tabelle 2.6.1.4a ist die Häufigkeitsverteilung der Antworten dargestellt.

Wie aus zahlreichen Befunden (vgl. zusammenfassend Wagner 1989, S. 86 ff.) zu erwarten war (vgl. auch Kap. 2.3 und 2.4), sind die Antworten von einer deutlichen Präferenz für das eigene Geschlecht geprägt, die sich im Verlauf der ersten beiden Schuljahre noch verstärkt (vgl. auch Drewry & Clark 1984). Allerdings zeigt ein Teil der Mädchen zu T 1 noch ein größeres Interesse an einer Freundschaftsbeziehung zu einem Jungen oder läßt die Frage nach dem Geschlecht des Freundes offen. Dieser Sachverhalt findet sich zu T 2 und T 3 nur noch in abgeschwächter Form. Diese Befunde stimmen mit den soziometrischen Ergebnissen zu Freundschaftskontakten (vgl. Kap. 2.4) weitgehend überein.

Tabelle 2.6.1.4a. Prozentuale Verteilung der Schülerantworten auf die Frage nach dem Geschlecht des Freundes

	T 1	T 2	T 3
eigenes Geschlecht	72,8 % (79,2/64,9)	85,3 % (88,1/82,1)	88,9 % (91,6/85,6)
anderes Geschlecht	7,8 % (2,5/14,4)	5,2 % (4,4/ 6,0)	3,8 % (4,2/ 3,4)
beide Geschlechter	19,4 % (18,3/20,6)	9,5 % (7,4/11,9)	7,3 % (4,2/11,0)

Wie begründen nun die Kinder ihre Präferenz zu dem eigenen Geschlecht? Zu dieser Frage liegen u.W. bislang keine empirischen Befunde vor. Die nachfolgend entwickelten Kategorien stellen dementsprechend einen ersten Versuch dar, die Schülerantworten einem Schema mit übergreifenden Inhaltsbereichen zuzuordnen. Aus den Schülerantworten ergaben sich folgende Kategorien:

Rollenfixierung: hier begründen die Kinder ihre Festlegung auf das eigene Geschlecht mit geschlechtsspezifischen Rollenvorstellungen: z. B. „Jungen spielen nur mit Jungen", „weil ich ein Mädchen bin".

Positive Aspekte des eigenen Geschlechtes: In dieser Kategorie wird die Entscheidung für das eigene Geschlecht mit geschlechtsspezifischen Vorzügen begründet: z. B. „Mädchen können schöner spielen"; „Jungen sind stärker".

Negative Aspekte des anderen Geschlechtes: Hier werden dem anderen Geschlecht negative Merkmale unterstellt: „Jungen sind so wild"; „Mädchen weinen immer gleich".

Persönliche Aversionen gegen das andere Geschlecht: Hier werden persönliche Abneigungen genannt: z. B. „Ich kann Jungen nicht leiden"; „Ich mag keine Mädchen".

Fehlende Erfahrungen mit dem anderen Geschlecht: z. B. „Ich habe noch nie mit einem Mädchen gespielt"; „Ich weiß gar nicht, was man mit so einem Jungen macht".

In Tabelle 2.6.1.4b sind die Häufigkeiten für die Nennung einzelner Kategorien für drei Erhebungszeitpunkte, jeweils getrennt nach Jungen und Mädchen wiedergegeben.

Tabelle 2.6.1.4b. Prozentuale Häufigkeiten für die Begründung von Geschlechtspräferenzen

	T 1	T 2	T 3
Rollenfixierung	14,3 %	20,7 %	17,0 %
	(9,2/20,3)	(14,9/26,7)	(12,5/21,6)
positive Aspekte des	38,6 %	28,8 %	23,8 %
eigenen Geschlechts	(42,1/34,4)	(36,2/21,1)	(36,5/10,8)
negative Aspekte des	24,3 %	22,3 %	21,8 %
anderen Geschlechts	(22,4/26,6)	(18,1/26,7)	(14,4/29,4)
persönliche Aversionen	12,9 %	20,1 %	28,6 %
gegen das andere Geschlecht	(15,8/ 9,4)	(22,3/17,8)	(27,9/29,4)
fehlende Erfahrungen mit	10,0 %	8,2 %	8,7 %
dem anderen Geschlecht	(10,5/ 9,4)	(8,5/ 7,8)	(8,7/ 8,8)

Tabelle 2.6.1.4b zeigt, daß die Mädchen zu allen Erhebungszeitpunkten deutlich häufiger als die Jungen mit einer eher starren Rollenfixierung argumentieren („Mädchen spielen nur mit Mädchen"). Jungen dagegen führen häufiger geradezu „selbstherrlich" die Vorzüge ihres eigenen Geschlechtes an. Die Mädchen dagegen benutzen im Verlauf der ersten beiden Schuljahre immer seltener dieses Argument und setzen sich vermehrt mit den negativen Seiten der Jungen auseinander. Es fällt weiterhin auf, daß die persönlichen Aversionen gegen das andere Geschlecht über die Zeit sichtbar zunehmen. Die Mädchen, die dabei zu T 1 noch eher zurückhaltend waren, „schließen" bis zu T 3 zu den Jungen „auf". Fehlende Erfahrungen mit dem anderen Geschlecht spielen bei den Begründungen eine eher untergeordnete Rolle.

Bis auf ganz wenige Ausnahmen äußern die Kinder zu allen drei Erhebungszeitpunkten nur eine einzige Begründung, die ihnen offensichtlich als Erklärung ihrer Geschlechtspräferenz auszureichen scheint.

Im folgenden stellen wir einmal typische Äußerungen innerhalb einzelner Kategorien zusammen, um zu dokumentieren, wie die Kinder konkret argumentieren.

Jungen	Mädchen
Kategorie 1 („Rollenfixierung")	
„Weil das besser ist, ich bin ja auch ein Bub";	„Es ist besser, wenn Mädchen bei Mädchen bleiben";
„Jungen spielen mit Jungen!"	„Mädchen spielen nur mit Mädchen";
„Weil ich auch ein Bub bin";	„Weil ich ein Mädchen bin";
„Ich bin ja auch ein Junge";	„Weil ich selbst eines bin";
„Ich bin doch ein Junge!"	„Ich bin doch ein Mädchen!"
„Was soll ich denn als Junge mit einem Mädchen ?"	„Mädchen passen nicht für Freundschaft zu den Buben".
Kategorie 2 („positive Aspekte des eigenen Geschlechts")	
Jungen sind: schneller, besser, netter, stärker, tapferer, schöner.	Mädchen sind: lieber, besser, zarter, können besser reden, hübscher, netter.
„Mit Jungen kann man besser spielen."	„Mit Mädchen kann man besser spielen."
Jungen „kann man besser vertrauen", „können mir besser helfen, wenn mich andere schlagen wollen", „können besser kämpfen", „können eine richtige Bande machen".	Mädchen „können sich besser vertragen", „kann man besser vertrauen", „verstehen vom Freundsein mehr", „kann man besser liebhaben", „können besser bei den Hausaufgaben helfen".
„Sie können Spiele, die ich auch alle kann": „Fußball", „Kämpfen", „Rennen" u. a.	„Mädchen können alle Mädchenspiele": „mit Puppen spielen", „Gummiseil", „Hickelhaus", Kaufladen" u. a.

Jungen	Mädchen
Kategorie 3 („negative Aspekte des anderen Geschlechts")	
Mädchen „sind so schwach", „ärgern sich so leicht", „heulen so leicht", „sind langweilig", „sind wehleidig", „plappern so viel".	Jungen sind „immer so böse", „so frech", „so wild; sie können nur so rauhe Sachen"; „sie machen lauter Blödsinn", „sie sind brutal"; "sind so schnell wütend".
„Mädchen spielen anders", „die spielen immer nur mit Puppen", „die spielen nie mit Bubenzeug".	„Jungen spielen nur so komische Sachen"; „die rennen bloß so blöd rum", „hauen sich nur", „reden dauernd von Autos und so Zeug".
„Mit Mädchen kann man nicht richtig spielen".	„Mit Jungen kann man nur so wilde Sachen spielen, das gefällt mir nicht."
„Mädchen können nie verstehen, was wir Buben so machen."	„Jungen spielen immer was anderes und können unsere Sachen nicht so."
„Mädchen können nicht wild spielen."	„Jungen können nicht lieb sein."
Kategorie 4 („persönliche Aversionen gegen das andere Geschlecht")	
„Ich mag Mädchen nicht."	„Ich mag die Buben nicht."
„Ich kann Weiber nicht leiden."	„Buben sind bös, darum kann ich die nicht leiden."
Mädchen sind „doof", „blöd".	Jungen sind „doof", „blöd", "dumm".
„Mädchen sind lauter Heulsusen."	„Jungen sind lauter Schläger."
Kategorie 5 („fehlende Erfahrungen mit dem anderen Geschlecht")	
„An Mädchen bin ich nicht gewöhnt."	„Mit den Buben hab' ich noch nie so richtig gespielt."
„Ich hab' immer nur Buben zum Spielen gehabt."	„Ich bin bis jetzt auch immer nur bei den Mädchen gewesen."
„Mit Mädchen kenn' ich mich nicht aus."	„Ich weiß nicht so richtig, wie die Buben halt so sind."

Es hat den Anschein, daß Jungen und Mädchen bereits zum Schulbeginn sehr stark rollenspezifisch vorgeprägt sind und deshalb ihre intensiven Kontakte auch weitgehend auf das eigene Geschlecht beschränken. Gleichgeschlechtliche Freundschaften sind für viele Kinder attraktiver. Zur Erklärung können verschiedene Variablen in Betracht gezogen werden: „differentielle Bekräftigung, kognitive Konsonanz sowie Verhaltenskompatibilität" (Wagner 1989, S. 88). Dieser Sachverhalt begünstigt in vielen Fällen die weitere Entwicklung zweier Subkulturen, die spezifische Kontaktformen weiterentwickeln und so den Zugang zum anderen Geschlecht immer schwieriger machen, so daß neben Vorurteilen und Typisierungen auch persönliche Aversionen entstehen können. Ein Kontakt zwischen den Geschlechtern wird so immer schwieriger und weniger erstrebenswert. Ein wichtiges Anliegen Sozialen Lernens sollten pädagogische Bemühungen sein, die dazu beitragen, daß Grenzziehungen zwischen den Geschlechtern gelockert und geschlechtsspezifische Typisierungen durch gemeinsame Aktivitäten reduziert werden können.

2.6.2 Konkrete Freundschaftsbeziehungen

Im folgenden befassen wir uns mit Schüleraussagen, die den Kontakt mit dem besten Freund in der Klasse beschreiben. Wie lange kennen sich die Freunde? Sind sie auch außerhalb der Schule zusammen? Wie häufig? Was unternehmen sie dann zusammen? Gibt es auch Streit zwischen den Freunden, was ist der Streitgrund? Wie wird der Freund beschrieben, was gefällt den Kindern besonders an ihm? Die Antworten auf diese Fragen werden in den weiteren Ausführungen, differenziert nach den Erhebungszeitpunkten und Unterschieden zwischen den Geschlechtern, analysiert. Nicht in die Analyse konnten solche Kinder einbezogen werden, die keinen Freund in der Klasse haben. Zu T1 waren dies 9,2 %, T2 10,4 % und T3 10,9 %.

2.6.2.1 Dauer der Freundschaft

Auf die Frage: „Wann habt ihr euch kennengelernt?" ergaben sich Hinweise auf unterschiedliche Zeitintervalle für die Dauer der Freundschaft. In Tabelle 2.6.2.1 sind die entsprechenden Häufigkeiten für die Schülerantworten aufgelistet.

Zum Schulbeginn (T 1) werden nur 36,5 % der Kinder als bester Freund genannt, die man schon aus der Zeit vor der Schulzeit kennt. Dagegen sind 57,1 % der Freunde „neue Bekanntschaften" aus den

Tabelle 2.6.2.1. Prozentuale Häufigkeiten der Schülerantworten auf die Frage: Wann habt ihr euch kennengelernt?

	T 1	T 2	T 3
vor der Schul-zeit	36,5 % (41,1/30,8)	26,5 % (31,9/20,6)	19,9 % (22,7/17,1)
seit Beginn der Schulzeit	57,1 % (52,7/62,6)	43,5 % (31,0/57,0)	37,3 % (18,5/56,4)
nach T 1		17,0 % (24,1/ 9,3)	13,1 % (19,3/ 6,8)
nach T 2			16,5 % (25,2/ 7,7)
unbestimmt	6,4 % (6,3/ 6,6)	13,0 % (12,9/13,1)	13,1 % (14,3/12,0)

ersten Schulwochen. Bei den Mädchen scheint dabei die Bereitschaft, sich auf neue Beziehungen einzulassen, etwas größer (62,6 % vs. 52,7 %). Am Ende des ersten Schuljahres (T 2) ist es nur noch etwa ein Viertel der Kinder, die man aus der Vorschulzeit kennt. 43,5 % sind Kontakte, die bereits zu T 1 bestanden, 17 % der Freundschaften entstanden im Verlauf des ersten Schuljahres. In dieser Zeit scheinen Jungen eine deutlich größere Wechselbereitschaft zu zeigen als die Mädchen, die ihrerseits zu einem höheren Prozentsatz an der zum Schulbeginn neu entstandenen Freundschaft festhalten (57,0 % vs. 31,0 %). Am Ende des zweiten Schuljahres (T 3) haben etwa noch 19,9 % der Kinder *vor der Schulzeit*, 37,3 % *zu Beginn der Schulzeit* und 13,1 % *im Verlauf des ersten Schuljahres* ihren besten Freund kennengelernt. In 16,5 % der Fälle ist die genannte Freundschaft erst in der zweiten Klasse entstanden.

Zu T3 wird besonders deutlich, daß die Mädchen sehr viel häufiger an der Freundin festhalten, die sie zum Schulbeginn kennengelernt haben (56,4 % vs. 18,5 %). Bei den Jungen dagegen werden in über 40 % aller Fälle neue Freundschaften nach T1 und T2 geschlossen. Besonders zu T2 und T3 wissen Kinder nicht mehr genau, wann sie sich kennengelernt haben. Typisch sind neben der Aussage „ich weiß es nicht mehr" Antworten wie „ich glaube, wir kennen uns schon ewig" oder „wir kennen uns schon sehr, sehr lang". Nachfragen nach genaueren Informationen bleiben in vielen Fällen ohne Erfolg.

2.6.2.2 Kontakte außerhalb der Schule

Aus der Frage, ob sich das Kind mit seinem besten Freund auch außerhalb der Schule trifft, resultiert die in Tabelle 2.6.2.2a dargestellte Häufigkeitsverteilung.

Während sich zu T 1 bereits in über zwei Drittel aller Fälle Freunde auch außerhalb der Schule treffen, erhöht sich diese Quote bis zu T 3 auf 78,6 %. Die Mädchen, die entsprechend der Ergebnisse des vorangegangenen Kapitels ihre Freundin häufig erst zum Schulbeginn kennenlernen,

Tabelle 2.6.2.2a. Prozentuale Häufigkeit der Schülerantworten auf die Frage: Trefft ihr euch auch außerhalb der Schule?

	T 1	T 2	T 3
ja	67,1 %	76,0 %	78,6 %
	(72,2/63,7)	(73,2/79,3)	(74,8/83,2)
nein	32,9 %	24,0 %	21,4 %
	(27,8/36,3)	(26,8/20,7)	(25,2/16,8)

treffen ihre neue „Bekanntschaft" zu T 1 nicht so häufig außerhalb der Schule wie die Jungen, die zu dieser Zeit auch noch mehr Freunde aus der Vorschulzeit haben. Danach allerdings sind es bis zu T 3 über 80 % der Mädchen, die ihre Freundinnen auch außerhalb der Schule treffen. Bei den Jungen erhöht sich der entsprechende Prozentsatz über die Erhebungszeitpunkte kaum.

Wie oft treffen sich nun die Freunde außerhalb der Schule? In Tabelle 2.6.2.2.b sind die ermittelten Häufigkeiten für die entsprechenden Zeitkategorien aufgelistet, wie sie sich aufgrund der Schülerantworten ergaben.

Tabelle 2.6.2.2b. Prozentuale Häufigkeiten für die Schülerantworten auf die Frage: Wie oft seid ihr außerhalb der Schule zusammen?

	T 1	T 2	T 3
mehrmals in der Woche	33,9 % (37,2/29,8)	60,9 % (54,7/68,4)	72,1 % (62,9/83,2)
einmal in der Woche	38,6 % (36,4/41,3)	29,7 % (35,3/23,1)	19,5 % (25,9/11,8)
selten, nicht so regelmäßig	27,5 % (26,4/28,8)	9,4 % (10,1/ 8,5)	8,4 % (11,2/ 5,0)

Zum Schulanfang (T1) treffen nur etwa ein Drittel der Kinder ihren besten Freund mehrmals in der Woche. 38,6 % kommen einmal in der Woche außerhalb der Schule zusammen, während sich 27,5 % noch seltener treffen. Diese Werte ändern sich im Verlauf der ersten beiden Schuljahre sehr deutlich. Am Ende des zweiten Schuljahres treffen sich etwa drei Viertel der Freunde mehrmals in der Woche. Nur in seltenen Fällen begegnet man sich weniger als einmal in der Woche. Mädchen scheinen ab T2 mit ihren Freundinnen öfter zusammen zu sein als Jungen mit ihrem Freund. Vergleicht man die Freundschaftsbeziehungen, in denen ein gemeinsames Treffen mehrmals in der Woche möglich ist, mit anderen, so läßt sich feststellen, daß für den Zeitraum von T2 zu T3 die Beziehungen mit den größeren Kontaktmöglichkeiten deutlich stabiler sind, während andere – wohl aus Mangel an gemeinsamen Treffen – häufiger auseinandergehen. Zwischen der Festigkeit einer Freundschaftsbeziehung und der Häufigkeit des Kontaktes kann wohl eine Wechselbeziehung angenommen werden: häufiges Zusammensein bietet viele Möglichkeiten zur Vertiefung der Beziehung; umgekehrt motiviert eine intensiver werdende Freundschaft dazu, sich häufiger zu treffen.

Womit verbringen nun die Freunde ihre gemeinsame Zeit außerhalb der Schule? Die Antworten ließen sich weitgehend fünf Kategorien zuordnen; wie sie in Tabelle 2.6.2.2c aufgeführt sind. In der letzten Kategorie findet sich eine Vielzahl von Aktivitäten von gemeinsamem Einkaufen über Aufräumen der Wohnung bis hin zum Besuch des Zoos. Bereits zu T1 werden hier Aspekte genannt, die den Umgang mit Medien (Radio, Kassetten, Fernsehen, Video, Computer) betreffen. Bei den folgenden Erhebungszeitpunkten nehmen gemeinsame Aktivitäten im Zusammenhang mit Medien innerhalb dieser Kategorie eine zentrale Stellung ein (T 2: 52,4 %; T 3: 78,1 %).

Das gemeinsame Spiel nimmt bei Aktivitäten zwischen Freunden einen bedeutsamen Platz ein. Aber es verliert im Verlauf der Zeit etwas an Stellenwert zugunsten des gemeinsamen Redens, gemeinsamer Hausaufgaben und des Benutzens von Medien. Für Mädchen ist es vielfach wichtiger, gemeinsam zu reden als für die Jungen, die das Spielen noch mehr bevorzugen. Der gemeinsame Schulweg wird zu T 2 und T 3 kaum noch genannt. Vermutlich handelt es sich dabei um eine so alltägliche und selbstverständliche Sache , daß sie nur zum Schulanfang für erwähnenswert gehalten wird.

Tabelle 2.6.2.2c. Prozentuale Häufigkeiten für unterschiedliche gemeinsame Aktivitäten außerhalb der Schule

	T 1	T 2	T 3
spielen	60,3 %	50,5 %	41,8 %
	(69,8/49,9)	(59,1/43,0)	(49,8/35,5)
miteinander	12,5 %	14,7 %	20,2 %
reden	(6,7/18,7)	(10,1/18,5)	(14,0/24,9)
Hausaufga-	10,4 %	15,1 %	15,5 %
ben	(7,8/13,3)	(12,1/17,7)	(14,4/16,3)
gemeinsamer	12,2 %	4,4 %	5,0 %
Schulweg	(11,7/12,7)	(5,6/ 3,4)	(6,6/ 3,7)
andere Aktivitäten	4,6 %	15,3 %	17,6 %
(vor allem Medien)	(3,9/ 5,4)	(12,9/17,4)	(15,1/19,5)

Sieht man sich die einzelnen Spiele, die unter dieser Frage genannt werden, näher an, so fällt auf (wie an vielen anderen Stellen bereits angedeutet), daß sich bei Mädchen und Jungen deutlich unterscheidbare Subkulturen (Spielkulturen) herausbilden. Eine Auflistung der erwähnten Spiele mag diesen Sachverhalt verdeutlichen:

Jungen	Mädchen
Eine Bande machen; im Lager, in Löchern, Bauten, Höhlen spielen; ein Baumhaus, ein Häuschen bauen.	Spazierengehen, einkaufen, Schaufenster angucken, Puppen ausfahren, Picknick machen, zusammen etwas kochen.
Gegeneinander kämpfen, sich verteidigen; mit Pistole, Gewehr, Pfeil und Bogen schießen.	Sich Geheimnisse erzählen, vorlesen, Lehrerin spielen, sich verkleiden, schminken.
Indianer, Cowboy, Ritter, Soldaten, Werwolf, Supermann spielen.	Mutter-Vater, Baby, Krankenhaus, Prinzessin.
Rumrennen, um die Wette rennen, rumrasen, fangen, rumstreunern, klettern, „action" machen, verstecken.	Seilspringen, Hula-Hupp, Hickel-Häuschen, tanzen, singen, zusammen lachen, einkaufen, Musik hören.
Fußball, Klicker, Tischtennis, Fahrrad, Disco-Roller.	Ballett, Musikschule, Schwimmen, Rollschuh.
Mit Autos, Flugzeugen, Schiffen, Raketen spielen; mit Lego, Playmobil, Fischer-Technik bauen.	Mit Puppen, Barbie, Stofftieren, Puppenhaus, Kaufladen spielen; Puzzle, Memory, Quartett.

Rauschenbach & Wehland (1989) stellten fest, daß Jungen zu Beginn der Schulzeit häufiger im Freien spielen und dort ein höheres „Mobilitätsniveau" entwickeln, während die Mädchen öfter zu Hause in der Obhut ihrer Eltern oder in der Nähe der Wohnung bleiben (S. 57). Dieser Sachverhalt mag auch ein Grund für die Unterschiedlichkeit des Spielverhaltens zwischen den Geschlechtern sein.

Bei gemeinsamen Gesprächen geht es um die verschiedensten Bereiche: „Wir erzählen, was so in der Schule war." „Sich auch sagen, daß man sie lieb hat." „Wir reden über Sorgen, die man manchmal so hat." Solche Aussagen, die den Austausch persönlicher Informationen betreffen und auch in den Bereich „intimer Selbsteröffnung" gehen, finden sich vor allem in Freundschaften zu T 3, die bereits von größerer Dauer sind. Zu ähnlichen Ergebnissen kommen Rotenberg & Suz (1988) und Bernd & Perry (1986), wobei letztere diese Formen freundschaftlicher Kommunikation eher älteren Kindern zuschreiben. Häufig wird zwischen Freunden auch die Lust am verbalen Austausch thematisiert: „Einfach so ein bißchen quatschen, weil's so einen Spaß macht." „Manchmal so Geschichten erfinden." „So ein bißchen auch rumspinnen." „So über Fußball und was im Fernsehen war."

Das gemeinsame Betrachten von Fernsehsendungen und Videos ist häufig auch eine Zeit, in der man sich näher kommt: „Wir kuscheln dann zusammen." – „Dann machen wir's uns gemütlich, hocken uns so eng zusammen und gucken Video." „Wenn mal 'was kommt, wo man sich allein fürchten tät', da nehm' ich dann dem seine Hand."

2.6.2.3 Konflikte zwischen Freunden

Wie zahlreiche Befunde belegen, gibt es zwischen Freunden auch häufig Streit (vgl. Wagner 1989). Bei längerdauernden Freundschaften besteht dazu auch ausreichend Gelegenheit. Tabelle 2.6.2.3a zeigt, daß mit zunehmender Zeit immer mehr befreundete Kinder zugeben, daß sie sich schon einmal gestritten haben.

Tabelle 2.6.2.3a. Prozentuale Häufigkeiten der Schülerantworten auf die Frage: Habt ihr euch schon einmal gestritten?

	T 1	T 2	T 3
ja	39,0 %	57,3 %	74,6 %
	(39,3/38,5)	(55,4/59,8)	(71,2/78,8)
nein	61,0 %	42,7 %	25,4 %
	(60,7/61,5)	(45,6/40,2)	(28,8/21,2)

Offensichtlich erkennen die Kinder immer deutlicher, daß Konflikte zu Freundschaft gehören und nicht das Ende einer Freundschaftsbeziehung bedeuten. Wir wollten weiter wissen, worüber sich die Freunde gestritten haben. Als Streitgründe werden vor allem vier Bereiche angesprochen. Sie betreffen *Streit um Sachen* (z. B. „Eigentumskonflikte"; dem anderen etwas wegnehmen; wer darf zuerst mit etwas spielen), *körperliche Verletzungen* (z. B. der eine hat dem anderen einen körperlichen Schmerz zugefügt), *Meinungsverschiedenheit* (z. B. Streit darüber, wer recht hat oder wer bestimmen darf, was gespielt wird) *und Rivalität, Eifersucht* (z. B. der Freund lädt auch andere ein oder läßt sich zu intensiv mit anderen Kindern ein). In Tabelle 2.6.2.3b sind die Häufigkeiten für diese vier Bereiche aufgeführt.

Es wird sichtbar, daß Streit um Sachen innerhalb der Konfliktursachen von T1 zu T3 deutlich an Gewicht verliert. Bei den Mädchen ist diese Reduzierung besonders auffällig (T 1: 51,4 % vs. T 3: 10,1 %). Vermutlich entwickeln sich im Verlauf der Freundschaften Regelungen für den Umgang mit Sachen, die konfliktreduzierend wirken. In Übereinstimmung mit Newson & Newson (1978) kommt es bei den Jungen häufig zu eher physischen Auseinandersetzungen. Allerdings scheinen sich Freund-

Tabelle 2.6.2.3b. Prozentuale Häufigkeiten für Streitgründe zwischen Freunden

	T 1	T 2	T 3
1 Streit um Sachen	43,4 %	34,0 %	17,6 %
	(37,0/51,4)	(32,5/35,9)	(24,2/10,1)
2 körperliche Verletzung	27,7 %	27,0 %	12,8 %
	(43,5/ 8,1)	(44,2/ 6,3)	(22,2/ 2,2)
3 Meinungsverschiedenheit	18,1 %	22,0 %	33,0 %
	(15,2/21,6)	(13,0/32,8)	(24,2/42,7)
4 Rivalität, Eifersucht	10,8 %	17,0 %	36,7 %
	(4,3/18,9)	(10,4/25,0)	(29,3/44,9)

schaften zwischen Jungen so zu entwickeln, daß man behutsamer miteinander umgeht und dem anderen weniger „weh" tut. Bei Mädchen besitzen körperliche Auseinandersetzungen einen äußerst geringen Stellenwert, wie bereits an verschiedenen Stellen nachgewiesen werden konnte. Eine zunehmende Tendenz findet sich bei Meinungsverschiedenheit und Rivalität/Eifersucht. Bei Mädchen ist dabei ein besonders starker Anstieg der einzelnen Häufigkeiten festzustellen. Bereits bei den geschilderten Sozialereignissen (Kap. 2.3) wurde deutlich, daß für Mädchen Eifersucht und Rivalität zum Alltag des sozialen Umganges gehören.

Bei einer näheren Betrachtung der Antworten ergeben sich weitere Aufschlüsse, die die Konflikte zwischen Freunden als spezifische Konfliktformen kennzeichnen. Aus einer Vielzahl von Schüleraussagen wird sichtbar, daß Konflikte zwischen Freunden häufig „beziehungsschonend" ausgetragen werden. Dabei werden unterschiedliche Aspekte genannt:
– Eine *Versöhnung* ist „vorprogrammiert": z. B. „Auch wenn wir 'mal streiten, vertragen tun wir uns sowieso immer wieder." – „Wenn wir streiten, sind wir uns nie richtig böse." – „Wir freunden uns immer gleich wieder an."
– Körperliche Auseinandersetzungen werden als *Spielhandlungen* definiert: z. B. „Wir kämpfen nur zum Spaß." – „Wir üben uns ins Kämpfen ein."
– Um einer Eskalation vorzubeugen, wird *physische Distanz* geschaffen (vgl. auch Selman 1984): z. B. „Wenn's mal ein bißchen schlimmer wird, da gehen wir ein bißchen auseinander, nach einer halben Stunde geht's dann wieder." – „Manchmal sind wir uns fast richtig bös', da gehe ich mal erst heim, daß wir später gleich wieder Freundinnen sein können." – „Wir haben Geduld bis zum nächsten Tag."
– Die Kinder verfügen über viele „freundbezogene" *Versöhnungsstrategien*: z. B. „Ich gebe der dann schnell einen Kuß, und wir sind wieder Freunde." – „Dann sag' ich: ‚Komm, wir geben uns die Hand', und wir

sind wieder Freunde."- „Ich guck' den so an, bis er ein bißchen lachen muß, dann lachen wir, und es ist wieder gut." – „Ich rufe die dann an, am Telefon kann man sich so gut wieder vertragen."
– *Kompromisse* werden gesucht: z. B. „Wir haben uns gestritten wegen einem Heftchen. Da hat die mit mir zusammen gelesen." – „Wir einigen uns halt, weil wir Freunde sind." – „Wenn jeder ein bißchen nachgibt, bei uns klappt das immer ganz gut."
– *Verbale* Konfliktlösungsstrategien werden genannt: z. B. „Wir entschuldigen uns dann." – „Wir reden darüber, und dann geht's auch wieder." – „Ich sage der auch, wenn mir was nicht gefällt."

Oft sprechen die Kinder davon, daß ein Konflikt mit dem Freund sie sehr belastet: z. B. „Das war ganz arg schlimm." – „Da hatten wir Krach und alle zwei so sehr geweint und als die mittags nicht gekommen ist, bin ich dauernd am Fenster gewesen, ob sie doch noch kommt." – „Streit mit meinem Freund, das ist so schlimm."

2.6.2.4 Beschreibung des Freundes

Für die Beschreibung von Mitschülern liegen für diese Altersgruppe, außer einer Untersuchung von Honess (1980) unseres Wissens keine Forschungsbefunde vor. Dementsprechend sind auch unsere Fragen zur Charakterisierung des Freundes und die daraus entwickelten Kategorien als sehr vorläufige Ansätze zu betrachten. Für den Verlauf des Interviews erschien uns die Frage: „Wie ist'n der (die) so?" recht gut geeignet, um die Gesprächssituation aufrechtzuerhalten und dem Kind die Beschreibung des Freundes nahezulegen. An diese sehr offene Frage schließt sich eine weitere an, mit der wir vor allem Näheres über die Attraktivität des

Tabelle 2.6.2.4a. Prozentuale Häufigkeiten für einzelne Inhaltskategorien zur Beschreibung des besten Freundes

	T 1	T 2	T 3
lieb, nett,	39,8 %	35,0 %	30,3 %
toll	(38,0/41,3)	(37,1/33,6)	(32,1/29,3)
gemeinsame	15,9 %	8,9 %	8,5 %
Aktivitäten	(21,7/11,0)	(15,2/ 4,6)	(14,2/ 3,3)
positive Sozial-	32,3 %	37,0 %	39,4 %
eigenschaften	(32,6/32,1)	(39,0/35,5)	(38,1/40,2)
positive schul-	11,9 %	19,1 %	21,8 %
bezogene Eigenschaften	(7,6/15,6)	(8,6/26,3)	(15,7/25,3)

Freundes für das befragte Kind erfahren wollten: „Was gefällt dir an dem (der) so?"

Die Antworten auf die offene Frage zur Beschreibung des Freundes ließen sich vier Großkategorien zuordnen, die auch schon bei anderen Kategoriensystemen vorkommen (vgl. Kap. 2.6.1.2). Über konkrete Schüleräußerungen innerhalb dieser Kategorien wird am Ende dieses Kapitels berichtet.

Die eher pauschalen Beschreibungen (Kat. 1) nehmen zu allen drei Zeitpunkten einen recht breiten Raum ein, wenn auch zu T 3 etwas weniger Kinder diese Beschreibungskategorie benutzen. Die Nennung gemeinsamer Aktivitäten (z. B. „der spielt mit mir") erfolgt nach T1 seltener. Besonders den Mädchen erscheint eine solche handlungsbezogene Kategorie wenig geeignet, die Freundin zu beschreiben. Zunehmend häufiger werden positive Sozialeigenschaften des Freundes erwähnt. Schulbezogene Eigenschaften gewinnen im Verlauf der ersten beiden Schuljahre deutlich an Gewicht. Dies gilt besonders für die Mädchen.

Die durchschnittliche Anzahl von Beschreibungskategorien (vgl. Tabelle 2.6.2.4b) ist relativ gering und verweist auf die geringe „Ergiebigkeit" dieser Fragestellung.

Tabelle 2.6.2.4b. Differenziertheit der Aussage: durchschnittliche Anzahl von Kategoriennennungen

T 1	T 2	T 3
1,07		
1,15	1,46	
(1,01/1,12)	(1,11/1,18)	(1,03/1,92)

Es findet sich wiederum der bereits „vertraute" Befund, daß die Kinder mit zunehmender Schulzeit differenzierter antworten. In diesem Fall sind es ausschließlich die Mädchen, auf die ein solcher Anstieg zurückzuführen ist.

Als deutlich informativer und reichhaltiger erwiesen sich die Antworten auf die Frage, was dem Kind an seinem Freund gefällt. Zusätzlich zu den bisherigen Kategorien nennen Kinder nun das positive Aussehen des anderen, individuelle Besonderheiten (z. B. das Kind kann etwas, was es von anderen unterscheidet), und sie äußern, daß ihnen *alles* gefällt, d. h. die Gesamtpersönlichkeit des Freundes ohne Einschränkung.

Im Vergleich zu der offenen Frage zur Beschreibung des Freundes hat die Kategorie 1 einen wesentlich geringeren Stellenwert und verliert zu T3 fast völlig an Bedeutung. Auch das positive Aussehen wird nur zu T1

Tabelle 2.6.2.4c. Prozentuale Häufigkeiten für einzelne Inhaltskategorien zu Merkmalen, die dem Kind an seinem Freund gefallen

	T 1	T 2	T 3
lieb, nett	19,7 %	7,3 %	5,4 %
	(18,4/20,5)	(7,7/ 7,0)	(6,4/ 4,8)
positives Aussehen	16,9 %	7,5 %	5,0 %
	(17,3/16,6)	(10,5/ 5,3)	(9,6/ 2,2)
gemeinsame Aktivitäten	17,7 %	17,6 %	20,1 %
	(20,4/15,9)	(19,3/16,4)	(24,1/17,8)
positive Sozialeigen-	16,1 %	20,9 %	25,3 %
schaften	(19,4/13,9)	(21,0/20,9)	(25,7/25,1)
Schulleistungen	13,7 %	21,4 %	18,7 %
	(9,2/16,6)	(17,7/24,2)	(12,8/22,2)
besondere Eigenschaften	7,6 %	10,4 %	15,7 %
und Fähigkeiten	(8,2/ 7,3)	(9,9/10,7)	(12,3/17,8)
„alles"	8,4 %	14,8 %	9,8 %
	(7,1/ 9,3)	(13,8/15,6)	(9,1/10,5)

häufiger erwähnt und später lediglich noch bei den Jungen, denen vor allem die Größe und Stärke ihres Freundes gefällt. Zu allen Zeitpunkten bezieht sich etwa jede fünfte Nennung auf angenehme gemeinsame Aktivitäten: z. B. „daß die so schön *mit mir* spielt." Zunehmend häufiger werden positive Sozialeigenschaften genannt. Schulleistungen gewinnen im Verlauf des ersten Schuljahres an Bedeutung. Für Mädchen ist dieses Kriterium wichtiger als für Jungen. Während der ersten beiden Schuljahre entwickelt sich allmählich auch ein Interesse für die individuellen Besonderheiten, die die Kinder an ihrem Freund zu schätzen lernen. Bei einigen Kindern geht die Bewunderung des Freundes so weit, daß ihnen ohne Einschränkungen alles an ihm gefällt (Kat. 7). Zum Ende des zweiten Schuljahres erreichen diese Nennungen die größte Häufigkeit, um dann bis zu T 3 wieder geringer zu werden.

Diese Frage erweist sich im Vergleich zu der offeneren Frage als ergiebiger, wie die in Tabelle 2.6.2.4d dargestellten Durchschnittswerte für die Häufigkeit von Kategoriennennungen zeigen.

Tabelle 2.6.2.4d. Differenziertheit der Aussage: durchschnittliche Anzahl von Kategoriennennungen

T 1	T 2	T 3
1,30	1,92	2,23
(1,03/1,67)	(1,50/2,44)	(1,56/3,01)

Auch hier wird deutlich, daß die Antworten im Verlauf der ersten beiden Schuljahre differenzierter werden. Mädchen können weitaus subtiler darüber berichten, was ihnen an ihren Freundinnen gefällt. Die Analyse der einzelnen Schülerantworten führt zu weiteren interessanten Aspekten der Beschreibung des Freundes.

Zu *Beginn der Freundschaft* spielt das Äußere des Freundes noch eine relativ große Rolle. Schöne Kleidung, die Haare, das Gesicht, die Augen, die Schönheit und das hübsche Aussehen allgemein werden vor allem von Mädchen genannt. Teilweise schwingt geradezu „schwärmerische" Bewunderung mit: „die sieht ja so goldig aus", „die hat goldene Haare", „ihr Gesicht ist schöner als bei allen anderen", „was die für dunkle, schöne Augen hat" u. a. Bei den Jungen ist es die Größe und Stärke: „der ist der größte in der Klasse", „der ist so stark, wenn der mal hinhaut, o weh, o weh", „der ist ja so stark, den packt ja keiner, und er ist mein Freund".

Bei *gemeinsamen Aktivitäten,* besonders beim Spielen, wird meist hinzugefügt, daß der Freund die entsprechende Aktivität „immer" und „nur mit mir" ausübt (vgl. auch Honess 1980). Vielen Kindern gefällt es, daß der Freund sie zu Hause besucht oder daß er sie zum Besuch einlädt.

Bei den *Sozialeigenschaften* werden in vielen Fällen Fähigkeiten beschrieben, die schönes Spielen ermöglichen: „toll spielen"; „mir gefällt, wie er spielt"; „der hat so viel Spielideen in seinem Kopf"; „mit der macht Spielen immer mehr Spaß".

Spaß oder „Quatsch" machen, Witze erzählen, lustig sein, den anderen zum Lachen bringen, sind soziale Aspekte, die besonders die Jungen an ihren Freunden schätzen. In der Jungengruppe ist erwartungsgemäß auch die Unterstützung bei Zweikämpfen mit anderen „ein großes Thema". Den schwächeren Kindern ist dabei die Hilfe durch den „kampfstarken" Freund wichtig. In entsprechenden Aussagen schwingt auch eine gewisse Genugtuung darüber mit, daß dem Aggressor „mit gleicher Münze" zurückgezahlt wird:

„Als die mich immer so angegriffen haben, da hab' ich gezittert wie ein Zitterhase, aber mein Freund Frank, der regelt das jetzt alles."

Bei den Mädchen wird Empathie bei der Freundin sehr geschätzt:
„Als ich eine Blase am Fuß hatte, hat sie gemerkt, daß mir das weh tut. Andere hätten das nie gemerkt. Das gefällt mir an der so."
„Wie ich im Turnen 'mal nicht so gut war, dann hat die gesagt: ‚Das ist aber ganz gut', weil die in mir merkt, daß mein Bein so lang' krank war."
„Mir gefällt am besten, daß die merkt, wenn's mir gut aber auch so traurig ist oder so."

Auch die positiven Sozialeigenschaften werden vor allem zu T 1 vorwiegend noch unter dem Aspekt der Leistung für das befragte Kind gesehen: „Der versteht mich". „Die ist immer ehrlich zu mir", „redet so schön mit mir". Ein Teil der Äußerungen zu T 2 (etwa 30 %) und T 3 (ca. 45 %) benennen die Beziehung auch unter dem Gesichtspunkt der Gegenseitigkeit:

„Wir verstehen uns gut."
„Wir können gut miteinander erzählen."
„Daß wir uns immer wieder vertragen."
„Wenn die was vergessen hat, kriegt sie was von mir und genauso krieg' ich's von ihr."
„Beim Kämpfen, da paßt jeder genau auf, daß dem anderen nichts passiert."
„Wir teilen unser Essen und Trinken, und die gibt mir auch mal mehr, auch wenn ich nicht so viel dabei hab'."

Zum dritten Zeitpunkt werden Beschreibungen von Freunden geliefert, die darauf verweisen, daß die Kinder beginnen, den Freund in seiner Einmaligkeit, in seiner *Identität* zu „entdecken". Diese „Entdeckung" findet sich als Andeutung an mehreren Stellen:

„Mir gefällt, wie die so lacht, so ganz besonders und wie die so redet."
„Der Michael der kann so malen, ich glaub', wie sonst keiner."
„Die Angelika hat so eine gute Art, das gibt's nur bei der."
„Der Frank und was mir an dem gefällt, der ist 'was ganz besonderes, das gibt's ja nur einmal, denk' ich so."

Auch die *schulische Leistungsfähigkeit* wird häufig in die Beschreibung des Freundes eingebracht. Es gibt dabei eher allgemeine Äußerungen (z. B. „der ist gut in der Schule") oder auch konkrete fachbezogene (z. B. „der hat immer einen Einser im Rechnen", „die hat 0 Fehler im Diktat"). Besonders interessant erscheint, daß es sich in vielen Fällen um schulisch erfolgreiche Kinder handelt, die mit entsprechenden Freunden zusammen sind. Immer wieder finden sich Aussagen wie „der ist *auch* so gut in der Schule"; „die hat keinen Fehler im Diktat, *genau wie ich*" u. ä., die unterstreichen, daß schulische Leistungsfähigkeit ein verbindendes Moment zwischen Freunden darstellen kann.

2.6.3 Zusammenhänge zwischen der Differenziertheit der Aussagen im Freundschaftsinterview und soziometrischen Variablen

Zunächst sind wir der Frage nachgegangen, ob ein Zusammenhang zwischen der Differenziertheit der Aussagen zu Freundschaft und dem Freundschaftsstatus besteht. Man könnte vermuten, daß Kinder, die Freundschaft sehr differenziert sehen, dies an andere vermitteln und dadurch für eine Freundschaftsbeziehung besonders attraktiv werden. Für die Bestimmung der Variable „Differenziertheit" wurde ein recht grobes Verfahren gewählt. Es wurde die Summe aller Kategoriennennungen eines Kindes für die fünf Fragen zu allgemeinen Vorstellungen des Kindes zu Freundschaft (vgl. 2.6.1.1–3) und zur konkreten Beschreibung des Freundes (vgl. 2.6.2.4) ermittelt. Dieser Summenwert wurde mit dem soziometrischen Status für Freundschaft (vgl. 2.4.1) korreliert (vgl. Tabelle 2.6.3a).

Tabelle 2.6.3a. Korrelationen zwischen der Differenziertheit der Aussagen im Freundschaftsinterview und dem soziometrischen Freundschaftsstatus

	T 1	T 2	T 3
Jungen	.04	.14*	.23**
Mädchen	.16*	.34***	.47***

* = p < .05   ** = p < .01   *** = p < .001)

Es wird sichtbar, daß die Mädchen häufiger als Freundin stärker begehrt sind, die über differenzierte Freundschaftskonzepte verfügen. Dieser Zusammenhang wird im Verlauf der ersten beiden Schuljahre größer. Die gemeinsame Varianz zwischen Differenziertheit und Status beträgt zu T3 über 22 %. Bei den Jungen scheinen die differenzierten Sichtweisen weit weniger zum Freundschaftsstatus beizutragen, die gemeinsame Varianz beträgt hier zu T 3 lediglich 5,3 %. Bisher wurden die Korrelationen nur in die Richtung interpretiert, daß differenzierte Sichtweisen die soziale Attraktivität erhöhen. Die umgekehrte Richtung erscheint ebenso bedeutsam: Kinder, die einen hohen Freundschaftsstatus haben, verfügen über mehr Freundschaftskontakte und haben dementsprechend häufig mehr Gelegenheiten, differenzierte Sichtweisen zu erwerben. Die Ergebnisse deuten darauf hin, daß Mädchen aus ihren Freundschaftsbeziehungen mehr entsprechenden Gewinn ziehen können.

In einem weiteren Schritt wurde überprüft, ob Kinder mit einem differenzierten Freundschaftskonzept möglicherweise anspruchsvoller in der

Tabelle 2.6.3b. Korrelationen zwischen der Differenziertheit der Aussagen im Freundschaftsinterview und der Anzahl der Mitschüler, die ein Kind zum Freund wählt

	T 1	T 2	T 3
Jungen	-.05	-.16**	-.29***
Mädchen	-.11	-.21**	-.32***

* = p < .05   ** = p < .01   *** = p < .001

Wahl ihrer Freunde sind und in der soziometrischen Befragung auch weniger Kinder als Freunde wählen. In Tabelle 2.6.3b sind die entsprechenden Korrelationen aufgeführt.

Es zeigt sich ein Trend, aufgrund differenzierter Vorstellungen von einem Freund die Mitschüler kritischer zu betrachten und weniger Kinder in der Klasse für eine Freundschaftsbeziehung zu akzeptieren. Mit zunehmenden Erfahrungen in der Schülergruppe wird im Verlauf der ersten beiden Schuljahre dieser Zusammenhang größer. Zwischen Jungen und Mädchen ergeben sich dabei keine wesentlichen Unterschiede.

In einem dritten Auswertungsschritt gingen wir der Frage nach, ob sich Kinder solche Mitschüler zum Freund aussuchen, die Freundschaft ähnlich differenziert betrachten wie sie selbst. Für die Variable Differenziertheit wurden drei Niveaugruppen (hoch – mittel – niedrig) gebildet. Danach wurde für jede einzelne Nennung das Differenzierungsniveau des befragten Kindes mit dem des genannten Freundes verknüpft. In Tabelle 2.6.3c sind diese Verknüpfungen für T 1 und T 3 dargestellt.

Zu T1 sind die Verknüpfungen von Kindern mit gleichem Differenzierungsniveau etwas häufiger zu finden als andere. Beispielsweise nennen 49,3 % der Kinder, die Freundschaft sehr differenziert betrachten, auch einen Freund, der der gleichen Niveaugruppe angehört. Dagegen nennen nur 20 % der Kinder dieser Gruppe einen Freund, der sehr wenig differenzierte Sichtweisen besitzt. Dieser mehr als Trend zu beurteilende Befund (Kontingenzkoeffizient C = 0.297), daß sich „niveau-ähnliche" Kinder häufiger zusammenfinden, wird zu T2 als deutliches Ergebnis sichtbar (C = 0.577). 68 % der Kinder mit einem hohen Differenzierungsniveau nennen jetzt Kinder als ihre Freunde, die ihnen in diesem Niveau sehr ähnlich sind. Es ist anzunehmen, daß Freundschaften mit einer solchen Übereinstimmung gegenseitiges Verständnis, Kooperation, Kommunikation und einen beziehungsfördernden Umgang mit Konflikten eher begünstigen. Dadurch erhöht sich vermutlich auch die Attraktivität der Beziehung zwischen den beiden Freunden. Gleichzeitig gehen wir davon aus, daß in vielen Freundschaftsbeziehungen eine Angleichung

Tabelle 2.6.3c. Verknüpfung der Differenzierungsniveaus eines befragten Kindes und des von ihm genannten besten Freundes zum Beginn des ersten Schuljahres (T 1) und zum Ende des zweiten Schuljahres (T 3)

T 1		Differenzierungsniveau des genannten Freundes			
		hoch	mittel	niedrig	
	hoch	*34*	*21*	*14*	*69*
Differenzierungs-		*(49,3)*	*(30,4)*	*(20,3)*	*(100%)*
niveau des be-	*mittel*	*25*	*29*	*13*	*67*
fragten Kindes		*(37,3)*	*(43,3)*	*(19,4)*	*(100%)*
	niedrig	*22*	*17*	*30*	*69*
		(31,9)	*(24,6)*	*(43,5)*	*(100%)*
		81	*67*	*57*	*205*

$chi^2 = 14,52$ $p < .01$ $C = 0.297$

T 3					
	hoch	*51*	*15*	*9*	*75*
		(68,0)	*(20,0)*	*(12,0)*	*(100%)*
	mittel	*14*	*39*	*19*	*72*
		(19,4)	*(54,2)*	*(26,4)*	*(100%)*
	niedrig	*13*	*18*	*41*	*72*
		(18,1)	*(25,0)*	*(56,9)*	*(100%)*
		78	*72*	*69*	*219*

$chi^2 = 73,01$ $p < .001$ $C = 0.577$

der Niveaus – in den meisten Fällen in Richtung der höheren Differenzierungskompetenz – stattfindet, wenn es auch bisher wenig empirische Hinweise dafür gibt, in welchem Ausmaß Kinder Aspekte des kognitiven Niveaus in Sozialbeziehungen einbringen (vgl. Wagner 1989). Auf allen Niveaustufen finden sich Kinder häufiger mit „niveau-ähnlichen" Freunden zusammen (59,8% aller Nennungen); in 27,4% der Fälle weichen die Freunde um eine Niveaustufe voneinander ab; nur bei 17,6% der Kinder finden sich Freunde zusammen, die sich deutlicher unterscheiden.

2.6.4 Zusammenfassung und Diskussion

Die Befragung zum Bereich Freundschaft wurde in Form eines Interviews durchgeführt. Der Einsatz einer Handpuppe erwies sich dabei als

eine altersgemäße Vorgehensweise, die die Interviewsituation auflok-
kerte und so spracherleichternd wirkte. Die Offenheit, mit der die Kinder erzählten und die hohe Bereitschaft, über eigene Gefühle zu sprechen, verdeutlicht in vielen Fällen, daß wir die Kinder gut „erreicht"
haben.

Das Interview läßt sich nach zwei Schwerpunkten differenzieren: Die
Kinder werden nach *allgemeinen* Vorstellungen von Freundschaft
gefragt; danach sollten sie uns detaillierte Hinweise zur *konkreten* Beziehung mit ihrem besten Freund in der Klasse geben. Die Schülerantworten zu offenen Fragen wurden nach drei Gesichtspunkten ausgewertet:
– Nach der Zuordnung der Schülerantworten *zu post hoc gebildeten
  Kategorien* wurden die Häufigkeitsverteilungen im Verlauf der ersten
  beiden Schuljahre analysiert und die Aussagen der Mädchen und Jungen verglichen.
– Danach wurde die *Differenziertheit* der Schülerantworten (als Anzahl
  der unterschiedlichen Kategoriennennungen eines Kindes) untersucht.
– In einem weiteren Schritt wurden die einzelnen Schüleraussagen einer
  eher qualitativen *Betrachtung* unterzogen.

Zunächst wurden die Kinder nach ihren *Freundschaftsvorstellungen*
(subjektiver Freundschaftsbegriff) befragt. Was ist für die Kinder ein
Freund oder eine Freundin? Ein Freund ist ein Kind, das eines oder
mehrere der folgenden übergreifenden Merkmale besitzt: Er ist lieb,
nett; er hat die Eigenschaften eines bestimmten Kindes (ein Freund ist
wie der X); er sieht schön aus; er ist zu gemeinsamen Aktivitäten
bereit (vor allem zum Spielen); er besitzt positive Sozialeigenschaften;
er hilft; er ist bereit, zu teilen; ordnet sich dem anderen unter und/oder
kommt in der Schule gut zurecht. Im Verlauf der ersten beiden Schuljahre ergeben sich deutliche Verschiebungen bezüglich der Häufigkeit
einzelner Kategorien. Pauschale Beschreibungsmerkmale und Hinweise
auf positives Äußeres verlieren an Bedeutung, während die Kriterien
„soziale Eigenschaften" und „schulbezogene Aspekte" an Relevanz
zunehmen. Für die Jungen sind gemeinsame Aktivitäten, soziale
Eigenschaften und die Bereitschaft, sich unterzuordnen, wichtigere
Kriterien als für die Mädchen, die ihrerseits bei der Beschreibung einer
Freundin häufiger das Schenken und Teilen, schulbezogene Aspekte
sowie eine Mitschülerin, der sie eine Vorbildfunktion zuschreiben,
nennen.

Die Aussagen der Kinder werden im Verlauf der ersten beiden Schuljahre deutlich differenzierter. Zu allen drei Zeitpunkten nennen die
Mädchen mehr unterschiedliche Kategorien als die Jungen.

Die Frage „Wie soll ein Freund / eine Freundin sein?" führte zu sehr
ähnlichen Antworten, so daß das gleiche Kategoriensystem wie für die

allgemeine Fragestellung vewendet werden konnte. Allerdings ergeben sich andere Gewichtungen. Die Jungen fordern von ihrem Freund vor allem Hilfe in schwierigen Situationen (besonders in körperlichen Auseinandersetzungen) und positive soziale Eigenschaften (u. a. mutig sein, sich wehren können und weniger aggressiv als die anderen sein). Bei den Mädchen rückt im Verlauf der ersten beiden Schuljahre das schulische Zurechtkommen der Freundin in den Vordergrund. Auch das Helfen ist von großer Bedeutung, wobei hier ein breites Spektrum von Hilfesituationen angesprochen wird.

Auf die Frage: „Wozu braucht man überhaupt einen Freund?" konnten die Schülerantworten fünf übergreifenden Kategorien zugeordnet werden:
- um nicht allein zu sein;
- für gemeinsame Aktivitäten;
- als Gesprächspartner;
- zur Unterstützung;
- um soziale Nähe zu erfahren (zum Liebhaben).

Bedürfnisse nach einer Gesprächspartnerschaft und sozialer Nähe gewinnen im Verlauf der ersten beiden Schuljahre deutlich an Gewicht. Während bei den Mädchen diese beiden Aspekte bis zum Ende des zweiten Schuljahres immer mehr Bedeutung erhalten, brauchen Jungen einen Freund vor allem für gemeinsame Aktivitäten und zur Unterstützung in sozialen Problemsituationen. Auch bei dieser Frage wird zunehmend differenzierter geantwortet, wobei die Mädchen wiederum einen deutlichen Vorsprung haben.

Betrachtet man nun die Schülerantworten zu den drei Aspekten eines subjektiven Freundschaftsverständnisses (allgemeines Freundschaftskonzept, Erwartungen an einen Freund und Funktion einer Freundschaft) näher, so lassen sich Hinweise auf soziale Entwicklungen im Verlauf der ersten beiden Schuljahre finden, die über eine Zuordnung zu Inhaltsbereichen deutlich hinausgehen.

Die Aussage, die kindlichen Vorstellungen von Freundschaft werden im Verlauf der ersten beiden Schuljahre differenzierter, wird zunächst dadurch bestätigt, daß mehr Inhaltskategorien bei der Beantwortung einzelner Fragen genannt werden. Die *zunehmende inhaltliche Differenzierung* wird deutlicher erkennbar, wenn man die subtileren Veränderungen innerhalb einzelner Kategorien analysiert. Folgende Gesichtspunkte lassen sich herausarbeiten:
- Die anfänglichen Nennungen gemeinsamer Aktivitäten, die den Freund vor allem als Spielpartner kennzeichnen, werden dahingehend erweitert, daß die Spielqualitäten des anderen (z. B. „wissen, wie man richtig spielt") in die Beschreibung einbezogen werden.

- Bei der Nennung sozialer Eigenschaften erweitert sich das Spektrum von zunächst sehr allgemeinen Aussagen (z. B. „gut", „lieb", „nicht böse") über eine Konkretisierung dieser Merkmale (z. B. „gut spielen", „nicht so angeben") zu weiteren Aspekten, die den Umgang mit Konflikten (z. B. „sich versöhnen können"), Vertrauen (z. B."ein Geheimnis für sich behalten können") und erste Formen von Empathie (z. B. „auch mal mit mir mit traurig sein können") betreffen.
- Immer konkreter wird das Bedürfnis nach Nähe beschrieben, das sich als Wunsch nach körperlicher Zuwendung (z. B. „mich streicheln") und verbalen Bestätigungen der Zuneigung (z. B. „soll sagen,daß sie mich ganz lieb hat") äußert.

Neben einer zunehmenden Differenzierung ist im Verlauf der ersten beiden Schuljahre eine *Fixierung auf den Freund* immer häufiger feststellbar. Diese Fixierung äußert sich u. a. darin, einen Freund ganz für sich vereinnahmen zu wollen. Er soll beispielsweise „immer nur" für den anderen dasein und „alles" mit ihm teilen. Oft verlangen dabei besonders die Mädchen, daß sich die Freundin keiner anderen Mitschülerin zuwendet. Wie Eder & Hallinan (1978) beobachten konnten, neigen Mädchen eher zu exklusiven dyadischen Freundschaftsbeziehungen. Die Autoren vermuten (und dies bestätigt sich auch in unserer Untersuchung), daß in den Beziehungen zwischen Mädchen eine hohes Maß an Intensität festzustellen ist, das sich in einer exklusiven Beziehung besonders gut entwikkeln kann und durch exklusives Verhalten geschützt werden soll. Versuche, sich einer solchen Vereinnahmung zu entziehen, sind dementsprechend zunehmend eine häufig genannte Ursache für Konflikte zwischen Freunden. Diese Ausschließlichkeit, mit der eine Freundschaft gesehen wird, äußert sich auch in einer großen Bewunderung des Freundes, der zum Inbegriff für Freundschaft wird und an dem auch alle anderen Sozialbeziehungen gemessen werden. Auch in dem Anspruch, sich unterzuordnen, wird das Bedürfnis sichtbar, den Freund ganz für sich zu „besitzen".

Im Verlauf des Schulanfanges beginnen die Kinder allmählich über die Forderungen an die Eigenschaften und Handlungsweisen des anderen hinaus auch den *eigenen Beitrag zu einer gelungenen Freundschaft* zu reflektieren. Man will dem anderen zeigen, daß man sein Freund ist. Dies äußert sich in Formen des Helfens, in der Vermittlung von Vergünstigungen und in der Bereitschaft, sich einfühlsam auf den anderen einzulassen. Dieser Befund steht in einem gewissen Widerspruch zu den Ergebnissen von Youniss (1982), der davon ausgeht, daß Kinder erst mit etwa neun Jahren eine Sensibilität für die Bedürfnisse des Freundes entwickeln. Auch Selman (1984) schreibt in seinem Stufungsmodell der Freundschaftskonzeptionalisierung diese Fähigkeit erst älteren Kindern (Stufe 3) zu (vgl. auch Damon 1982). Diese Autoren sprechen den Kindern in den ersten beiden Schuljahren die Fähigkeit ab, Freundschaft als gegenseitigen Austausch zu interpretieren und die Beziehung gleichsam von außen zu betrachten.

Wir fanden in den Kinderantworten viele Belege dafür, daß bereits zum Schulanfang in ersten Ansätzen und später immer häufiger und deutlicher der *Aspekt der Gegenseitigkeit* genannt wird. Die Beziehung selbst ist dabei explizit Gegenstand der kindlichen Betrachtung. Formen des gegenseitigen Kontaktes, des verbalen Austausches, der Kooperation und Solidarität werden ebenso angesprochen wie Aspekte sozialer Sensibilität und konstruktiven Konfliktlöseverhaltens. Auch in den kindlichen Überlegungen zur Funktion von Freundschaften gewinnen der gegenseitige Austausch und die Beziehung selbst mit zunehmender Zeit an Bedeutung. Gegenseitige Hilfe bei der Bewältigung von Einsamkeit, das Aufeinander-Abstimmen beim Spielen, gegenseitiges Vertrauen und wechselseitige Zuneigung werden häufig thematisiert. Es hat den Anschein, daß für Freundschaftsbeziehungen in Ansätzen bereits soziale Orientierungen erworben werden, die mit den Vorstellungen des Kataloges übergreifender sozialer Lernziele (vgl. Kap. 1) in Einklang stehen. Allerdings deuten unsere Befunde zum Sozialleben in der Gruppe (vgl. Kap. 2.3 und 2.4) darauf hin, daß sich diese positiven Orientierungen auf die privaten, eher exklusiven Freundschaftskontakte beschränken, während im Umgang mit den anderen Mitschülern gegensätzliche Orientierungen zur Entfaltung kommen. Pointiert formuliert: Das Potential zu wünschenswerten Formen gegenseitigen Verhaltens ist bei vielen Kindern vorhanden und entwickelt sich im Verlauf der ersten beiden Schuljahre zu Gunsten immer differenzierterer Formen sozialen Verstehens weiter. Aber es besteht die Gefahr, daß dieses Potential in vielen Fällen auf den privaten Bereich der Freundschaft begrenzt bleibt. Im Hinblick auf die übrige Schülergruppe fehlt dann in vielen Fällen die Motivation, differenzierte soziale Konzepte und soziale Sensibilität zu realisieren. Vielmehr entwickeln sich (besonders bei den Mädchen) in exklusiven Beziehungen (Dyaden oder Triaden) intensive Bindungen, die wenig Raum für intensive soziale „Außenkontakte" lassen. In vielen Fällen kommt es auch zu einer Idealisierung des Freundes, aus der sich Maßstäbe entwickeln, die alternativen Sozialkontakten nur geringe Chancen einräumen. Es deutet sich besonders auch bei der Beschreibung konkreter Freundschaften eine „Privatisierung" intensiver Gegenseitigkeit an, die in ihrer Ausschließlichkeit gruppenbezogene Ansätze Sozialen Lernens stark gefährden. Es findet zwar eine Weiterentwicklung ich-bezogener Orientierungen statt, die aber in sehr exklusiven und intensiven Freundschaftsbeziehungen eher selten über einen „Dyadenzentrismus" hinausgelangen. Dementsprechend scheint es notwendig, über die für die soziale Entwicklung äußerst wichtige Freundschaftsbeziehung hinaus zahlreiche Kontakte innerhalb der Schülergruppe aufzunehmen, sich Gruppenanforderungen zu stellen und aktiv an der Gruppengestaltung zu beteiligen.

In Übereinstimmung mit zahlreichen Befunden im englischsprachigen Raum (vgl. zusammenfassend Wagner 1991) kommt es zwischen Mädchen und Jungen nur äußerst selten zu intensiven Freundschaftskontakten. Bis zum Ende des zweiten Schuljahres verliert sich die Bereitschaft, einen Mitschüler des anderen Geschlechtes als Freund zu akzeptieren fast völlig. Bei Begründungen für diese Präferenz finden sich unterschiedliche Argumentationen. Ein Teil der Kinder (besonders die Mädchen) scheint rollenspezifisch festgelegt: „Jungen spielen mit Jungen und Mädchen mit Mädchen." Positive Aspekte des eigenen Geschlechtes erwähnen vor allem die Jungen, während sich die Mädchen häufiger mit negativen Aspekten von Jungen auseinandersetzen. Die Nennungen persönlicher Aversionen gegen das andere Geschlecht nehmen im Verlauf der ersten beiden Schuljahre deutlich zu. Bereits aus dem Kindergarten sind viele der Kinder an gleichgeschlechtliche Freundschaften gewöhnt (vgl. Strätz & Schmidt 1982) und setzen diese Beziehung in der Schule fort oder suchen sich wiederum einen gleichgeschlechtlichen Partner. Mit diesem entwickeln sie in zunehmend intensiverer und exklusiverer Weise geschlechtsspezifische Handlungs- und Bindungsformen, die eine Grenzziehung zwischen Mädchen und Jungen begünstigen.

Die meisten Aussagen zur Entwicklung eines Freundschaftskonzeptes konzentrieren sich auf individuelle Gesichtspunkte und vernachlässigen den sozialen Kontext, der das kindliche Verständnis von Freundschaft mitprägt. In unserer Untersuchung fanden sich einige Hinweise auf die Bedeutung sozialökologischer Faktoren:

– In Schülergruppen, die eine hohe Aggressionsrate aufweisen, wünschen sich Kinder häufiger einen Freund, der in der Lage ist, sie bei körperlichen Auseinandersetzungen zu unterstützen. Darüber hinaus soll sich ein Freund in diesen Klassen deutlich von anderen abheben, die sehr aggressiv sind; Aggressivität wird dabei nur unter defensiven Aspekten akzeptiert. In Klassen, in denen besonders viele Mädchen gehänselt und ausgeschlossen werden, ist die Fixierung auf eine Freundin häufiger zu beobachten; wir deuten dies als Versuch, sich in einem verunsichernden Gruppenkontext einen verläßlichen Sozialkontakt zu schaffen.

– Kinder, die einen hohen Freundschaftsstatus besitzen, verfügen über mehr freundschaftliche Kontakte und haben dementsprechend mehr Gelegenheiten, ein differenziertes Freundschaftskonzept zu entwikkeln. Kinder mit einem anspruchsvollen Freundschaftskonzept nennen weniger Mitschüler als Freunde als andere, d. h. sie neigen eher zu exklusivem Verhalten. Kinder mit einem ähnlichen Differenzierungsniveau finden sich häufiger zu Freundschaftskontakten zusammen. Im Verlauf der ersten beiden Schuljahre kann eine Angleichung dieses Niveaus an das „niveau-höhere" Kind festgestellt werden. Eine geringe Zahl von Kindern findet in der Klasse keinen Freund (11% zu T 3); diese neigen dazu, zu resignieren und äußern dabei, überhaupt keinen Freund zu „brauchen".

– Bei vielen Einzelkindern wird der Freund zum „Geschwisterersatz". Dabei fließen in die Freundschaftskonzeptionen starke Bedürfnisse nach sozialer Nähe und Bewältigung von Einsamkeit ein. Dies gilt vor allem auch für Kinder, die nachmittags allein in der elterlichen Wohnung sind. Die Vorstellungen von gemeinsamen Aktivitäten mit einem Freund sind stark geprägt von den Möglichkeiten, die die elterliche Wohnung und die Handlungsmöglichkeiten außerhalb der Wohnung bieten. Kinder, die ihren Freund nicht nach Hause bringen oder besuchen können, sind häufig ohne eine stabile und intensive Freundschaftsbeziehung.

Diesen ersten und sehr vorläufigen Hinweis auf die Bedeutung des sozialen Kontextes für die Entwicklung von Freundschaftskonzepten, müßte in weiteren Untersuchungen systematisch nachgegangen werden. Es spricht vieles dafür, daß die bisherigen entwicklungspsychologischen Ansätze in ihrer individualistischen Ausrichtung zu kurz greifen. In Abb. 4 sind einige wichtige Aspekte des sozialen Kontextes miteinander verknüpft.

Bei der Beschreibung der konkreten Beziehung mit dem besten Freund ergaben sich folgende übergreifenden Befunde:

Dauer der Freundschaft: Am Ende des zweiten Schuljahres sind die Kinder in jedem fünften Fall noch mit dem besten Freund zusammen, den sie bereits im Kindergarten kennengelernt haben. Die Mädchen finden in vielen Fällen (über 60%) ihre beste Freundin erst zum Schulbeginn; mit dieser Freundin bleiben sie dann meistens bis zum Ende des Erhebungszeitpunktes zusammen. Jungen wechseln dagegen häufiger: 25% der Freundschaften zu T 3 wurden erst im Verlauf des zweiten Schuljahres geschlossen.

Kontakte außerhalb der Schule: Erwartungsgemäß treffen sich die besten Freunde in den meisten Fällen (T 3: ca. 80%) auch außerhalb der Schule. Wo ein solches Treffen nicht möglich ist, lösen sich Freundschaftsbeziehungen sehr häufig wieder auf. Bis zum Ende des zweiten Schuljahres erhöht sich der Prozentsatz der Freunde, die sich mehrmals in der Woche zu gemeinsamen Aktivitäten zusammenfinden von 33,9% (T 1) auf 71,1% der Fälle. Mädchen verbringen ihre Nachmittage deutlich häufiger mit ihrer besten Freundin als die Jungen mit ihrem besten

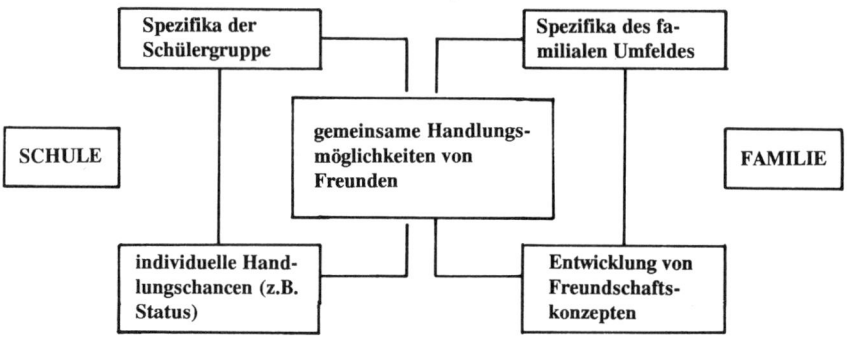

Abb. 4. Ökologische Determinanten für die Entwicklung von Freundschaftskonzepten

Freund. Viele solcher Kontakte fördern die Stabilität der Freundschaft und damit auch deren Intensität.

Gemeinsame Aktivitäten: Das gemeinsame Spiel nimmt bei den Aktivitäten zwischen Freunden eine bedeutsame Rolle ein. Es verliert allerdings im Verlauf der ersten beiden Schuljahre etwas an Bedeutung zugunsten des gemeinsamen Redens, gemeinsamer Hausaufgaben und des Benutzens von Medien. Für Mädchen ist das gemeinsame Gespräch in vielen Fällen wichtiger als für die Jungen, bei denen das Spielen im Vordergrund steht. Sieht man sich die einzelnen Spiele näher an, so fällt auf, daß sich bei Jungen und Mädchen unterschiedliche „Spielkulturen" entwickeln, die nach wie vor eindeutige geschlechtsspezifische Züge tragen. Stark typisierend lassen sich die Schülerangaben zu gemeinsamen Spielen mit dem besten Freund mit folgenden Stichworten kennzeichnen:

Jungen	**Mädchen**
Sich messen, Durchsetzungs-fähigkeit erproben;	Soziale Nähe erproben;
Toben, Kämpfen;	Rollenspiele, Gespräche;
Bauen, Konstruieren;	Regelspiele (z. B. Memory, Quartett);
Gemeinsames Technikinteresse;	Gemeinsames Sozialinteresse;
Umgang mit Waffen und tech-nischem Spielzeug.	Umgang mit Puppen und „haus-frauenspezifischen" Objekten.

In dieser Verschiedenartigkeit der vertrauten Spielwelten liegt auch eine Ursache dafür, daß es zwischen Mädchen und Jungen nur selten zu intensiven Kontakten kommt.

Konflikte zwischen Freunden: Zu einer intensiven Freundschaft gehört auch das Austragen gemeinsamer Konflikte. Während es zum Schulanfang noch häufig Streit um Sachen („Eigentumskonflikte") und um zugefügte körperliche Schmerzen gibt, verlieren diese Konfliktursachen zwischen Freunden mehr und mehr an Bedeutung, während Meinungsverschiedenheiten und Rivalität (Eifersucht) zunehmend wichtiger werden. Allerdings bleiben bei einem Teil der Jungen das Raufen um bestimmte Gegenstände und aggressive Auseinandersetzungen noch von großer Bedeutung (46,4 %). Bei Mädchen dagegen (12,3 %) spielen diese Konfliktursachen nur eine untergeordnete Rolle. Eifersucht und Rivalität scheinen demgegenüber zum Alltag des sozialen Umgangs zwischen Freundinnen zu gehören. Viele Kinder empfinden Konflikte mit dem besten Freund als sehr belastend. Es entwickeln sich Formen der Konfliktaustragung, die man als „beziehungsschonend" bezeichnen könnte. Man zeigt eine hohe Bereitschaft, sich zu versöhnen und entwickelt Strategien, die Eskalation eines Streites zu vermeiden. Die Kinder berichten weiter über „Versöhnungsrituale", die sich in der spezifischen Freundschaftsbeziehung besonders bewähren, über eine hohe gegenseitige Kompromißbereitschaft und verbale Konfliktlösestrategien, die konstruktive Bewältigungsmöglichkeiten eröffnen.

Beschreibung des Freundes: Der Freund oder die Freundin werden in etwa einem Drittel aller Fälle als lieb, nett, toll im Sinne einer bewundernden Akzeptanz für den anderen beschrieben. Einen ähnlich hohen Stellenwert haben positive Sozialeigenschaften, wobei die Jungen die Unterstützung in Zweikämpfen und die Fähigkeit, andere zum Lachen zu bringen, in den Vordergrund rücken. Bei den Mädchen ist es besonders die soziale Sensibilität, die einen hohen Stellenwert besitzt. Schulische Leistungsfähigkeit wird zunehmend häufiger genannt. Besonders bei den Mädchen finden sich Kinder mit hohem Schulerfolg zu intensiven Freundschaften zusammen. Nur zu Beginn der Schulzeit ist das Äußere des Freundes von größerer Bedeutung. Zum Teil wird hier eine „schwärmerische" Bewunderung für die Schönheit der Freundin oder die Kraft des Freundes sichtbar. Später wird das Aussehen kaum noch erwähnt. Im Verlauf der ersten beiden Schuljahre entdecken die Kinder an ihrem Freund individuelle Besonderheiten, die sie im Verlauf der Beziehung zu schätzen gelernt haben. Bei einem Teil der Kinder (etwa 10 %) geht die Bewunderung für den Freund so weit, daß ihnen ohne Einschränkung alles an ihm gefällt. Zum Schulanfang werden vor allem die Qualitäten des Freundes im Hinblick auf den eigenen Nutzen (z. B. „der versteht mich") beschrieben. Mit zunehmenden Freundschaftserfahrungen wird die Beziehung unter dem Aspekt der Gegenseitigkeit (z,B. „wir verstehen uns gut") thematisiert.

2.7 Exkurs: Familie und Sozialleben in der Schülergruppe

Im Rahmen des Gesamtprojektes (vgl. Kap. 2.1.1) wurde auch die Familie in Verbindung mit dem Schulanfang näher analysiert (Paetzold 1988). Es war das Ziel dieser Arbeit, „zu erforschen, was Eltern über die Schulerfahrungen und besonders die Probleme ihrer Kinder nach der Einschulung wissen und ob und wie sie bei Kenntnis der Probleme versuchen, den Kindern zu helfen. Weiterhin soll versucht werden, Bedingungsfaktoren für das mütterliche Verhalten bzw. ihre Problemkenntnisse aufzuspüren" (S. 117).

Die Mütter wurden in einem Interview danach gefragt, „ob schulische Erlebnisse des Kindes in der Familie verbalisiert werden und wie Mütter auf diese Erzählungen reagieren" (S. 207).

Für unsere Themenstellung sind besonders die Ergebnisse zu sozialen Problemen wichtig, über die Kinder zu Hause berichten. Auf die offene Frage nach Kummer oder Sorgen ihres Kindes im Zusammenhang mit der Schule nennen Mütter Sozialereignisse, die wie folgt zusammengefaßt werden: „Insgesamt lassen sich die geschilderten Probleme in sechs Bereiche zusammenfassen. Am häufigsten werden körperliche Aggressionen zwischen Kindern angegeben (26%), aber auch Probleme mit der Lehrerin (24%) und verbale Aggressionen (21%) werden oft genannt. Seltener sind Materialstreitigkeiten (14%), unspezifische Ärgersituationen (11%) oder Probleme, die mit dem formalen Ablauf des Schultages zusammenhängen (4%). Am schwierigsten scheinen für die meisten Kinder die Raufereien zu sein, denn drei Viertel der Mütter berichten davon, während etwa die Hälfte der Mütter Probleme mit der Lehrerin, verbale Aggressionen oder Materialstreitigkeiten schildert" (S. 215). Die Angaben der Mütter über die „Sorgenberichte" ihrer Kinder bestätigen unsere Befunde, wonach die Erfahrungen mit körperlichen Aggressionen für die Schüler ein erhebliches Problem darstellen (vgl. Kap. 2.3). Auch bei der Vorlage einiger Bildkarten aus der soziometrischen Untersuchung (vgl. Kap. 2.4) erinnern sich sehr viele Mütter (68%) daran, daß ihr Kind von körperlichen Auseinandersetzungen erzählt hat. „An zweiter Stelle wird Streit um Material (‚Wegnehmen') genannt (40%), und sehr viele Mütter erzählen auch von ‚Bedrohungen' (41%)" (S. 156).

Die Mütter wissen kaum etwas über ‚Ausschluß' (16%). Vermutlich ist dies ein Themengebiet, über das Kinder nicht viel erzählen und das im Elternhaus nicht sehr wichtig genommen wird.

Im Verlauf des ersten Schuljahres nehmen die genannten Problemschilderungen der Kinder keineswegs ab. „Das macht deutlich, daß es sich nicht nur um 'Anfängerschwierigkeiten' handelt, die sich legen, wenn sich die Kinder erst mal an die Schule gewöhnt haben" (S. 216). Auch unsere Befunde zeigen, daß es im Verlauf der Schulanfangszeit in der Schülergruppe eher zu einer „Problemverschärfung" kommt, da offensichtlich wenig getan wird, um den Kindern zu helfen, mit entsprechenden Problemen konstruktiv umzugehen und eine befriedigende Bewältigungskompetenz zu entwickeln.

Wie reagieren nun die Mütter auf die Problemschilderungen ihrer Kinder? „Am häufigsten versuchen die Mütter, durch ein Gespräch mit dem Kind die Ursachen für das genannte Problem zu erforschen, das Kind zu trösten oder auch, ihm durch Erklärungen zu helfen (32 %). Ebenfalls in diesen Bereich der ‚einsichtsförderndern Erziehungsmittel' fallen direkte praktische Hilfestellungen der Mütter (10 %)" (S. 208). Sehr selten wird geschimpft oder eine Bestrafung angedeutet. Häufig werden auch sog. konstruktive Ratschläge gegeben, die eine aus der Erwachsensicht sinnvolle Lösung darstellen, aber von Kindern schwer realisierbar sind und bei der Problemlösung nicht weiterhelfen. Als „pädagogisch bedenklich" wird der hohe Anteil aggressiver Lösungsvorschläge bezeichnet. „Sie werden vor allem bei körperlichen Aggressionen genannt. Wenn Kinder Raufereien schildern, so raten die Mütter häufig, sich zu wehren, zurückzuschlagen. Dabei wird wohl wenig bedacht, daß dadurch aggressive Handlungen nicht verringert, sondern eher verstärkt werden. Eine Reihe von Müttern findet es aber wichtig, daß das Kind lernt, sich durchzusetzen, wobei nicht argumentative, sondern aggressive Formen des Durchsetzens gefordert werden" (S. 209). Sicherlich liegt hier auch eine Ursache dafür, daß es zu häufigen Eskalationen in Konflikten kommt, denen die Kinder keine Lösungsmöglichkeiten entgegensetzen können. Es wird deutlich, daß pädagogische Ansätze Sozialen Lernens in diesem Bereich der Konfliktbewältigung in vielen Fällen nur in Verbindung mit gezielter Elternarbeit erfolgreich sein können. Oft herrscht zu Beginn der Schulzeit auch „eine gewisse Hilflosigkeit" gegenüber den „massiv auftretenden Raufereien" vor. In 10 % der Fälle halten es die Mütter nicht für notwendig, auf die Problemschilderungen ihrer Kinder zu reagieren, u. a. auch deshalb, weil „sie das geschilderte Problem nicht ernst nehmen und deswegen keine Reaktion zeigen" (S. 209). Diesem Aspekt müßte weiter nachgegangen werden. Dabei wäre zu überprüfen, inwieweit die Kinder letztlich nur noch das erzählen, was die Eltern als wichtig erachten. Daß es sich dabei eher um den formalen Bereich der Schule und vor allem um den Leistungsbereich handelt, machen die Untersuchungen von Paetzold (1988) deutlich. Kinder mit starken sozialen Problemen, die weder in der Schule (Mitschüler, Lehrer) noch zu Hause einen Ansprechpartner haben, sind zum Schulanfang häufig überfordert, ihre Situation selbst zu bewältigen. Sie können in einen Zirkel von problemverstärkenden eigenen Strategien und belastenden Reaktionen des sozialen Umfeldes geraten, der die soziale Entwicklung sehr stark gefährdet.

3. Fazit und Möglichkeiten der Intervention

folgenden werden zunächst die wichtigsten Befunde systematisch dargestellt und im Zusammenhang mit Überlegungen zu pädagogischen Interventionsmöglichkeiten diskutiert. Im anschließenden Kapitels 3.2 wird
noch einmal die Beziehung zwischen Anspruch und Wirklichkeit Sozialen
Lernens thematisiert. Dabei werden die in dieser Arbeit entwickelten
übergreifenden Zielrichtungen Sozialen Lernens mit ausgewählten
Befunden der empirischen Studie verknüpft und mit Hinweisen zu konkreten Interventionsmöglichkeiten in Beziehung gesetzt.

3.1 Untersuchungsergebnisse und pädagogische Implikationen

3.1.1 Sozialereignisse

In unseren theoretischen Überlegungen (vgl. Petillon 1992) stellen wir
die individuelle Auseinandersetzung des Kindes mit Sozialereignissen in
der Schülergruppe in den Mittelpunkt des Themenbereiches „Soziales
Lernen".
Um Hinweise auf Sozialereignisse zu erhalten, die Schüler im Verlauf
der ersten beiden Schuljahre besonders bewegen, wählten wir in unserer
empirischen Untersuchung ein sehr offenes, qualitatives Verfahren, bei
dem Kinder Geschichten zu eigenen Erfahrungen mit Freude, Trauer,
Angst und Wut erzählen konnten. Faßt man alle Erzählungen der Kinder
unabhängig von den Emotionsbereichen zusammen und ordnet sie nach
den Grobkategorien *Lehrer, Mitschüler, Schule,* so ergibt sich, daß in den
ersten beiden Grundschuljahren der Umgang mit den Mitschülern ein
„großes Thema" ist. Entgegen aller bisherigen Annahmen scheint die
Person des Lehrers die Kinder in weit geringerem Maße zu bewegen.
Auch die Schule wird im Vergleich zu Erlebnissen in der Schülergruppe
nicht sehr häufig erwähnt.
Im Verlauf der ersten beiden Schuljahre nehmen die Kinder soziale
Ereignisse *immer differenzierter* wahr. Motive, die hinter beobachteten
Handlungen stehen, gewinnen mehr und mehr an Bedeutung. Der Vorsatz bei physischen und psychischen Verletzungen wird als besonders
negativ empfunden. Beklagt wird auch die Willkür der Stärkeren, die

ohne ersichtlichen Grund die Schwächeren verletzen und quälen. Die betroffenen Kinder sind traurig oder wütend über die Verletzung des Prinzips der Gegenseitigkeit, das sie als Schwächere aber nicht „einklagen" können. Man hat den Eindruck, daß eine Vielzahl „unbeglichener Rechnungen" ein latentes Konfliktpotential bildet, das bei „passender Gelegenheit" wirksam wird.

Die Probleme, die Kinder dabei sehr detailliert beschreiben, enthalten wertvolle Anhaltspunkte im Hinblick auf Zielrichtungen und Anknüpfungspunkte für kindgemäßes pädagogisches Handeln.

Das zentrale soziale Thema zum Schulanfang ist das *Kennenlernen* von neuen Mitschülern. Das Kind steht dabei vor der Aufgabe, sich erste Sicherheit in der sich neu formierenden Gruppe dadurch zu verschaffen, daß es eine feste Beziehung findet. In vielen Berichten spiegeln sich diese Bemühungen um einen Sitznachbarn und einen einzelnen Freund wider. Der Beginn von *Freundschaften,* die oft über die ersten beiden Schuljahre stabil bleiben, wird von den Kindern als besonders wichtiges Sozialereignis dargestellt. Umgekehrt sind viele Berichte von der Trauer um den Verlust eines Freundes und den vergeblichen Versuchen geprägt, Anschluß an den „auserwählten" Mitschüler zu finden.

Bei Anselmann (1987) finden sich zahlreiche praxisnahe Hinweise, wie Lehrer zum Schulanfang dazu beitragen können, den Kindern zu ermöglichen, alle Mitschüler besser kennenzulernen und im gemeinsamen Handeln positive Erfahrungen zu machen. Dabei werden viele Spielmöglichkeiten benannt, die gleichzeitig eine Kontinuität zwischen Schule und Kindergarten herstellen und zur handlungsbezogenen Erschließung sozialer Erfahrungen beitragen.

3.1.2 Unterschiede zwischen Mädchen und Jungen

Bisherige Annahmen, daß die bestehenden Sozialisationsbedingungen zu einem Abbau geschlechtsspezifischen Verhaltens beitragen, können durch unsere Ergebnisse nicht bestätigt werden. Vielmehr entsteht bei der Durchsicht aller Schilderungen der Eindruck, *es existieren zwei verschiedenartige soziale Welten, die die Geschlechter trennen.* So finden sich deutlich unterscheidbare Strategien, Sympathie, Anerkennung und Einfluß in kleineren Gruppen zu erlangen. Bereits zum Schulanfang ergeben sich in den sozialen Beziehungen innerhalb der eigenen Gruppe zahlreiche Unterschiede, die im Verlauf der ersten beiden Schuljahre noch an Prägnanz gewinnen.

Insgesamt sprechen die Befunde dafür, daß sich zwei unterscheidbare geschlechtsspezifische Sphären entwickeln, die stark von rollentypischem Verhalten geprägt sind: hier die robusten, raufenden Jungen, die ihre

Rangordnung „ausfechten" und sich dabei auch weniger neuen Kontakten öffnen; dort die eher ruhigen Mädchen, die untereinander mit verbalen Mitteln (Hänseln) und dem Entzug von Vergünstigungen (Ausschluß) taktieren und gleichzeitig ein dichteres Netz an Sicherheit gewährenden Sozialkontakten entwickeln sowie Einflußpositionen auch eher nach sozialemotionalen Aspekten vergeben. Auch bei Freundschaftsbeziehungen ergeben sich deutlich sichtbare geschlechtsspezifische Unterschiede. Besonders auffällig ist, daß die Mädchen in ihrer sozialen Entwicklung den meisten Jungen eindeutig voraus sind. Sie erscheinen häufig sozial kompetenter und zeigen mehr soziale Sensibilität. Dies äußert sich vor allem im Umgang mit Freundinnen; eher selten wird diese Kompetenz auf Kontakte außerhalb solcher exklusiver Beziehungen übertragen. Bei Wagner (1990) werden konkrete Vorschläge dazu gemacht, wie Mädchen und Jungen in der Grundschule voneinander lernen können.

Gewalt im Umgang zwischen Jungen

Bei den *Jungen* sind Bemühungen zu erkennen, sich einen hohen Rang in der Gruppe zu „erkämpfen". Die Jungen, die sich in diesen Auseinandersetzungen um Rang und Einfluß nicht bewähren, berichten von Gefühlen der Ohnmacht gegenüber den Stärkeren; viele Geschichten der sozial Erfolglosen handeln von der Angst vor der Willkür der Starken und der Wut über schmerzliche Niederlagen. Vielfach wird von körperlichen Aggressionen berichtet, die deutlich über kindliche Raufereien hinausgehen und die *Grenze zur Gewalt überschreiten*. Die Hemmung, den Mitschüler ernsthaft zu verletzen, scheint häufig zu fehlen. Dabei wird sichtbar, daß sich viele Jungen einem einmal erreichten Gewaltniveau in der Gruppe anpassen. Die Auseinandersetzungen finden häufig an Orten statt, die von Lehrern nur unzureichend beobachtet werden. Zu diesem Phänomen ist aus der Fachliteratur wenig bekannt; es wird vielmehr allgemein angenommen, daß Raufen der Sechsjährigen eher spielerischer Natur ist. Dagegen machen die Berichte der Kinder deutlich, daß körperliche Auseinandersetzungen einen zentralen Problembereich im Sozialleben der Jungen darstellen. Bei Petermann & Petermann (1988) finden sich differenzierte Hinweise zu Möglichkeiten von Einzel- und Gruppentraining mit aggressiven Kindern.

Verbale Aggression und Rivalität bei Mädchen

Bei den Mädchen scheint es in der Gruppe vor allem darum zu gehen, einen Kreis von Mitschülerinnen zu finden, deren Zuneigung und Anerkennung man sicher sein kann. Von anderen Mitschülerinnen geliebt, geschätzt und in gemeinsame Aktivitäten einbezogen zu werden, ist das „große Thema" bei den freudigen Sozialereignissen der Mädchen. Die Kehrseite dieses Aspektes ist das Ausschlußverhalten und verbale Diskriminieren, über das die weniger erfolgreichen Kinder berichten. Trauer über Gefühle der Isolation und ungerechte Behandlung, Angst vor einem möglichen Ausschluß und „öffentlicher" Diskriminierung (Auslachen) sowie Wut und Eifersucht wegen erfahrener Zurückweisung schlagen sich in eindringlicher Weise in den Geschichten der Mädchen nieder. Bei den verbalen Diskriminierungen fällt auf, daß häufig sehr gezielt auf die Schwäche eines Kindes, die ihm selbst schon große Probleme bereitet, eingegangen wird, so daß sich die Notlage des Kindes noch verschärft.

3.1.3 Beziehungen zwischen Mädchen und Jungen

Nur wenige Geschichten der Kinder handeln von Interaktionen zwischen Jungen und Mädchen. Eine Ursache dafür liegt wohl in der Unterschiedlichkeit des sozialen Umganges in der Gruppe der Mädchen und Jungen. Die Nennung von Einzelkontakten zwischen den Geschlechtern bildet eine große Ausnahme.

Wie die Analyse sozialer Beziehungen verdeutlicht, sind Kontakte zwischen Jungen und Mädchen dadurch gekennzeichnet, daß sich die beiden Geschlechter von Schulbeginn an in den meisten Fällen ignorieren. Auch im Konfliktbereich sind die Mädchen vom aggressiven Verhalten der Jungen kaum betroffen. Zum Schulbeginn scheint sich eine Entwicklung fortzusetzen, die sich bereits zum Ende der Kindergartenzeit abzeichnet: Mädchen und Jungen grenzen sich voneinander ab (vgl. auch Schmidt-Denter 1985).

In Übereinstimmung mit zahlreichen Befunden aus dem englischsprachigen Raum (vgl. zusammenfassend Wagner 1989) kommt es in diesem Alter zwischen Mädchen und Jungen nur äußerst selten zu intensiven Freundschaftskontakten. Bis zum Ende des zweiten Schuljahres verliert sich die Bereitschaft fast völlig, einen Mitschüler des anderen Geschlechtes als Freund zu akzeptieren. Diese Präferenz wird mit unterschiedlichen Argumenten begründet. Ein Teil der Kinder (besonders die Mädchen) scheint rollenspezifisch festgelegt: „Jungen spielen mit Jungen und Mädchen mit Mädchen." Positive Aspekte des eigenen Geschlechtes erwähnen vor allem die Jungen, während sich die Mädchen häufiger mit negativen Aspekten von Jungen auseinandersetzen. Die Nennungen persönlicher Aversionen gegen das andere Geschlecht nehmen im Verlauf der ersten beiden Schuljahre deutlich zu.

Es wäre darauf hinzuarbeiten, den sozialen Umgang zwischen den Geschlechtern so zu verändern, daß gemeinsames Arbeiten und Spielen in gemischten Gruppen „selbstverständlich" zum Alltag der Grundschule gehören. Dabei ergeben sich zahlreiche Möglichkeiten, die Erfahrung zu vermitteln, daß man mit dem anderen Geschlecht durchaus gut spielen und zusammenarbeiten kann und Vorurteile bezüglich des anderen Geschlechtes überdacht werden müssen. Dadurch könnte erreicht werden, daß Grenzziehungen zwischen den Geschlechtern gelockert und geschlechtsspezifische Typisierungen reduziert werden.

3.1.4 Außenseitertum

Viele Befunde sprechen dafür, daß es in den Schülergruppen Kinder gibt, die eine so ungünstige soziale Stellung besitzen, daß eine befriedigende Sozialentwicklung äußerst gefährdet ist. Besonders alarmierend ist die Tatsache, daß solche Außenseiterpositionen sehr stabil bleiben. Über 70 % der Kinder, die zum Schulanfang von den Mitschülern gemieden wurden, fanden auch zum Ende des zweiten Schuljahres keinen Anschluß an die Gruppe.

Weiterhin zeigen die Ergebnisse, daß es zahlreiche Kinder (vor allem Jungen) gibt, die häufig das Opfer von aggressiven Handlungen der Mitschüler sind. Auch hier finden sich hohe Stabilitätswerte. In vielen Fällen setzen sich diese Kinder auch mit den gleichen Mitteln zur Wehr, so daß ein Zirkel von Aggression und Gegenaggression entstehen kann, der zu Eskalationen führt. Nur in seltenen Fällen scheint es dem betroffenen Schüler zu gelingen, sich aus einem solchen „Teufelskreis" zu befreien.

Besonders in der Mädchengruppe gibt es Schülerinnen, die von vielen anderen gehänselt werden und denen die Teilnahme an gemeinsamen Aktivitäten verwehrt wird. Auch hier zeigt sich eine hohe Stabilität der Statuswerte besonders im Verlauf des zweiten Schuljahres. Dementsprechend ist anzunehmen, daß sich im Verlauf des ersten Schuljahres Schüler auf einzelne Kinder festlegen, die sie immer wieder ausschließen und zu Zielscheiben von Spott und Hänseleien machen. Dabei sind besonders die einflußreichen Mädchen beispielgebend für die anderen Kinder. Darüber hinaus sind es in der Regel die sozial erfolglosen Kinder, die auch mit schulischen Leistungsanforderungen schlechter zurechtkommen. Die Außenseiterproblematik betrifft allerdings nicht nur die Opfer von Ausschluß, Diskriminierung und Aggressionen, sondern auch die übrigen Kinder, die dabei lernen, schwächere Mitschüler ohne Skrupel auszustoßen und bloßzustellen.

Petillon (1978) entwickelte ein pädagogisches Programm zur Integration von Außenseitern. Dabei werden konkrete Möglichkeiten der Einzelfallhilfe und gruppenbezogener Ansätze beschrieben. Bei Petermann (1986) werden detaillierte Vorschläge zur Unterstützung sozial unsicherer Kinder dargestellt.

3.1.5 Freundschaft

Vorstellungen von Freundschaft

Nach den Vorstellungen der Sechsjährigen ist ein Freund ein Kind, das eines oder mehrere der folgenden übergreifenden Merkmale besitzt: „Er ist lieb, nett, hat die Eigenschaften eines bestimmten Kindes (ein Freund ist wie der X), sieht schön aus, ist zu gemeinsamen Aktivitäten bereit (vor allem zum Spielen), besitzt positive Sozialeigenschaften, hilft, ist bereit, zu teilen, ordnet sich dem anderen unter und/oder kommt in der Schule gut zurecht". Im Verlauf der ersten beiden Schuljahre verlieren solche pauschalen Beschreibungsmerkmale und Hinweise auf positives Äußeres an Bedeutung, während die Kriterien *soziale Eigenschaften* und *schulbezogene Aspekte* an Relevanz zunehmen.

Für Jungen sind gemeinsame Aktivitäten, soziale Eigenschaften und die Bereitschaft, sich unterzuordnen, wichtigere Kriterien als für die Mädchen, die ihrerseits bei der Beschreibung einer Freundin häufiger das Schenken und Teilen sowie schulbezogene Aspekte nennen. Die Jungen fordern von ihrem Freund vor allem Hilfe in schwierigen Situationen (besonders in körperlichen Auseinandersetzungen) und positive soziale Eigenschaften (u. a. mutig sein, sich wehren können und weniger aggressiv als die anderen sein). Bedürfnisse nach einer Gesprächspartnerschaft und sozialer Nähe gewinnen im Verlauf der ersten beiden Schuljahre besonders bei den Mädchen deutlich an Gewicht. Im Verlauf des Schulanfanges beginnen die Kinder, allmählich über die Forderungen an die Eigenschaften und Handlungsweisen des anderen hinaus auch den *eigenen Beitrag zu einer gelungenen Freundschaft* zu reflektieren. Man will dem anderen zeigen, daß man sein Freund ist. Dies äußert sich in Formen des Helfens, in der Vermittlung von Vergünstigungen und in der Bereitschaft, sich einfühlsam auf den anderen einzulassen. Dieser Befund steht in einem gewissen Widerspruch zu den Ergebnissen von Youniss (1982), der davon ausgeht, daß Kinder erst mit etwa neun Jahren eine Sensibilität für die Bedürfnisse des Freundes entwickeln. Auch Selman (1984) schreibt diese Fähigkeit erst älteren Kindern zu (vgl. auch Damon 1982).

Neben einer zunehmenden Differenzierung ist im Verlauf der ersten beiden Schuljahre eine *Fixierung auf den Freund* immer häufiger feststellbar. Diese Fixierung äußert sich u. a. darin, einen Freund ganz für sich vereinnahmen zu wollen. Er soll beispielsweise „immer nur" für den anderen dasein und „alles" mit ihm teilen. Oft verlangen dabei besonders die Mädchen, daß sich die Freundin keiner anderen Mitschülerin zuwendet. Diese Ausschließlichkeit, mit der eine Freundschaft gesehen wird, zeigt sich auch in einer großen Bewunderung des Freundes, der zum Inbegriff für Freundschaft wird und an dem auch alle anderen Sozialbeziehungen gemessen werden.

Wir fanden in den Kinderantworten viele Belege dafür, daß bereits zum Schulanfang in ersten Ansätzen und später immer häufiger und deutlicher der *Aspekt der Gegenseitigkeit* genannt wird, wie er als übergreifendes Kriterium Sozialen Lernens von uns erarbeitet wurde. Es hat den Anschein, als ob für Freundschaftsbeziehungen bereits erste soziale Orientierungen erworben würden, die mit den Vorstellungen des Kataloges übergreifender sozialer Lernziele (vgl. Kap. 1) in Einklang stehen.

Allerdings deuten unsere Befunde darauf hin, daß sich diese positiven Orientierungen auf die privaten, eher exklusiven Freundschaftskontakte beschränken. Das Potential an wünschenswerten Formen gegenseitigen Verhaltens scheint bei vielen Kindern vorhanden zu sein und entwickelt sich im Verlauf der ersten beiden Schuljahre zu Gunsten immer differenzierterer Formen sozialen Verstehens weiter. Aber es besteht die Gefahr, daß dieses Potential in vielen Fällen auf den privaten Bereich der Freundschaft begrenzt bleibt. Im Hinblick auf die übrige Schülergruppe fehlt dann in vielen Fällen die Motivation, differenzierte soziale Konzepte und soziale Sensibilität zu realisieren. Eine solche „Privatisierung" intensiver Gegenseitigkeit führt in ihrer Ausschließlichkeit („Dyadenzentrismus") zu einer starken Gefährdung gruppenbezogener Ansätze Sozialen Lernens. Es scheint daher notwendig, intensive Sozialkontakte zu fördern, die über die für die soziale Entwicklung äußerst wichtige Freundschaftsbeziehung hinausgehen. Die Kinder sollen dabei zahlreiche Kontakte innerhalb der Schülergruppe aufnehmen, sich Gruppenanforderungen stellen und aktiv an der Gruppengestaltung beteiligen.

Die meisten Aussagen zur Entwicklung eines Freundschaftskonzeptes konzentrieren sich auf individuelle Gesichtspunkte und vernachlässigen den sozialen Kontext, der das kindliche Verständnis von Freundschaft und die Beziehung mitprägt. Wir fanden demgegenüber heraus, daß in Schülergruppen, die eine hohe Aggressionsrate aufweisen, sich mehr Kinder einen Freund wünschen, der in der Lage ist, sie bei körperlichen Auseinandersetzungen zu unterstützen. In Klassen, in denen besonders viele Mädchen gehänselt und ausgeschlossen werden, ist die Fixierung auf eine Freundin häufiger zu beobachten; wir deuten dies als Versuch, sich in einem verunsichernden Gruppenkontext einen verläßlichen Sozialkontakt zu schaffen. Bei vielen Einzelkindern wird der Freund zum „Geschwisterersatz". Dabei fließen in die Freundschaftskonzeptionen starke Bedürfnisse nach sozialer Nähe und Bewältigung von Einsamkeit ein. Die Vorstellungen von gemeinsamen Aktivitäten mit einem Freund sind stark geprägt von den Möglichkeiten, die die elterliche Wohnung und die Handlungsmöglichkeiten außerhalb der Wohnung bieten. Kinder, die ihren Freund nicht nach Hause bringen oder zuhause besuchen können, sind häufig ohne eine stabile und intensive Freundschaftsbeziehung.

Freundschaftsbeziehungen

Bei der Beschreibung der konkreten Beziehung mit dem besten Freund ergaben sich folgende übergreifenden Befunde:

Dauer der Freundschaft: Am Ende des zweiten Schuljahres sind die Kinder in jedem fünften Fall noch mit dem besten Freund zusammen, den sie bereits im Kindergarten kennengelernt haben. Die Mädchen finden in über 60 % der Fälle ihre beste Freundin erst zum Schulbeginn; mit dieser Freundin bleiben sie dann meistens bis zum Ende des Erhebungszeitpunktes zusammen. Jungen wechseln dagegen häufiger. *Kontakte außerhalb der Schule:* Erwartungsgemäß treffen sich die besten Freunde in den meisten Fällen auch außerhalb der Schule. Wo ein solches Treffen nicht möglich ist, lösen sich Freundschaftsbeziehungen sehr häufig wieder auf. Mädchen verbringen ihre Nachmittage deutlich häufiger mit ihrer besten Freundin als die Jungen mit ihrem besten Freund. Häufige Kontakte fördern die Stabilität der Freundschaft und damit auch deren Intensität. *Gemeinsame Aktivitäten:* Das gemeinsame Spiel nimmt bei den Aktivitäten zwischen Freunden eine bedeutsamen Platz ein. Für die Mädchen ist das gemeinsame Gespräch vielfach wichtiger als für die Jungen, bei denen das Spielen im Vordergrund steht. Sieht man sich die einzelnen Spiele näher an, so fällt auf, daß sich bei Jungen und Mädchen unterschiedliche „Spielkulturen" entwickeln, die aber nach wie vor eindeutige geschlechtsspezifische Züge tragen. *Konflikte zwischen Freunden:* Während es zum Schulanfang noch häufig Streit um Sachen („Eigentumskonflikte") gibt und körperliche Schmerzen zugefügt werden, verlieren diese Konfliktursachen zwischen Freunden mehr und mehr an Bedeutung; Meinungsverschiedenheiten und Rivalität (Eifersucht) werden zunehmend wichtiger. Es entwickeln sich Formen der Konfliktaustragung, die man als „beziehungsschonend" bezeichnen könnte. Man zeigt eine hohe Bereitschaft, sich zu versöhnen, und entwickelt Strategien, die Eskalation eines Streites zu vermeiden. Die Kinder berichten weiter über „Versöhnungsrituale", die sich in der spezifischen Freundschaftsbeziehung besonders bewähren, eine hohe gegenseitige Kompromißbereitschaft und verbale Konfliktlösestrategien, die konstruktive Bewältigungsmöglichkeiten eröffnen. Viele dieser Handlungsweisen verdeutlichen, daß die Kinder durchaus in der Lage sind, Konflikte ohne Niederlage für alle Beteiligten zu lösen.

Beschreibung des Freundes: Einen hohen Stellenwert bei der Beschreibung des Freundes haben positive Sozialeigenschaften, wobei die Jungen die Unterstützung in Zweikämpfen und Humor in den Vordergrund rücken. Bei den Mädchen ist es besonders die soziale Sensibilität, die an der Freundin geschätzt wird. Schulische Leistungsfähigkeit wird zunehmend häufiger genannt. Insbesondere bei den Mädchen finden sich Kinder mit gutem Schulerfolg zu intensiven Freundschaften zusammen. Im Verlauf der ersten beiden Schuljahre entdecken die Kinder an ihrem Freund individuelle Besonderheiten, die sie im Verlauf der Beziehung zu schätzen gelernt haben.

3.1.6 Stabilität sozialer Aspekte im Verlauf der ersten beiden Schuljahre

Für die einzelnen Kontaktformen ergeben sich bei den Statuswerten bemerkenswert hohe Stabilitätskoeffizienten, wie sie bisher aus der Forschung noch nicht bekannt sind. Es wurde eher angenommen, daß bei den Sechsjährigen noch ein eher zufälliges, situationsspezifisches Kontaktverhalten praktiziert wird, das mit einer hohen Varianz von Status und Rollenzuschreibung in Beziehung steht. Nach unseren Beobachtungen sind es in vielen Fällen die gleichen Kinder, die im gesamten Verlauf der beiden ersten Schuljahre durchgehend eine günstige oder eine wenig vorteilhafte Stellung in der Gruppe einnehmen. Besonders die Werte für Ausschluß und Hänseln scheinen sich im zweiten Schuljahr weiter zu stabilisieren. Auch die Zuschreibung von Aggressivität und die Bezeichnung als Außenseiter bleiben in vielen Fällen konstant. Besonders an den symmetrischen Beziehungen wird über lange Zeiträume festgehalten.

Die höchsten Stabilitätskoeffizienten finden sich für die Position des Anführers. Über 80 % der Kinder, die bereits zum Schulanfang eine führende Position einnahmen, finden sich auch zum Ende des zweiten Schuljahres in einflußreichen Stellungen. Es ist anzunehmen, daß es diesen Kindern gelingt, die gesamte Gruppe oder eine Teilgruppe zu dominieren und dafür eine größere „Anhängerschaft" zu gewinnen. Diesen Kindern, die sicherlich einen beträchtlichen Einfluß auf Gruppennormen nehmen und damit auch die Verteilung von Partizipationsmöglichkeiten steuern, sollten wir bei Überlegungen zur Förderung Sozialen Lernens besondere Aufmerksamkeit widmen.

Insgesamt zeigt sich in vielen Kategorien bereits im Verlauf des ersten Schuljahres eine Tendenz zur Stabilisierung, die im zweiten Schuljahr noch deutlicher sichtbar wird. Vieles spricht dafür, daß nach einem ersten Stadium der Kontaktsuche und der Klärung von Rangordnungen bereits sehr bald nach Schulbeginn das Stadium einer „ersten Institutionalisierung" beginnt, das den Spielraum für soziale Beziehungen deutlich einengt. Diese Ergebnisse verweisen auf die Notwendigkeit, bereits zum Schulanfang Soziales Lernen intensiv zu fördern, so daß einer Stabilisierung negativer Phänomene entgegengearbeitet werden kann.

3.1.7 Schulischer Kontext und Sozialleben in der Schülergruppe

Gute Schulleistungen spielen bereits zum Schulanfang bei der Wahl eines Kindes als Freund, Spielpartner, Sitznachbar und Bezugsperson eine wichtige Rolle. Bis zum Ende des zweiten Schuljahres ergeben sich bei Sitznachbarschaft und Bezugsperson noch deutlich höhere Korrelationen. Vom Ausschluß, Gehänselt- und Verpetztwerden sind bis zum Ende des zweiten Schuljahres vor allem solche Kinder betroffen, die schulisch wenig erfolgreich sind. Weiterhin kann angenommen werden, daß das formelle Schulsystem stärker in die informellen Kontakte der Schülerinnen hineinwirkt als in die der Jungen.

Kinder, die sich schulischen Anweisungen nicht fügen, müssen häufig mit Hänseleien und Ausschluß durch ihre Mitschüler rechnen. Vermutlich orientieren sich die Kinder dabei an dem Sanktionierungsverhalten des Lehrers gegenüber nonkonformen Schülern. Schüler, die ein sehr positives Verhältnis zu ihrem Lehrer haben, erreichen auch in der Schülergruppe größere soziale Erfolge. Sie sind – möglicherweise im Schutz dieser Beziehung – seltener aggressiven Angriffen und Ausschlußhandlungen ihrer Mitschüler ausgesetzt. Insgesamt läßt sich feststellen, daß ein gutes Verhältnis zum Lehrer das Zurechtkommen des Kindes mit seinen Mitschülern fördert.

Das leistungsstarke Kind, das sich auch bereitwilliger den Forderungen des Lehrers unterordnet, hat in vielen Fällen in der Schülergruppe eine günstige soziale Stellung, die es ihm wiederum ermöglicht, „sozial unbelastet" und selbstbewußt schulische Forderungen zu erfüllen. Gleichzeitig bietet die Möglichkeit, sein soziales Ansehen durch gute Schulleistungen zu erhöhen, einen Anreiz, sich um gute Leistungsergebnisse zu bemühen. Der Leistungsschwächere dagegen verliert zunehmend an positiven Kontaktmöglichkeiten in der Gruppe und hat es besonders schwer, Leistungsrückstände aufzuholen, zumal er auch vom Lehrer eher selten die notwendige Zuwendung erhält.

3.1.8 Wissen von Lehrern und Eltern über das Sozialleben der Kinder

Lehrer registrieren vor allem solche Phänomene, die während des Unterrichts geschehen und entweder für den Ablauf des Unterrichts nützlich sind oder den Unterrichtsverlauf stören . Die Erwartung, daß die Lehrer mit zunehmender Zeit auch das Sozialleben der Schüler besser kennenlernen und dadurch über präziseres Wissen verfügen, bestätigte sich nach unseren Befunden nicht. Auch bei der Wahrnehmung von Konflikten konzentrieren sich Lehrer auf solche Aspekte, die sie selbst in ihrer Unterrichtsarbeit betreffen. Das Phänomen ‚Ausschluß‘ wird nur in seltenen Fällen als Problem erkannt (vgl. Heeger 1986). Diese Befunde verweisen nachdrücklich auf die Notwendigkeit eines mehrdimensionalen Ausbildungskonzeptes, das neben dem Erwerb von Kompetenzen auch auf die Vermittlung von subjektiven Wertvorstellungen abzielt. Selbsterfahrungen in einer Gruppe, die Fähigkeit und Bereitschaft zu realistischer Introspektion und differenzierter, sensibler sozialer Wahrnehmung können dabei als zentrale Ziele eines solchen Ausbildungskonzeptes betrachtet werden.

Die Angaben der *Mütter* über die „Sorgenberichte" ihrer Kinder bestätigen unsere Befunde, wonach die Erfahrungen mit körperlichen Aggressionen für die Schüler ein erhebliches Problem darstellen. Im Verlauf des ersten Schuljahres nehmen die genannten Problemschilderungen der Kinder im Elternhaus keineswegs ab. Es wird deutlich, daß es sich nicht um „Anfängerschwierigkeiten" handelt, die sich im Verlauf der ersten Schuljahre legen. Wenn die Kinder von körperlichen Aggressionen berichten, raten die Mütter häufig „zurückzuschlagen". Ein Teil der Mütter hält es nicht für notwendig, auf diese Problemschilderungen ihrer Kinder zu reagieren. Das Interesse im Elternhaus konzentriert sich weniger auf das soziale Zurechtkommen des Kindes in der Schülergruppe, als eher auf den formalen Bereich der Schule und hier vor allem auf den Leistungsbereich (vgl. Paetzold 1988). Kinder mit starken sozialen Problemen, die weder in der Schule (Mitschüler, Lehrer) noch zu Hause einen Ansprechpartner haben, sind zum Schulanfang häufig überfordert, ihre Situation selbst zu bewältigen. Sie können in einen Zirkel von problemverstärkenden eigenen Strategien und belastenden Reaktionen des sozialen Umfeldes geraten, der ihre soziale Entwicklung in eine problematische Richtung führt. Auch hier wird deutlich, daß pädagogische Ansätze Sozialen Lernens in vielen Fällen nur in Verbindung mit gezielter Elternarbeit erfolgreich sein können (vgl. Portmann & Schneider 1988).

3.2 Soziales Lernen – Anspruch und Wirklichkeit

In diesem Kapitel soll dem Verhältnis von „Anspruch und Wirklichkeit" nachgegangen werden. Dabei werden die übergreifenden Bereiche des Zielkataloges (vgl. Kap. 1) als „Ordnungsstruktur" verwendet, die Befunde jeweils mit den Ansprüchen, die in diesen Zielbereichen genannt sind, in Beziehung gesetzt und mit „zielspezifischen" Überlegungen zu pädagogischen Möglichkeiten verknüpft. Im Rahmen dieser Ausführungen kann dies nur skizzenhaft geleistet werden.

Lernzielbereich Kommunikation: *Fähigkeit und Bereitschaft, sich verständlich zu machen und andere zu verstehen.*

Kommunikative Kompetenz ist eine wesentliche Voraussetzung für den erfolgreichen Umgang mit Sozialereignissen. Die Erzählungen der Kinder verdeutlichen, daß vor allem zwischen Freunden verständnisvoll kommuniziert wird. Besonders bei den Mädchen ist das gemeinsame Gespräch und der Austausch von vertraulichen Mitteilungen ein wichtiger Gesichtspunkt intensiver Freundschaft. Zur Bewältigung von Problemsituationen reichen in der Schülergruppe häufig die sprachlichen Mittel nicht aus, oder es kommt anstelle von verbalen Lösungsstrategien zu körperlichen Aggressionen.

Schulpraktische Möglichkeiten zur Förderung in diesem Bereich finden sich z. B. bei Stange (1977): Er führt Beispiele auf, wie „Metakommunikation und Verständigung" durch „hilfreiches Zuhören" des Lehrers und durch Kontaktspiele vermittelt werden können.

Kölln-Ateniko & Stange (1977) stellen dar, wie die sprachliche und nichtsprachliche Ausdrucksfähigkeit verbessert werden kann. Menzel (1981) zeigt an einzelnen Beispielen, wie zum Schulanfang partnerorientiertes Sprechen vermittelt wird. Dabei werden Spielformen genannt, „mit denen in kleinen Schritten erste Elemente des Miteinandersprechens eingeübt werden können"(S. 75).

Lernzielbereich Kontakt: *Fähigkeit und Bereitschaft, mit anderen Kontakt aufzunehmen.*

In der Schülergruppe ist die Kontaktdichte in vielen Fällen sehr begrenzt. Zwischen Mädchen und Jungen gibt es auffällig wenig Kontakte. Eine große Zahl isolierter Kinder schafft es im Verlauf der ersten beiden Schuljahre nicht, aus eigener Kraft Anschluß an die Mitschüler zu finden.

Kölln-Ateniko & Stange (1977) erprobten Spiele für die Sensibilisierung der Wahrnehmung des anderen, die ein intensives Kennenlernen des anderen (z. B. Erfahrungen, Stimmungen, Interessen, Situationserleben, Gedanken und Gefühle) ermöglichen. Anselmann (1987) entwikkelte eine Unterrichtseinheit „Kontakte" für den Schulanfang. In Verbindung mit einer Vielzahl von Kennenlernspielen wurde eine „Intensivierung der Kontakthäufigkeit", die „Sensibilisierung der Wahrnehmung" und „kooperatives Verhalten" gefördert (S. 95).

Bei Knoll-Jokisch (1981) finden sich Kontaktspiele für Schulanfänger, die dazu beitragen können, daß sich ein „Miteinander-Vertrautsein" entwickelt, um so die Sicherheit zu vermitteln, die notwendig ist, um sich selbstbewußt in der Schülergruppe zurechtzufinden. Petermann (1986) nennt Möglichkeiten, wie sozial unsicheren Kindern geholfen werden kann, selbständig Kontakte aufzunehmen, sich durchzusetzen und mit Kritik umzugehen (S. 115).

Harder & Schütte (1979) entwickelten ein Unterrichtsprojekt, das den Kindern diejenigen Qualifikationen vermitteln soll, „die für ein gemeinsames Handeln von Jungen und Mädchen erforderlich sind" (S. 157). Kölln & Tiemann (1974) nennen Beispiele zur „Entwicklung flexibler Geschlechterrollen" (S. 121).

Lernzielbereich Kooperation: *Fähigkeit und Bereitschaft, mit anderen zusammenzuarbeiten.*

Die Schüler berichten von freudigen Ereignissen, wenn gemeinsame Spiele in der Gruppe zustande kommen. Die Mehrzahl der genannten Sozialereignisse läßt allerdings vermuten, daß wenig Kooperation in der Gleichaltrigengruppe praktiziert wird. Freunde arbeiten dagegen vor allem außerhalb der Schule zusammen (z. B. gemeinsame Hausaufgaben; gemeinsames Einkaufen, Bau eines „Lagers").

Wie kann Kooperation in der Gruppe gefördert werden? Kooperationsspiele (Daublebski 1973) sind besonders zum Schulanfang gut geeignet, um die Grundlage für Kooperation zu schaffen. In vielen Fällen wird in der Grundschule, vor allem in den dritten und vierten Klassen, Kooperation zu Gunsten individueller Leistungen und Wettbewerbs vernachlässigt. Bei Spielen ohne Wettbewerb, wie sie bei Anselmann (1987) erprobt wurden, kann die Erfahrung vermittelt werden, daß gemeinsame Erfolgserlebnisse etwas Schönes und Wichtiges sind.

Hielscher (1974) zeigt Möglichkeiten auf, wie Kooperation erlernt werden kann. Dabei wird unterschieden zwischen dem „Training von Persönlichkeitsfaktoren" (z. B. soziale Kreativität, Aufschub von Bedürfnissen), „Training von Gruppenfaktoren" (z. B. Umgang mit eigenen und fremden Gefühlen, Informationen erfragen, Vorteile von Kooperation erkennen) und „aufgabenbezogenem Training" (z. B. Aufgabenverteilung, Arbeitsergebnisse besprechen).

Lernzielbereich Solidarität: *Fähigkeit und Bereitschaft zu gemeinsamen Handlungen in kleineren und größeren Gruppen; Bewußtsein der Zusammengehörigkeit und Erkenntnis der gemeinsamen Lage.*

Die Schulanfänger verhalten sich in den meisten Fällen nur gegenüber Freunden solidarisch. In der Gruppe werden Kinder in schwachen Positionen oft gehänselt und ausgeschlossen. Das Ausmaß an Schadenfreude nimmt im Verlauf der ersten beiden Grundschuljahre deutlich zu.

Bei Hübner (1977) wird Kinderliteratur zum Thema Solidarität benannt und nach den Möglichkeiten unterrichtlicher Bearbeitung analysiert. Für die Realisierung dieses Ziels gilt ganz besonders, daß „Fähigkeiten und Bereitschaften" nur angebahnt werden können. Es ist wichtig, daß es sich immer um konkrete Situationen handeln muß, die dem Kind erfahrbar sowie kognitiv und emotional zugänglich sind. Besonders bedeutsam für die Realisierung dieses Zielbereiches sind Projektverfahren, die in den Lehrplänen nur selten erwähnt werden. Gerade das Projektlernen und Ansätze von Freiarbeit (vgl. z. B. Hegele 1988) scheinen am ehesten geeignet „Ausbrüche aus dem verplanten Lernen in der Institution Schule zu erlauben" (Bönsch 1979, S. 87) sowie selbstbestimmtes Lernen und symmetrische Kommunikation zu fördern.

Lernzielbereich Konflikt: *Fähigkeit und Bereitschaft, konstruktives Konfliktlöseverhalten zu praktizieren.*

In den meisten Bundesländern gehen die Zielsetzungen in den Lehrplänen kaum über die Vermittlung des Wissens hinaus, daß es Konflikte gibt, die durch Kompromisse zu lösen sind. Dabei sollen die Kinder lernen, daß es wünschenswert ist, sich „zu vertragen". Den Lehrern wird ein auf Harmonie ausgerichtetes pädagogisches Handeln nahegelegt, bei dem es eher um das Vermeiden eines Konfliktes als um ein ernsthaftes Sich-Einlassen auf Probleme geht. Auf den Umgang mit aktuellen Konfliktsituationen und ihre emotionale Bewältigung wird selten eingegangen.

Obwohl die Kinder im Verlauf des Schulanfangs die Fähigkeit erwerben, Absichten anderer zu erschließen und danach zu handeln, wenden sie diese Fähigkeiten meistens nur im Umgang mit ihren Freunden an. In der Gruppe der Schüler findet sich bei den Jungen ein sehr aggressives Konfliktverhalten; Kinder, die mit verbalen Mitteln um Lösungen bemüht sind, haben wenig Chancen, sich damit durchzusetzen. Die Mädchen versuchen häufig, mit verbalen Aggressionen und taktischem Verhalten ihre Interessen durchzusetzen.

Kölln-Ateniko & Stange (1977) beschreiben Spiele zur körperlichen und psychischen Lockerung, die der Abreaktion und Vorbeugung von Aggressionen dienen: Entspannungsspiele sollen Ruhe in der Gruppe schaffen; Lockerungsübungen sollen bei körperlichen und psychischen Verspannungen Hilfe bieten. Petermann & Petermann (1988), stellen Möglichkeiten dar, wie man Kindern helfen kann, mit Wut fertig zu werden.

Anselmann (1987) erprobte im ersten Schuljahr eine Unterrichtseinheit „Aggression". Im Mittelpunkt standen dabei Gespräche über Ursachen von aggressivem Verhalten und handlungsbezogene Übungen mit dem Ziel, sich in das Opfer von Aggressionen einzufühlen. Begleitet wurde diese Unterrichtseinheit von Rollenspielen und Spielnachmittagen. Die Eltern wurden in die Erziehungsarbeit einbezogen.

Stange & Stange (1974) zeigen, wie durch Rollenspiele, Interaktionsübungen, Gespräche, Projekte u. a. konstruktives Konfliktlöseverhalten gefördert werden kann. Es soll die Einsicht vermittelt werden, daß es keine Niederlage ist, ohne Sieg zu bleiben.

Lernzielbereich Ich-Identität: *Fähigkeit und Bereitschaft, Fremderwartungen und eigene Bedürfnisse so zu verarbeiten, daß ein eigenes selbstbestimmtes Rollenverhalten entwickelt und praktiziert werden kann.*

In der Schülergruppe sind die Möglichkeiten, Ich-Identität zu entfalten, für einzelne Kinder sehr unterschiedlich. Es finden sich in allen Schulklassen Schüler, die sehr dominierend und nicht bereit sind, zu Gunsten anderer auf ihre „Macht" zu verzichten. Dementsprechend müssen sich andere unterordnen oder haben nur geringe Partizipationsmöglichkeiten. Die Entwicklung von Selbstakzeptierung und Selbstvertrauen ist für Kinder, die gehänselt und ausgeschlossen werden, besonders gefährdet. Im Umgang mit Erwartungen anderer zeigen sich viele Kinder sehr ichbezogen und wenig rücksichtsvoll. Darüber hinaus wird die Attraktivität eines Kindes häufig vor allem an dessen schulischer Leistungsfähigkeit gemessen, die wiederum eng mit einer guten Beziehung zum Lehrer verknüpft ist, sodaß das leistungsschwächere Kind von verschiedenenen Seiten Verunsicherungen erfährt.

Die Frage des Kindes: „Wer bin ich?" wird in vielen Fällen täglich mit zahlreichen Rückmeldungen in der institutionsspezifischen Weise des Lehrers beantwortet. Es wäre zu wünschen, daß hier Antworten erfolgen, die die Identitätsentwicklung des Kindes angemessen berücksichtigen.

Stange (1977) entwickelte viele hilfreiche Anregungen (z. B. Spiele zur Selbstfindung), wie die Sensibilisierung der Eigenwahrnehmung und die Entwicklung eines positiven Selbstkonzeptes gefördert werden kann. Gleichzeitig gibt er Hinweise darauf, wie durch Interaktionsregeln eine gerechtere Verteilung von Partizipationschancen und Erfolgserlebnisse auch für sozial ängstliche Kinder ermöglicht werden können.

Lernzielbereich Soziale Sensibilität: *Fähigkeit und Bereitschaft, sich in die Rolle eines anderen zu versetzen, sich in seine Lage einzufühlen und das Ergebnis dieser Bemühung in das eigene Verhalten einzubeziehen.*

Im alltäglichen Umgang der Grundschüler finden sich wenige Hinweise darauf, daß sich die Kinder, die andere verprügeln, auslachen und ausschließen besonders intensiv mit der Perspektive der „Opfer" beschäftigen. Wie in vielen anderen Bereichen ist Empathie und soziale Perspektivenübernahme eher dem Freund vorbehalten. Es fällt weiterhin auf, daß Kinder in vielen Fällen in problematischen Situationen ihre Gefühle für sich behalten; bei den Jungen gibt man sich dabei eher „cool"; Mädchen neigen häufiger zu regressivem Verhalten.

Kölln-Ateniko & Stange (1977) stellen Spiele vor, die für die Sensibilisierung der Wahrnehmung des anderen gut geeignet sind (S. 112). Dabei soll auch die Motivation entwickelt werden, die im allgemeinen vernachlässigten untrainierten Sinne (z. B. im taktilen Bereich) einzusetzen. Weiterhin lernen die Kinder, Gefühle und Gesichtausdrücke einander zuzuordnen. Ähnliche Zielsetzungen verfolgte Anselmann (1987) mit Schulanfängern. Petermann & Petermann (1988) zeigen an Beispielen, wie Kinder mehr Einfühlungsvermögen erwerben können (S. 140 ff.).

Lernzielbereich Toleranz: *Fähigkeit und Bereitschaft, die Andersartigkeit, Eigentümlichkeit, Hilfsbedürftigkeit usw. anderer zu erkennen und zu respektieren; Vorurteile zu hinterfragen.*

Lehrplanaussagen beschränken sich in vielen Fällen auf den Umgang mit Vorurteilen, die „erkannt und abgebaut" werden sollen. Weitgehend durch eine „unterrichtliche Behandlung" dieses Themas wird auf ein Verhalten abgezielt, das vermutlich in eine „Duldsamkeit" gegenüber „fremdartigen Verhaltensweisen" einmünden soll. Es fehlen wichtige Aspekte von Toleranz, z. B. das Akzeptieren von Gleichrangigkeit verschiedenartiger Personen, Grenzen der Toleranz, Rücksichtnahme auf andere (z. B. ungeschickte, langsame Mitschüler), Vermeidung von Abwertung leistungsschwacher Kinder und Überheblichkeit leistungsstarker Schüler.

Auch bei den meisten Lehrern wird dieser Lernbereich vernachlässigt. Er wird nicht für besonders wichtig gehalten. Von allen Zielbereichen wird der Realisierung der Ziele zu „Toleranz" die geringste Wertigkeit zugemessen. Hier Erfolge zu erzielen, erscheint sehr vielen Lehrern besonders schwierig.

Die Kinder gehen mit der Andersartigkeit und Schwäche von Mitschülern in vielen Fällen sehr intolerant um. Sie neigen eher dazu, sich über schwächere Gruppenmitglieder lustig zu machen und auf deren Kosten den eigenen Status zu verbessern. Nicht selten wird ein anderes

Kind gezielt bloßgestellt. Die Annahme, tolerantes Verhalten nehme mit ansteigendem Alter zu, bestätigt sich durch die empirischen Daten nicht. Im Alltag der Grundschule gibt es viele Gelegenheiten, Hilfsbereitschaft gegenüber Mitschülern zu wecken und zu fördern: vom Teilen von Lernmaterialien oder des Pausenbrotes über Schuhebinden im Turnunterricht und Zumachen von Reißverschlüssen bis zu Erklärungen bei der Lösung von Aufgaben und dem Vergleich von Lösungen.

Im Rahmen des Themas „Außenseiter" finden sich bei Schmitt 1976 viele Anregungen zur Förderung toleranten Verhaltens. Hübner (1977) nennt Kinderliteratur zum Thema „Außenseiter", die sich besonders für die Arbeit in der Grundschule eignet. Bei Anselmann (1987) werden kindgemäße Formen der unterrichtlichen Erarbeitung des Themas „Vorurteile" vorgestellt.

Heuer (1974) beschreibt in vielen Beispielen das Bemühen um den Abbau von Vorurteilen und die Entwicklung einer aktiven Toleranz. Es werden detaillierte Hinweise auf Medien (Hinweise auf geeignete Kinderliteratur) und Arbeitsformen (Rollenspiel, Gespräche) gegeben.

Lernzielbereich Kritik: *Fähigkeit und Bereitschaft, Informationen, Normen, Handlungen, feststehende Urteile kritisch zu hinterfragen und gegebenenfalls Alternativen zu entwickeln.*

Inwieweit sich die Kinder im Umgang mit den Gleichaltrigen als kritikfähig erweisen, ist aus unseren Untersuchungen nicht zu erschließen. Lediglich einige indirekte Hinweise lassen vermuten, daß sich die Kinder durchaus kritisch mit ihren Mitschülern auseinandersetzen und dabei deren Handlungsmotive dem eigenem Handeln zugrundelegen. Eine Verletzung des Prinzips der Gerechtigkeit wird kritisch bewertet und dort, wo es die Gruppensituation zuläßt, als Argument in die Beziehung zu anderen eingebracht.

Bei diesem Zielbereich wird besonders deutlich, daß Soziales Lernen fächerübergreifend verstanden werden muß. Gleichzeitig ist er in allen anderen Bereichen als wichtiges Moment enthalten: z. B. Selbstkritik (vgl. „Ich-Identität"), Metakommunikation, Vorurteile hinterfragen (vgl. „Toleranz"), kritische Distanz zu „Rollenzumutungen" als Ausgangspunkt für solidarisches Handeln. Dementsprechend können keine spezifischen didaktischen und pädagogischen Hinweise gegeben werden.

Im Schulalltag bieten sich viele Möglichkeiten, im Umgang mit Unterrichtsinhalten und in der Bewertung schulischer und außerschulischer Faktoren in ersten Ansätzen Kritikfähigkeit und Kritikbereitschaft zu erwerben. Selbst Kritik ertragen können, ist dabei ein bedeutsamer Aspekt. Auch der Lehrer muß grundsätzlich kritisierbar sein.

Lernzielbereich Umgang mit Regeln: *Fähigkeit und Bereitschaft, wichtige Regeln des Zusammenlebens zu erarbeiten, zu beachten und gegebenenfalls zu revidieren.*

Viele Zielformulierungen der Lehrpläne lassen erkennen, daß die Selbstgestaltung von Regeln wenig erwünscht ist. Die Kinder sollen vor allem Regeln und Normen (Schulordnungen) „kennen" und „Einsicht in die Notwendigkeit von Ordnungen gewinnen".

Die Lehrer halten diesen Zielbereich für besonders wichtig und sinnvoll. Es entsteht allerdings der Eindruck, daß „Umgang mit Regeln" von vielen Lehrern im Sinne von „Disziplinierung" mißverstanden wird.

Dieser Zielbereich kann besonders gut über Spielerfahrungen vermittelt werden. Aber auch im übrigen Schulalltag können die Kinder Spielregeln für soziale Ordnungen schaffen, auf ihre Brauchbarkeit überprüfen, und nach einer erfahrungsorientierten Revision vorläufig als verbindlich anerkennen. Eine zentrale Spielregel könnte dabei das Prinzip der Gegenseitigkeit sein. Nach vorliegenden Befunden verfügen die Kinder bereits zum Schulanfang über die Fähigkeit, Vorstellungen von gerechter Verteilung zu akzeptieren und zu realisieren (Damon 1981). In unserer Untersuchung beschreiben viele Kinder die Verletzung der Norm der Gegenseitigkeit, ohne daß die Möglichkeit gesehen wird, die Wünsche nach einem fairen Umgang und einer gerechten Beteiligung zu realisieren.

Stange (1977) gibt praktische Anregungen, wie das Entwickeln von Interaktionsregeln durch die Kinder gefördert werden kann. In Spielen lernen die Schüler, Interaktionsregeln zu erkennen, einseitige Regeln als benachteiligend wahrzunehmen und Prozesse der Regelbildung einzuleiten.

Für das Klassenzimmer können situationsspezifische Regeln besprochen werden: z. B. eine Reihe bilden, wenn etwas verteilt wird; Regeln für die gerechte Benutzung von Spiel- und Arbeitsecken; Gesprächsregeln; Umgang mit Konflikten (Streiten mit „dem Mund").

Lernzielbereich Gruppenkenntnisse: *Fähigkeit und Bereitschaft, Kenntnisse über wesentliche Aspekte der sozialen Gruppe Schulklasse zu erwerben.*

Bei der Befragung der Kinder nach den verschiedenen Aspekten der Schülergruppe, gewinnt man den Eindruck, daß die Schüler viele Kenntnisse (z. B. über Führung und Außenseitertum) besitzen.

Bei einer unterrichtlichen Thematisierung sozialer Prozesse in der Schulklasse kann es sich um konkrete Phänomene in der eigenen Gruppe handeln; es können aber auch allgemeine Themen eingebracht werden. Dabei sollen die Kinder lernen, ihr soziales Umfeld klarer zu strukturieren und das eigene Sozialverhalten im Gruppenkontext zu betrachten. Damit kann auch eine kognitive Grundlage für Prozesse der Selbstregulierung innerhalb der Gruppe geschaffen werden. Der sozialwissenschaftliche Lernbereich ist besonders geeignet, solche Themen aufzugreifen. Bei Petillon (1978) finden sich entsprechende Unterrichtsvorschläge.

3.3 Abschließende Bemerkungen zu pädagogischen Möglichkeiten

Die bisherigen Ausführungen in Kap. 3 mögen in den Verdacht einer „Postulatspädagogik" geraten. Es ist sicherlich richtig – und dies bestätigen unsere Befunde sehr nachdrücklich –, daß die Grundschule derzeit weit von einer am Sozialen Lernen der Schüler orientierten Praxis entfernt ist. Aber viele Aussagen der Schüler sprechen auch für das starke Bedürfnis nach intensiven zwischenmenschlichen Beziehungen und die Notwendigkeit zu helfen. Es ist unsere feste Überzeugung, daß eine Grundschule, die konsequent auf Soziales Lernen eingeht, langfristig durch das Handeln der Kinder in der Richtigkeit ihrer Konzeption bestätigt wird. Unsere Kontakte mit engagierten Kollegen ermutigen dazu, diese These aufzustellen und darüber hinaus auf den persönlichen Zugewinn an Berufszufriedenheit und Nähe zu den Kindern zu verweisen.

Lehrer brauchen Unterstützung für diese wichtige pädagogische Aufgabe. Einige Stichworte seien hier noch einmal genannt:
– In der Lehrerfortbildung (auch als Selbsterfahrung) müßte das Selbstverständnis des Lehrers im Hinblick auf die Förderung Sozialen Lernens gestärkt werden. „Kollegiumsfortbildung" erscheint besonders geeignet, um im Umgang mit anderen Soziales Lernen zu üben. Neben der Schaffung eines positiven Sozialklimas an der Schule könnten dabei auch „Verbündete" für eine solidarische Durchsetzung sozialerzieherischer Ansätze gefunden werden.
– Es müßten Bedingungen geschaffen werden, die das Ausmaß an Wettbewerb und Rivalität zwischen den Kindern reduzieren. Soziales Lernen, so die Intention dieser Arbeit, erfährt nicht die notwendige Anerkennung und Beachtung, ohne daß in der Grundschule entsprechende Rahmenbedingungen bereitgestellt werden. Der Vorstellung, Unterrichten und Erziehen in der Grundschule sei im wesentlichen als „Zuarbeit" für Gymnasien zu werten, müßte noch deutlicher widersprochen werden. Lehrern müßte für dieses Widersprechen vor allem im Umgang mit Eltern noch mehr der Rücken gestärkt werden.
– Es müßten mehr Freiräume für die o. g. erzieherischen Aufgaben zur Verfügung stehen. Die Schüler lernen in der heutigen Grundschule ständig, daß es falsch ist, sich viel Zeit zu nehmen. „Es gibt wenig Lob

für Nachdenklichkeit, noch weniger für Langsamkeit an unseren Schulen. Gefragt sind doch eher Haltungen und Verhaltensweisen der raschen Überwindung einer Fragehaltung, des Bescheidwissens, der Fertig- und Schnellinformation" (Kasper 1990, S. 159). Sich auf das Prinzip der Gegenseitigkeit einzulassen, braucht allerdings Zeit. Sich Zeit zu nehmen für den anderen, ist eine Grundvoraussetzung für befriedigendes Soziales Lernen.

– Soziales Lernen bedarf der Gestaltung einer geeigneten räumlichen Lernumwelt für soziale Interaktionen. In einer Atmosphäre in der sich zusammenleben läßt, läßt sich auch „sozial" lernen.

– Besonders bedeutsam erscheinen Stilleübungen (vgl. Faust-Siehl 1990), die in der Hektik der Ereignisse Momente der Sammlung und inneren Besinnung ermöglichen. Solche Erfahrungen mit Stille werden von den Kindern in der Gemeinschaft gemacht. „Obwohl sie hochgradig individuelle Erfahrungen und fördern, sind sie so auch gemeinschaftsbildend und stiftende Unterrichtformen" (Bauer & Wallaschek 1990, S. 87).

Die Bedeutung der Person des Lehrers für das Soziale Lernen der Kinder ist in der Grundschule sehr hoch einzuschätzen. Eine wichtige Voraussetzung für die Förderung eines positiven Zusammenlebens ist die Fähigkeit und Bereitschaft des Lehrers, die Kinder als Persönlichkeiten in ihrer Identitätsentwicklung ernstzunehmen und Sozialereignisse umfassend und sensibel zu betrachten. Reversibilität im alltäglichen Umgang mit den Schülern ist dabei das Pendant zum Prinzip der Gegenseitigkeit in der Schülergruppe. Darüber hinaus sollte ein Erzieher den Kindern zutrauen, daß sie ihre Schülergruppe allmählich selbstverantwortlich gestalten können:

„Wenn ich den Kindern wenig zutraue, so werden sie sich auch selbst wenig zutrauen, denn unausgesprochen wird dadurch spontanes Selbständigkeitsstreben abgeblockt. Wenn ich dagegen Hilfen zur Selbsthilfe anbiete und dabei die Schritte immer größer werden lasse, dann wächst bei den Kindern die Selbständigkeit und Eigenverantwortlichkeit" (Knoll-Jokisch 1981, S. 123).

Literatur

Anselmann, B. (1987). Praxisbericht. In H. Petillon (Hrsg.), Schulanfang mit ausländischen und deutschen Kindern (S.82–176). Mainz: v.Hase & Koehler.

Arbeitskreis Grundschule (Hrsg.) (1980). Die Grundschule der achtziger Jahre. Frankfurt.

Bauer, E.-M. & Wallaschek, U. (1990). Innehalten im Strom der Eindrücke: Stille und Stilleübungen. In G. Faust-Siehl, R. Schmitt & R. Valtin (Hrsg.). Kinder heute – Herausforderung für die Schule (S. 86–91). Frankfurt: Arbeitskreis Grundschule.

Beck, G. (1975). Soziales Lernen in der Grundschule. Die Deutsche Schule, 67, 87–97.

Beck, G. (1977). Medieneinsatz und Soziales Lernen in der Grundschule. In G. Brodke-Reich (Hrsg.), Soziales Lernen und Medien im Primarbereich (S. 43–53). Paderborn: Schöningh.

Belschner, W. & Hoffmann, H. (1972). Über den Zusammenhang von Lehrerverhalten und dem soziometrischen Status von Schülern. Schule und Psychologie, 19, 277–285.

Bender, B. & Wagner, J.W.L. Freundschaftsdefinitionen bei Schulkindern. Landau: Unveröffentlichtes Manuskript.

Berndt, T.J. (1986). Childrens perceptions of friendship as supportive relationship. Developmental Psychologie, 22, 640–648

Biehler, J.H. (1954). Das Soziogramm, der Klassenspiegel einer modernen Schulklasse. Neue Berufsschule, 4, 20–25.

Bigelow, B.J. & LA Gaipa, J.J. (1975). Children's written descriptions of friendship: A multidimensional analysis. Developmental Psychology, 11, 857–858.

Bönsch, M. (1979). Soziales und politisches Lernen im Sachunterricht der Grundschule. Eine Analyse der Richtlinien in den Bundesländern. In R. Silkenbeumer, R. (Hrsg.), Politischer Unterricht und Soziales Lernen in der Grundschule (S.69–93). Frankfurt: Diesterweg.

Bonney, M.E. (1942). Values of sociometric studies in the classroom. Sociometrie, 6, 251–254.

Borchert, J. (1977). Das perzipierte Erziehungsverhalten von Lehrern und Müttern – seine Beziehung zur Schulangst und zur Anstrengungsvermeidung. Zeitschrift für heilpädagogische Forschung, 7, 7–32.

Bortz, J. (1984). Lehrbuch der Statistik. Berlin: Springer.

Braun, A. (1987). Der Übergang vom Elementar- zum Primarbereich. Unveröffentlichte Diplomarbeit, Landau.

Damon, W. (1981). Zur Entwicklung der sozialen Kognition des Kindes. In W. Edelstein & M. Keller (Hrsg.), Perspektivität und Interpretation. Beiträge zur Entwicklung des sozialen Verstehens (S. 110–145). Frankfurt: Suhrkamp.

Damon, W. (1982). Struktur, Veränderlichkeit und Prozeß in der sozialkognitiven Entwicklung des Kindes. In W. Edelstein & J. Habermas (Hrsg.), Soziale Interaktion und soziales Verstehen: Beiträge zur Entwicklung der Interaktionskompetenz (S. 63–112). Frankfurt: Suhrkamp.

Daublebsky, B. (1973). Spielen in der Schule (2. Auflage). Stuttgart: Klett.

Deutscher Bildungsrat (Hrsg.) (1975). Gutachten und Studien der Bildungskommission. Die Eingangsstufe des Primarbereiches, Band 2/1. Stuttgart: Klett.

Ditton, H. (1987). Familie und Schule als Bereich des kindlichen Lebensraumes. Frankfurt: Lang.

Dollase, R. (1972). Zur Unzuverlässigkeit soziometrischer Wahlen in Schulklassen, Schule und Psychologie, 19, 39–46

Dollase, R. (1973). Soziometrische Techniken. Weinheim: Beltz.

Drewry, D.L. & Clark, M.L. (1983). Factor important in the formation of preschoolers' friendship. Aera paper. New Orleans.

Drewry, D.L. & Clark, M.L. (1984). Similarity effects and age differences in childrens friendships. Aera paper. New Orleans.

Eder, D. & Hallinan, M.T. (1978). Sex differences in childrens friendships. American Sociological Review, 43, 237–258.

Emmerich, W. u.a. (1971). Differentiation and the development of social norms. Journal of Personality and Social Psychology, 18, 128–134.

Fauser, P. & Schweitzer, F. (1985). Schule, gesellschaftliche Modernisierung und Soziales Lernen – Schultheoretische Überlegungen. Zeitschrift für Pädagogik, 31, 339–363.

Faust-Siehl, G., Bauer, E.-M., Baur, R. & Wallaschek, U. (1990). Mit Kindern die Stille entdecken. Bausteine einer veränderten Schule. Frankfurt.

Fend, H. (1976). Sozialisationseffekte der Schule. Weinheim: Beltz.

Flavell, J.H. (1959). Rollenübernahme und Kommuinikation bei Kindern. Weinheim: Beltz.

Flavell, J.H. u.a. (1975). Rollenübernahme und Kommunikation bei Kindern. Weinheim: Beltz.

Fölling-Albers, M. (1989). Veränderte Kindheit – Veränderte Grundschule. Frankfurt: Arbeitskreis Grundschule.

Fromm, M. (1987). Die Sicht der Schüler in der Pädagogik: Untersuchungen zur Behandlung der Sicht von Schülern in der pädagogischen Theoriebildung und in der quantitativen und qualitativen empirischen Forschung. Weinheim: Deutscher Studienverlag.

Fromm, M. & Keim, W. (1982). Diskussion Soziales Lernen. Baltmannsweiler: Burgbücherei Schneider.

Früh, W. (1981). Inhaltsanalyse. München: Ölschläger.

Furman, W. & Bierman, K.L. (1983). Developmental changes in young children's conceptions of friendship. Child Development, 54, 549–556.

Gersham, E.S. & Hayes, D.S. (1983). Differential stability of reciprocal friendships and unilateral relationships among preschool children. Merrill-Palmer Quart., 29, 159–177.

Gronlund, N.E. (1955). Sociometric status and sociometric perception. Sociometry, 18, 122–128.

Guralnick, M.J. (1986). The peer relations of young handicapped and nonhandicapped children. In P.S. Strain, M. Guralnick & H.M. Walker (Hrsg.), Children's Social Behavior. Development, Assessment and Modification (S.181–213). London: Academic Press.

Halisch, R. (1988). Empathie, Attribution und die Entwicklung des Hilfehandelns. In H.W. Bierhoff & L. Montada (Hrsg.), Altruismus. Bedingung der Hilfsbereitschaft (S.79–103). Göttingen: Hogrefe.

Harder, R. & Schütte, I. (1979). Puppenwagen – Sheriffstern. Soziale Geschlechtsrollen als Thema einer Unterrichtseinheit. In R. Silkenbeumer (Hrsg.), Politischer Unterricht und soziales Lernen in der Grundschule (S.151–176). Frankfurt: Diesterweg.

Hargreaves, D.H. (1972). Interaktion und Erziehung: pädagogische Aspekte und zwischenmenschliche Erziehung. Wien: Böhlau.

Hebenstreit, S. (1979). Der Übergang vom Elementar- zum Primarbereich. Paderborn: Schöningh.

Heeger, C. (1986). Zusammenhänge zwischen Lehrerwahrnehmungen und Schülerangaben zur sozialen Situation in der Gleichaltrigengruppe in ersten Grundschulklassen. Unveröffentlichte Diplomarbeit, Landau.

Heller, K.S. & Nickel, H. (1976). Verhalten im sozialen Kontext II. Stuttgart: Klett.

Hentig, H. v. (1984). Das allmähliche Verschwinden der Wirklichkeit. München: Carl Hanser.

Heuer, G. (1974). Zur Entwicklung einer Toleranzhaltung bei Kindern. In H. Hielscher (Hrsg.), Materialien zur sozialen Entwicklung im Kindesalter (S.80–103). Heidelberg: Quelle & Meyer.

Hildebrandt, J. (1975). Soziometrisch erfaßtes Beziehungsverhalten und beobachtbares Spielverhalten bei Kindergartenkindern – eine Erkundigungsstudie. Dissertation, Universität Köln.

Höhn, E. (1974). Der schlechte Schüler. München: Piper.

Holst, D. van (1974). Gesamtschule – Trainingslager für die Leistungsgesellschaft. Gesamtschule, 1.

Honess, T. (1980). Self-reference in children's descriptions of peers: egocentricity or collaboration? Child Development, 51, 476–480.

Horstmann, K. & Lüning, K. (1967). Partnerwahlversuche bei Lernanfängern. Berlin (Ost).

Hübner, B. (1977). Kinderliteratur als Medium der Sozialerziehung. In W. Stange & D. Tiemann (Hrsg.). Materialien zur sozialen Erziehung im Kindesalter 2 (S.167–184). Heidelberg: Quelle & Meyer.

Hüttenmoser, M. (1981). Sozialisation und Einschulung. Ein Beitrag zu einem neuen Verständnis der Schuleingangsproblematik. Frankfurt: Diesterweg.

Imhof, M. (1987). Durch Sprechen Mauern zerbrechen: Konfliktgruppenarbeit in der Schule. Gießen: Focus.

Ingenkamp, K. (1971). Tests in der Schulpraxis. Weinheim: Beltz.

Jantzen, W. (1971). Untersuchungen zur Faktorenstruktur von Intelligenz und Schulleistung bei guten und schlechten Schülern in 3. Grundschulklassen. Zeitschrift für erziehungswissenschaftliche Forschung 1/2.

Jerusalem, M. (1984). Selbstbezogene Kognitionen in schulischen Bezugsgruppen. Berlin: Freie Universität. Institut für Psychologie.

Kasper, H. (1990). Offene Lernsituationen – Wege zu sich selbst und zum andern. In G. Faust-Siehl, R. Schmitt & R. Valtin (Hrsg.). (S. 158–162). Kinder heute – Herausforderung für die Schule. Frankfurt: Arbeitskreis Grundschule.

Keller, M. (1982). Die soziale Konstitution sozialen Verstehens: Universelle und differentielle Aspekte. In W. Edelstein & M. Keller (Hrsg.), Perspektivität und Interpretation. Beiträge zur Entwicklung des sozialen Verstehens (S.266–285). Frankfurt: Suhrkamp.

Kemmler, L. (1967). Erfolg und Versagen in der Grundschule. Göttingen: Hogrefe.

Knoll-Jokisch, H. (1981). Sozialerziehung und Soziales Lernen in der Grundschule. Bad Heilbrunn: Klinkhardt.

Kölln, H. & Tiemann, D. (1974). Entwicklung flexibler Geschlechtsrollen. In H. Hielscher (Hrsg.), Materialien zur sozialen Erziehung im Kindergarten (S.121–139). Heidelberg: Quelle & Meyer.

Kölnn.Atenico, H. & Stange, E. (1977). Basisqualifikationen der Interaktion: Spiele und Übungen. In W. Stange & D. Tiemann (Hrsg.). Materialien zur sozialen Erziehung im Kindesalter 2 (S.104–126). Heidelberg: Quelle & Meyer.

König, E. (1982). Rechtfertigung und Möglichkeiten Sozialen Lernens. In M. Fromm & W. Keim (Hrsg.), Diskussion Soziales Lernen (S.42–53). Baltmannsweiler: Burgbücherei Schneider.

Krappmann, L. & Oswald, H. (1987). Strategien der Aushandlung unter gleichaltrigen Kindern im Grundschulalter. Berlin.

Krappmann, L. & Oswald, H. (1988). Probleme des Helfens unter Kindern. In H.W. Bierhoff & L. Montada (Hrsg.), Altruismus, Bedingungen der Hilfsbereitschaft (S.206–223). Göttingen: Hogrefe.

Krappmann, L. & Oswald, H. (1989). Freunde, Gleichaltrigengruppen, Geflechte. Die soziale Welt der Kinder im Grundschulalter. In M. Fölling-Albers (Hrsg.), Veränderte Kindheit – Veränderte Grundschule (S.94–102). Frankfurt: Arbeitskreis Grundschule.

Kreutz, H. (1972). Der Einfluß der Schulorganisation und der informellen Gruppenbildung auf die schulische Sozialisation. IBE-Bulletin, 10, 33–43.

Kury, H. & Bäuerle, S. (1978). Perzipierte elterliche Erziehungsstile und Angst bei Schulkindern. In L. Eckensberger (Hrsg.), Bericht über den 31. Kongreß der DGfP in Mannheim 1978. Göttingen: Hogrefe 1979.

La Greca, A.M. & Stark, P. (1986). Naturalistic Observations of Children's Social Behavior. In P.S. Strain, M. Guralnick & H.M. Walker (Hrsg.), Children's Social Behavior. Development, Assessment and Modification (S.181–213). London: Academic Press.

Laosa, L.M. & Brophy, J.E. (1972). Effects of sex and bith order on sex-role development and intelligence among kindergarten children. Developmental Psychology, 6, 4049–415.

Lewis, M. & Rosenblum, L.A. (1975). Friendship and peer relations. New York: Wiley.

Löwe, H. (1963). Probleme des Leistungsversagens in der Schule. Psychologische Beiträge I, 3.

Macholdt, T. & Thiel, T. (1984). Der Übergang vom Elementar- zum Primarbereich. In D. Lenzen (Hrsg.), Enzyklopädie Erziehungswissenschaft (Band 6; S.138–153). Stuttgart: Klett.

McCandless, B.R. & Marshall, H.R. (1957). A picture sociometric technique for preschool children and its relation to teacher judgements of friendship. Child Development, 28, 139–147.

Melzer, W. (Hrsg). (1983). Eltern – Schüler – Lehrer. München.

Menzel, W. (1981). Miteinander sprechen lernen. In K. Meiers (Hrsg.), Schulanfang – Anfangsunterricht (S.72–80). Bad Heilbrunn: Klinkhardt.

Müller, L. (1965). Das Moreno-Soziogramm im Rahmen der vergleichenden Schulklassenforschung. In J.P. Ruppert (Hrsg.). Die seelischen Grundlagen der sozialen Erziehung, III: Der interne Raum der Schule (S.347–464). Weinheim: Beltz.

Nelles, M. (1969). Typische Merkmale der Außenseiterposition bei Kindern am Ende der Grundschulzeit. Schule und Psychologie, 16, 217–224.

Newson, J. & Newson, E. (1978). Seven year olds in the home environment. Harmondsworth: Penguin.

Oswald, H. & Krappmann, L. (1984). Konstanz und Veränderung in den sozialen Beziehungen von Schulkindern. Zeitschrift für Sozialisationsforschung und Erziehungssoziologie, 4, 271–286.

Paetzold, B. (1988). Familie und Schulanfang. Eine Untersuchung des mütterlichen Erziehungsverhaltens. Bad Heilbrunn: Klinkhardt.

Petermann, F. & Petermann, U. (1988). Training mit aggressiven Kindern. Einzeltraining, Kindergruppen, Elternberatung. München: Urban & Schwarzenberg.

Petermann, U. (1986). Training mit aggressiven Kindern. Einzeltraining, Kindergruppen, Elternberatung. München: Urban & Schwarzenberg.

Petermann, U. (1987). Sozialverhalten bei Grundschülern und Jugendlichen. Frankfurt: Lang.

Petillon, H. (1978). Der unbeliebte Schüler. Braunschweig: Westermann.

Petillon, H. (1980). Soziale Beziehungen in Schulklassen. Weinheim: Beltz.

Petillon, H. (1981). Validität und Reliabilität des soziometrischen Tests. In K. Ingenkamp (Hrsg.). Wert und Wirkung von Beurteilungsverfahren. (S. 177–231). Weinheim: Beltz.

Petillon, H. (1982). Soziale Beziehungen zwischen Lehrern, Schülern und Schülergruppen. Weinheim: Beltz.

Petillon, H. (Hrsg.) (1987). Schulanfang mit ausländischen und deutschen Kindern. Mainz: v. Hase & Köhler.

Petillon, H. (1987). Der Schüler. Rekonstruktion der Schule aus der Perspektive von Kindern und Jugendlichen. Darmstadt: Wissenschaftliche Buchgesellschaft.

Petillon, H. (1989). Erkundungsstudien zum Schulanfang. Landau.

Petillon, H. (1993). Soziales Lernen. Anspruch und Wirklichkeit. Frankfurt: Diesterweg.

Portmann, R. (1988). Kinder kommen zur Schule. Hilfen und Hinweise für eine kindorientierte Einschulungspraxis. Frankfurt: Arbeitskreis Grundschule.

Portmann, R. & Schneider, E.(1988). Brückenschläge. Von der Grundschule zu den weiterführenden Schulen. Frankfurt.

Prior, H. (1976). Soziales Lernen. Düsseldorf: Schwann.

Rauschenbach, B. & Wehland, G. (1989). Zeitraum Kindheit. Heidelberg. Asanger.

Reiss, H. (1969). Der Einsatz soziometrischer Erhebungen zum Versuch einer Verbesserung des sozialen Ranges und der Schulleistungen von Außenseitern einer Klasse. Schule und Psychologie, 16, 65–84.

Rosenfeld, G. (1964). Theorie und Praxis der Lernmotivation. Berlin-Ost: Deutscher Verlag der Wissenschaften.

Rotenberg, K.J. & SLIZ, D. (1988). Children's restrictive disclosure to friends. Merrill-Palmer Quart., 34, 303–315.

Rudolph, H. (1976). Soziale Wahrnehmung und Erziehungsstile. Weinheim: Beltz.

Saldern, M. v. (1987). Sozialklima von Schulklassen. Überlegungen und mehrebenenanalytische Untersuchungen zur subjektiven Wahrnehmung von Lernumwelten. Frankfurt: Lang.

Scarlett, H.H., Press, A.N. & Crockett, W.H. (1971). Children's descriptions of peers: A Wernerian developmental analysis. Child Development, 42, 439–453.

Schmidt, H.J. (1973). Was würdest Du tun? Hannover: Schroedel.

Schmidt-Denter, U. (1977). Analyse des Konfliktverhaltens von Kindern aus unterschiedlichen vorschulischen Erziehungseinrichtungen (Elterninitiativ-Gruppen und Kindergärten). Dissertation, Düsseldorf.

Schmidt-Denter, U. (1985). Kontaktinitiativen von Vorschulkindern und ihre soziale Bedeutung. In H. Nickel (Hrsg.), Sozialisation im Vorschulalter (S.47–68). Weinheim: VCH Edition Psychologie.

Schmidt-Denter, U. (1988). Soziale Entwicklung. Ein Lehrbuch über soziale Beziehungen im Laufe des menschlichen Lebens. München: Psychologie-Verlags-Union.

Schmitt, R. u. a. (1976). Soziale Erziehung in der Grundschule. Toleranz – Kooperation – Solidarität. Frankfurt: Arbeitskreis Grundschule.

Seiffge-Krenke, I. (1981). Soziales Verhalten in der Schulklasse. In W. Twellmann (Hrsg.), Handbuch Schule und Unterricht. Band 3. Düsseldorf: Schwann.

Selg, H. (1965). Über den Zusammenhang zwischen Tüchtigkeit und Beliebtheit in Schulklassen. Psychologische Forschung, 28, 587–597.

Selman, R.L. (1974). Stages in role-taking and moral judgement as guides to social intervention. In T. Lickona (Hrsg.), Man and morality. New York.

Selman, R.L. (1984). Die Entwicklung des sozialen Verstehens. Frankfurt: Suhrkamp.

Signer, R. (1977). Verhaltenstraining für Lehrer. Weinheim: Beltz.

Simons, A. & Simons, H. (1978). Über die Veränderung von Sympathie- und Antipathiebeziehungen zwischen Jungen und Mädchen in der Grundschule. Zeitschrift für Empirische Pädagogik, 2, 178–191.

Smollar, J. & Youniss, J. (1982). Social development through friendship. In K.H. Rubin & H.S. Ross (Hrsg.), Peer relationships and social skills in childhood (S.279–298). New York: Springer.

Stange, E. (1977). „Wer bin ich?" – Spielvorschläge zur Förderung der Selbstfindung. In W. Stange & D. Tiemann (Hrsg.). Materialien zur sozialen Erziehung im Kindesalter 2 (S.127–134). Heidelberg: Quelle & Meyer.

Stange, W. & Stange, E. (1974). Training des Konfliktlöseverhaltens. In H. Hielscher (Hrsg.), Ziele und Inhalte einer systematischen Sozialerziehung im Kindesalter (S.54–79). Heidelberg.

Strätz, R. (1979). Der Einfluß des Geschlechts auf soziale Beziehungswahrnehmungen von Kindergartenkindern. Düsseldorf.

Strätz, R. & Hof, W. (1978). Programme zur Feldsoziomatrix. Düsseldorf.

Strätz, R. & Schmidt, E.A.F. (1982). Die Wahrnehmung sozialer Beziehungen von Kindergartenkindern. Stuttgart: Kohlhammer.

Tausch, A. & Tausch, R. (1973). Erziehungspsychologie (1. Aufl.). Göttingen: Hogrefe.

Thienel, A. (1988). Lehrerwahrnehmungen und -gefühle in problematischen Unterrichtssituationen. Frankfurt: Lang.

Tippelt, R. (1985). Die emotionale und soziale Dimension im Unterricht. Pädagogische Rundschau, 39, 203–225.

Ulich, K. (1989). Schule als Familienproblem? Konfliktfelder zwischen Schülern, Eltern und Lehrern. Frankfurt: Athenäum.

Wagner, J.W.L. (1991). Freundschaften und Freundschaftsverständnis bei drei- bis zwölfjährigen Kindern. Sozial- und entwicklungspsychologische Aspekte. Heidelberg: Springer.

Wiley, P.D. (1983). Development of strategies for coping with peer conflict in children form first through fifth grade. In R.K. Ullmann (Chair), Assessment of children's social knowledge and attitudes: Coping with peer conflict. Paper presented at the Annual meet6ing of the Association for Behavior Analysis, Milwaukee.

Yarrow, S. (1971). Child effect on adults behavior. Development psychology, 5, 300–311.

Youniss, J. (1982). Die Entwicklung und Funktion von Freundschaftsbeziehungen. In W. Edelstein & M. Keller (Hrsg.), Perspektivität und Interpretation. Beiträge zur Entwicklung des sozialen Verstehens (S.78–109). Frankfurt: Suhrkamp.

Youniss, J. & Volpe, R. (1978). A relational analysis of children friendship. New directions for child development, 1, 1–22.

Zinnecker, J. (1982). Schule gehen Tag für Tag. München: Juventa.

Lehrbücher und Standardwerke

Die Neurowissenschaften haben erhebliche Fortschritte gemacht und die Diagnose sowie die Therapie der psychischen Störungen verändert. Dieses Lehrbuch überzeugt durch die Integration der neuen Ergebnisse der Neurobiologie, der Genetik und der Epidemiologie der psychischen Störungen.

1992. Ca. 580 Seiten. Gebunden. Ca. DM 88,– ISBN 3-621-27141-4

Andreasen Black Lehrbuch Psychiatrie
Neurobiologische Grundlagen psychischer Störungen, Diagnose und Therapie

BELTZ
Psychologie Verlags Union

DAVISON/ NEALE KLINISCHE PSYCHOLOGIE

Dritte, neubearbeitete und erweiterte Auflage

Psychologie Verlags Union

Die dritte Auflage des bekannten Standardwerkes enthält das aktuelle diagnostische Manual DSM-III-R sowie neueste Ergebnisse auf dem Forschungsgebiet abweichenden Verhaltens. Das Lehrbuch wurde durch ergänzende Beiträge an deutsche Verhältnisse angepaßt.

3., neubearb. und erw. Aufl. 1988. 896 Seiten. Gebunden. DM 78,– ISBN 3-621-27030-2

In diesem umfangreichen Lehrbuch der psychologischen Diagnostik werden alle historisch relevanten und aktuellen Trends dargestellt, die Voraussetzungen, Implikationen und Randbedingungen des diagnostischen Prozesses ausführlich beschrieben und Praxisbereiche umrissen.

2., veränd. Aufl. 1992. 652 Seiten. Gebunden. DM 128,– ISBN 3-621-27128-7

Jäger Petermann Psychologische Diagnostik
2. Auflage

BELTZ
Psychologie Verlags Union

Frey/Hoyos/Stahlberg
Angewandte Psychologie
Ein Lehrbuch STUDIEN-AUSGABE

BELTZ
Psychologie Verlags Union

Dieses Buch informiert umfangreich über den Stand der Angewandten Psychologie. »Das Buch ist durchgängig gut lesbar und sehr informativ. Es ist für eine rasche Orientierung zu Spezialfragen ebenso geeignet wie für eine gründliche Auseinandersetzung.« *Psychologie in Erziehung und Unterricht*

1992. 712 Seiten. Broschiert. DM 88,– ISBN 3-621-27136-8

Theoretische Richtungen und methodische Ansätze – Wahrnehmung – Vorstellung, Begriffe, Wissen – Gedächtnis – Lernen von Verhalten – Motivation und Emotion – Kommunikation, Sprache, Ausdruck. »Eine der wertvollsten Neuerscheinungen der letzten Jahre ... So weckt man schlafende Studenten.« *Prof. Dr. M. Sader*

2., durchgesehene Aufl. 1989. 493 Seiten. Gebunden. DM 48,– ISBN 3-621-27088-4

Schönpflug/Schönpflug
Psychologie
Allgemeine Psychologie und ihre Verzweigungen in die Entwicklungs-, Persönlichkeits- und Sozialpsychologie

Zweite Auflage
Psychologie Verlags Union

Oerter/Montada
Entwicklungspsychologie
2., neu bearbeitete Auflage

E. K. Beller, S.-H. Filipp, H. Grimm, A. Hildeschem R. E. Hoff, W. Hoyos, P. Kastner, E. Olbrich, F. Petermann, H. Rauh, U. Schmidt-Denter, M. Schuster, K. Schneewind, R. K. Silbereisen, T. B. Seiler, W. Wannenmacher

Psychologie Verlags Union

In der zweiten Auflage des Lehrbuches ist die ökologische Sichtweise stärker betont und der Anwendungsteil erweitert worden. Damit liegt eine der vollständigsten Darstellungen theoretischer Ansätze, Methoden und Anwendungen der Entwicklungspsychologie vor.

2., erw. und überarb. Aufl. 1987. 1205 Seiten. Broschiert. DM 39,80 ISBN 3-621-27017-5

Preisänderungen vorbehalten

BELTZ
PsychologieVerlagsUnion

Entwicklungsprobleme erkennen

In der zweiten Auflage des bekannten Lehrbuches ist unter Beibehaltung der bewährten Grundkonzeption die ökologische Sichtweise stärker betont und der Anwendungsteil erheblich erweitert worden. Damit liegt eine der vollständigsten Darstellungen theoretischer Ansätze, Methoden und Anwendungen der Entwicklungspsychologie vor.

2., erweiterte und überarbeitete Auflage 1987. 1185 Seiten. Broschiert. DM 39,80 ISBN 3-621-27017-5

Oerter/Montada

Entwicklungspsychologie

2., neu bearbeitete Auflage

E. K. Beller, S.-H. Filipp, H. Grimm, A. Hildeschmidt, E. Hoff, W. Hussy, P. Kastner, E. Olbrich, F. Petermann, H. Rauh, U. Schmidt-Denter, M. Schuster, K. Schneewind, R. K. Silbereisen, T. B. Seiler, W. Wannenmacher

Psychologie Verlags Union

Silbereisen/Montada (Hg.)

Entwicklungspsychologie
Ein Handbuch in Schlüsselbegriffen

Urban & Schwarzenberg

Aus dem Inhalt: Entwicklungspsychologie und praktisches Handeln – Methodologie und Datengewinnung – Veränderungsmessung und Kausalmodelle – Frühkindliche Entwicklung – Jugendalter – Alter – Gedächtnisentwicklung – Soziale Kognition – Familie – Peers – Interkulturelle Vergleiche – Kulturelle Integration – Drogengebrauch – Delinquenz – Arbeit und Persönlichkeitsentwicklung – Krisenprävention u.a.m.

1983. 304 Seiten. Broschiert. DM 64,– ISBN 3-621-10461-5

Das Studium der menschlichen Entwicklung ist heute eine interdisziplinäre Aufgabe, an der sich neben Psychologen auch Pädagogen, Biologen, Soziologen und Anthropologen beteiligen. Hier soll das Buch ein Wegweiser sein. Es möchte seine Leser durch die Entwicklungspsychologie des Kindes- und Jugendalters führen und wendet sich an alle, die einen ersten Zugang suchen oder ihre Kenntnisse auffrischen wollen.

1989. 283 Seiten. Zahlreiche Abbildungen. Broschiert. DM 29,80 ISBN 3-621-27077-9

Gerd Mietzel

Wege in die Entwicklungspsychologie
Kindheit und Jugend

Psychologie Verlags Union

Ulrich Schmidt-Denter

Soziale Entwicklung
Ein Lehrbuch über soziale Beziehungen im Laufe des menschlichen Lebens

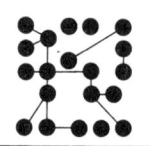

Psychologie Verlags Union

In diesem Lehrbuch werden Ansätze und Forschungsergebnisse zur sozialen Entwicklung systematisch zusammengetragen. Inhaltliche Schwerpunkte: Die soziale Entwicklung in den wichtigsten Lebensabschnitten. Die Entwicklung verschiedener sozialer Verhaltens- und Kompetenzbereiche.

1987. 394 Seiten. Broschiert. DM 49,80 ISBN 3-621-27025-6

Psychologie Verlags Union
Postfach 10 01 54
6940 Weinheim
Preisänderungen vorbehalten

BELTZ
PsychologieVerlagsUnion